出口王仁三郎聖師

『善言美詞』祝詞解説

出口王仁三郎聖師

祭服姿の出口聖師

祭服姿の出口聖師

宣伝使服姿の出口聖師

はじめに

本書《ほんしょ》は、戦後新発足《せんごしんはっそく》した出口王仁三郎聖師《でぐちおにさぶろうせいし》提唱《ていしょう》の「愛善苑《あいぜんえん》」で、朝夕拝《ちょうゆうはい》や祭典《さいてん》に使用《しよう》される『善言美詞《ぜんげんびし》』、つまり「天津祝詞《あまつのりと》」、「神言《かみごと》」、「感謝祈願詞《みやびのことば》」の解釈《かいしゃく》です。祝詞《のりと》は主《ス》の大神《おほかみ》の御心《みこころ》を和《やわ》らげ、天国《てんごく》を開《ひら》いてゆく「如意宝珠《にょいほっしゅ》」であり、また救《すく》いと禊祓《みそぎはら》いを奏上《そうじょう》する神嘉言《かむよごと》です。

日本《にほん》の国《くに》は、言霊《ことたま》の幸《さち》はふ国《くに》、言霊《ことたま》の生《い》ける国《くに》、言霊《ことたま》の清《さや》けき国《くに》、言霊《ことたま》の天照国等《あまてるくになど》と古来《こらい》より伝承《でんしょう》される言霊《ことたま》の満《み》ち溢《あふ》れる国柄《くにがら》です。また『ヨハネ伝《でん》』首章《しゅしょう》には、「太初《はじめ》に道《ことば》あり道《ことば》は神《かみ》なり、神《かみ》は道《ことば》と共《とも》にありき、万物《ばんぶつ》これに依《よ》りて造《つく》らる、造《つく》られたるものこれに依《よ》らざるはなし云々《うんぬん》」とあるように、宇宙《うちゅう》の大根源《だいこんげん》を創造《そうぞう》された主《ス》の神《かみ》の神徳《みとく》を称《たた》える聖言《せいげん》です。

天地《てんち》の剖判《ぼうはん》にあたり宇宙一切《うちゅういっさい》を無限絶対無始無終《むげんぜったいむしむしゅう》の全能力《ぜんのうりょく》をもって創造《そうぞう》したまいし独一真神《どくいつしんしん》

の神様《かみさま》は、静的状態《せいてきじょうたい》から動的状態《どうてきじょうたい》に移《うつ》られる時《とき》に、スの言霊《ことたま》（天之御中主神《あめのみなかぬしのかみ》の大純霊《だいじゅんれい》から霊《れい》力《りょく》を産出《さんしゅつ》）が鳴《な》り出《い》で、次《つぎ》にウ声《ごえ》（高皇産霊大神《たかみむすひのおほかみ》・霊系《れいけい》の祖神《そしん》・霊素《れいそ》）が鳴《な》り出《い》で、鳴《な》り鳴《な》りてア声《ごえ》（神皇産霊大神《かむみむすひのおほかみ》・体系《たいけい》の祖神《そしん》・体素《たいそ》）が生《うま》れ、この「霊《れい》・力《りょく》・体《たい》」の神様《かみさま》を「造化三神《ぞうかさんしん》」と奉称《ほうしょう》し、本書《ほんしょ》の祝詞《のりと》の根幹《こんかん》となっております。

この「造化三神《ぞうかさんしん》」を「三神即一神《さんしんそくいっしん》」「三位一体《さんみいったい》」といって、三神別々《さんしんべつべつ》の義《ぎ》ではなく一柱《ひとはしら》の神《かみ》様《さま》のことで、お働《はたら》きを三ツに別《わ》けているだけです。これを「三ツの御霊《みたま》（魂）」、「瑞《みづ》の御霊《みたま》」、「霊力体《れいりょくたい》の神《かみ》」、………言霊学上《ことたまがくじょう》・神素盞鳴大神《かむすさのをのおほかみ》と奉称《ほうしょう》し、大宇宙《だいうちゅう》を統一《とういつ》される主《す》の神《かみ》となって万有《ばんゆう》を生成化育《せいせいかいく》し、三千世界《ぜんせかい》の救済《きゅうさい》の根源神《こんげんしん》となります。

要《よう》するに天地万有《てんちばんゆう》は、御言《みこと》が充《み》ち満《み》ちて出現《しゅつげん》され、これを「一神即多神《いっしんそくたしん》、多神即一神《たしんそくいっしん》」、「捲《ま》けば一神《いっしん》、開《ひら》けば多神《たしん》」の神々《かみがみ》の活動《かつどう》により宇宙《うちゅう》は成就《じょうじゅ》されます。換言《かんげん》すれば宇宙全体《タカアマハラ》は、主《す》の神《かみ》に始《はじ》まり八百万《やほよろず》の神々《かみがみ》の活動《かつどう》により完成《かんせい》し、そして「一神《いっしん》に帰一《きいつ》」されます。全体《ぜんたい》は部分《ぶぶん》のために、部分《ぶぶん》は全体《ぜんたい》のために組織《そしき》されるのが宇宙《うちゅう》です。

そして地球《ちきゅう》は、「霊《れい》（一霊四魂《いちれいしこん》）・力《りょく》（八力《はちりき》）・体《たい》（三元《さんげん》）」の産霊《むすび》により出来上《できあが》った物質世界《ぶっしつせかい》で善悪美醜《ぜんあくびしゅう》、清濁《せいだく》が混交《こんこう》し、常《つね》に修理固成《しゅうりこせい》、新陳代謝《しんちんたいしゃ》、禊祓《みそぎはら》いの修祓《しゅうばつ》が行《おこな》われ、この祓《はら》いを担当《たんとう》されるのが国祖《こくそ》・国常立尊《くにとこたちのみこと》（顕の幽の立替立直し。）であり伊邪那岐大神《いざなぎのおほかみ》（宇宙の立替立直し。）です。

善悪《ぜんあく》が互《たがい》に交《まじ》わるこの地球《ちきゅう》は、「体主霊従《たいしゅれいじゅう》」に陥《おちい》りやすく、また人口《じんこう》が増《ふ》えるに従《したが》い生存《せいぞん》競争《きょうそう》の世《よ》となって黄金《おうごん》、白銀《はくぎん》、赤銅《あかがね》、黒鉄時代《くろがねじだい》を経《へ》て今《いま》や泥海時代《どろうみじだい》となり、神素盞鳴大神様《かむすさのをのおほかみさま》が三千世界《ぜんせかい》の救世主《きゅうせいしゅ》として「再臨《さいりん》」され、その御教《みおしえ》が八紘《はっこう》に輝《かがや》く時代《じだい》を迎《むか》えております。

○

禊祓《みそぎはら》いは戒《いまし》め、慎《つつし》み、敬《うやま》いの心《こころ》であります。悪《あ》しき心起《こころお》こればこれを除《のぞ》き去《さ》り、過《あやま》ちてはすなわち改《あらた》め、不浄汚穢《ふじょうけがれ》あらばこれを洗《あら》い漱《すす》ぐの道《みち》です。日頃《ひごろ》かくのごとく、心《こころ》を清《きよ》め身《み》を潔《きよ》むるは、祓《はら》いの道《みち》の目的《もくてき》です。

祓《はら》いの種類《しゅるい》は沢山《たくさん》あって、その一《ひと》つに『善言美詞《ぜんげんびし》』の祓《はら》いがあります。この祓《はら》いは「天津祝《あまつのり》詞《と》の太祝詞言《ふとのりとごと》を宣《の》れ」と唱《とな》うる神嘉言《かむよごと》です。禊祓《みそぎはら》いは、伊邪那岐命《いざなぎのみこと》が、醜女《しこめ》きたなき黄泉津《よもつ》国《くに》よりかえりて、筑紫《つくし》の日向《ひむか》の橘《たちばな》の小戸《おど》の阿波岐原《あはぎがはら》において心《こころ》を洗《あら》い身《み》を清《きよ》め賜《たま》いしことを明《あき》らかにする寿詞《ほぎごと》で、祓《はら》いはうるわしき言葉《ことば》をもって、神《かみ》に申《もう》し上《あ》げることを主《しゅ》とします。

また祓《はら》いは、「祭祀《さいし》の道《みち》の始祖《しそ》、天《あめ》の児屋根命《こやねのみこと》が、古《いにしえ》の暗黒時代《あんこくじだい》に、天津御神《あまつみかみ》を褒《ほ》め讃《たた》えて諸々《もろもろ》の罪《つみ》けがれ災《わざわ》いを祓《はら》いぬぐい去《さ》り、大神《おほかみ》の御心《みこころ》を和《やわ》らげ奉《まつ》りたる正道《せいどう》です。すべての祓《はら》いは、第一《だい》に神《かみ》を和《なご》め奉《まつ》り、心《こころ》の罪穢《つみけがれ》、身体《からだ》の悪《あく》を清《きよ》め、罪科《とが》、過失《あやまち》、疾病《やみ》、曲事等《まがごとなど》を祓《はら》う大《おお》神法《みのり》であると説示《せつじ》されます。

（瑞月文庫『道の光』出口王仁三郎明治39年頃）

○

聖言《せいげん》に、真《まこと》の神様《かみさま》の根源《こんげん》を知悉《ちしつ》することは大切《たいせつ》で、「源《みなもと》かれて川下《かわしも》の　水汲《みづく》み得《う》べき道理《どうり》なし、山野《やまの》の木草《きぐさ》もその如《ごと》く　根本《ねもと》なければ幹《みき》もなく　花咲《はなさ》き匂《にお》う枝《えだ》もなし、根本《ねもと》と幹《みき》と枝葉《えだは》とは　同《おな》じ一木《ひとき》の身魂《みたま》なり　根本《ねもと》を大切《だいじ》に守《まも》るべし」とあります。

（『霊界物語』第六十二巻・第二十八章「神滝」）

本書《ほんしょ》の祝詞《のりと》は、『霊界物語《れいかいものがたり》』第《だい》六十巻《かん》「善言美詞《ぜんげんびし》」に「天津祝詞《あまつのりと》」「神言《かみごと》」「感謝祈願詞《みやびのことば》」として掲載《けいさい》されております。そして祝詞《のりと》の解釈《かいしゃく》が「天津祝詞《あまつのりと》」は第《だい》三十巻《かん》「天津祝詞解《あまつのりとかい》」に、「神言《かみごと》」は第《だい》三十九巻《かん》「大祓祝詞解《おほはらひのりとかい》」に記《しる》されますが、「感謝祈願詞《みやびのことば》」の解釈《かいしゃく》は物語《ものがたり》にはありませんので、『霊界物語《れいかいものがたり》』及《およ》び出口聖師《でぐちせいし》の諸文献《しょぶんけん》の中《なか》から関係用語《かんけいようご》を選集《せんしゅう》し編集《へんしゅう》しております。

「善言美詞《ぜんげんびし》」の祝詞《のりと》は、「大本言霊学《おほもとげんれいがく》」という言霊《ことたま》により解釈《かいしゃく》され、一般的《いっぱんてき》な『神典』の解《かい》釈《しゃく》とは違《ちが》った神素盞鳴大神様《かむすさのをおほかみさま》の釈義《しゃくぎ》となっております。真《まこと》の神様《かみさま》の神格《しんかく》、宇宙観《うちゅうかん》、太初《たいしょ》から現代《げんだい》に至《いた》る天地文神々《てんちもんかみがみ》の雄大《ゆうだい》なご活動《かつどう》、禊祓《みそぎはら》い、祭祀《さいし》、救世主神《きゅうせいすしん》の降臨《こうりん》、人《ひと》と神《かみ》との関係《かんけい》、人《じん》生観《せいかん》、宗教観《しゅうきょうかん》、教《おしえ》の根幹《こんかん》となる「教旨《きょうし》」、「三大学則《さんだいがくそく》」、「四大綱領《しだいこうりょう》」、「四大主義《しだいしゅぎ》」、天地万有《てんちばんゆう》の真理《しんり》が示されております。

なお本書《ほんしょ》は、「みいづ舎《しゃ》」の「研修資料《けんしゅうしりょう》」として出版《しゅっぱん》しました。同《おな》じ用語《ようご》や文言《もんごん》が重複《じゅうふく》して出《で》てきます。ご了承下《りょうしょうくだ》さい。

平成二十八年六月五日

みいづ舎編集

基《き》本《ほん》宣《せん》伝《でん》歌《か》

第一節（五行）

朝《あさ》日《ひ》は照《て》るとも曇《くも》るとも
月《つき》は盈《み》つとも虧《か》くるとも
たとえ大《だい》地《ち》は沈《しず》むとも
曲津《まがつ》の神《かみ》は荒《すさ》ぶとも
誠《まこと》の力《ちから》は世《よ》を救《すく》う

第二節（六行）

三《さん》千《ぜん》世《せ》界《かい》の梅《うめ》の花《はな》
一《いち》度《ど》に開《ひら》く神《かみ》の教《のり》
開《ひら》いて散《ち》りて実《み》を結《むす》ぶ
月《つき》日《ひ》と地《つち》の恩《おん》を知《し》れ
この世《よ》を救《すく》う生神《いきがみ》は
高《たか》天《あま》原《はら》に神《かむ》集《つど》う

第三節（七行）

神《かみ》が表《おもて》に現《あら》われて
善《ぜん》と悪《あく》とを立《たて》別《わ》ける
この世《よ》を造《つく》りし神《かむ》直《なお》日《ひ》
心《こころ》も広《ひろ》き大《おお》直《なお》日《ひ》
ただ何《なに》事《ごと》も人《ひと》の世《よ》は
直《なお》日《ひ》に見《み》直《なお》せ聞《きき》直《なお》せ
身《み》の過《あやまち》は宣《の》り直《なお》せ

もくじ

第一編　天津祝詞

天津祝詞

出口《でぐち》王仁三郎《おにさぶろう》聖師《せいし》は、「天津祝詞《あまつのりと》」は岩戸開《いわとびら》きの折《おり》、天之児屋根命《あめのこやねのみこと》が岩戸《いわと》の前《まえ》で奏上《そうじょう》せられたのが嚆矢《こうし》である。「神言《かみごと》」は神武天皇《じんむてんのう》（前660～前585）の時代《じだい》、天之登美命《あめのとみのみこと》が作《つく》られたもので、児屋根命《こやねのみこと》以来《いらい》この時代《じだい》まで全然《ぜんぜん》無《な》かったのである。「天津祝詞《あまつのりと》」も「神言《かみごと》」も共《とも》に神世言葉《かみよことば》で出来《でき》ておって、それを今《いま》のような言葉《ことば》や、文字《もじ》に翻訳《ほんやく》したのは聖武天皇《しょうむてんのう》（第45代・724～749）の時代《じだい》、常盤《ときわ》の大連《おおむらじ》がやったのである。と示《しめ》されます。

（『水鏡《みずかがみ》』「天津祝詞《あまつのりと》と神言《かみごと》」）

「天津祝詞《あまつのりと》」は、『延喜式《えんぎしき》』（＝平安中期の法典。五十巻。延喜五年醍醐天皇の命により藤原時平・忠平らが編集延長五（927）年に完成。）の文中《ぶんちゅう》に記載《きさい》がなく、記述《きじゅつ》されるのは『延喜式《えんぎしき》』の「大祓《おほはらい》」つまり「神言《かみごと》」の文中《ぶんちゅう》に、「天津祝詞《あまつのりと》の太《ふと》祝詞《のりと》ごとを宣《の》れば……」と記載《きさい》があるのみで、文章化《ぶんしょうか》はずっと後《あと》のことで、それまでは重要《じゅうよう》な秘奥《ひおう》の祝詞《のりと》として口伝《くでん》されていたのではないかとされています。

そして祝詞《のりと》の奏上《そうじょう》は天国《てんごく》を開《ひら》くための「如意宝珠《にょいほっしゅ》」の神嘉言《かむよごと》であり、また禊祓《みそぎはら》いの大《だい》修祓執行《しゅうばつしっこう》を主《ス》の神《かみ》に祈《いの》る言霊《ことたま》です。

天津祝詞（全文）

高天原《たかあまはら》に元津御祖皇大神《もとつみおやすめおほかみ》『数多《あまた》の天使《かみがみ》を集《つど》へて永遠《とことは》に神留《かみつま》ります。神漏岐神漏美《かむろぎかむろみ》の御言《みこと》以《も》ちて神伊邪那岐尊《かむいざなぎのみこと》九天《つくし》の日向《ひむか》の立花《たちばな》の小戸《をど》の阿波岐ケ原《あはぎがはら》に。御禊祓《みそぎはら》ひ玉《たま》ふ時《とき》に成《な》り坐《ま》せる。祓戸《はらひど》の大神等《おほかみたち》諸々《もろもろ》の曲事罪穢《まがことつみけがれ》を。祓《はら》ひ玉《たま》へ清《きよ》め賜《たま》へと申《まを》す事《こと》の由《よし》を天津神《あまつかみ》、国津《くにつ》神《かみ》、八百万《やほよろづ》の神等《かみたちとも》共に天《あめ》の斑駒《ふちこま》の耳振立《みみふりたて》て聞食《きこしめ》せと恐《かし》み恐《かしこ》みも白《まを》す。

（『霊界物語』第六〇巻・第十四章「三五教の祝詞」「天津祝詞」）

△高天原《たかあまはら》　全大宇宙《ぜんだいうちゅう》のこと。

　これを「タカアマハラ」と読《よ》むべし。従来《じゅうらい》の「タカマガハラ」または「タカマノハラ」と読《よ》めるは誤《あやま》りである。何故《なぜ》なら『古事記《こじき》』「巻頭《かんとう》」の「注《ちゅう》」に「高《たか》の下《した》の天《あま》は訓《くん》じて阿麻《あま》という」と明白《めいはく》に指示《しじ》されている。

「言霊学《げんれいがく》」による一音《いちおん》づつの意義《いぎ》を調《しら》べると、「タ」は対照力《たいしょうりょく》なり、進《すす》む左《さ》なり、火《ひ》なり、東北《とうほく》より鳴《な》る声《こえ》なり、父《ちち》なり。また「カ」は輝《かがや》くなり、退《しりぞ》く右《ゆう》なり、水《みず》なり、西《せい》南《なん》より鳴《な》る声《こえ》なり、母《はは》なり。父《ちち》を「タタ」といい、母《はは》を「カカ」と唱《とな》えるのもこれから出《で》ている。また「ア」は現《あら》われ出《いで》る言霊《ことたま》、「マ」は球《たま》の言霊《ことたま》、「ハ」は開《ひら》く言霊《ことたま》、「ラ」は螺旋《らせん》の言霊《ことたま》、すなわち「タカアマハラ」の全意義《ぜんいぎ》は「全大宇宙《ぜんだいうちゅう》の意《い》」となる。

　もっとも、場合《ばあい》によっては「全大宇宙《ぜんだいうちゅう》の大中心地点《だいちゅうしんちてん》」を「高天原《たかあまはら》」ともいう。いわゆる宇宙《うちゅう》に向《むか》って号令《ごうれい》する「神界《しんかい》の中府所在地《ちゅうふしょざいち》」の意義《いぎ》で「地《ち》の高天原《たかあまはら》」と称《しょう》するなどがそれである。この義《ぎ》を拡張《かくちょう》して小高天原《しょうたかあまはら》は沢山《たくさん》ある。一家《いっか》の小高天原《しょうたかあまはら》は神床《かんどこ》であり、一《いっ》身《しん》の小高天原《しょうたかあまはら》は、臍下丹田《さいかたんでん》であらねばならない。しかし、ここでは後《あと》の意義《いぎ》ではなく全《ぜん》大宇宙《だいうちゅう》その物《もの》の意義《いぎ》である。これを従来《じゅうらい》は、地名《ちめい》であるかのごとく想像《そうぞう》して、地理的穿鑿《ちりてきせんさく》を試《こころ》みていたのである。（『霊界物語』第三十九巻「付録・大祓祝詞解」）

△**元津御祖皇大神**《もとつみおやすめおほかみ》　全大宇宙創造《ぜんだいうちゅうそうぞう》の無限絶対無始無終《むげんぜったいむしむしゅう》の大元霊《だいげんれい》、主神《すしん》と称《とな》え、また天之御中主大神《あめのみなかぬしのおほかみ》、大天主太神《もとつみおやすめおほかみ》、大六合常立大神《おほくにとこたちのおほかみ》、大本皇大御神《おほもとすめおほみかみ》、伊都能売大神《いづのめのおほかみ》……言霊学上《げんれいがくじょう》神素盞嗚大神《かむすさのをのおほかみ》と奉称《ほうしょう》する。

○『古事記《こじき》』に「天地《あめつち》の初発《はじめ》のとき高天原《たかあまはら》に成《な》りませる（＝鳴りませるの意。）神《かみ》の御名《みな》は天之御中主神《あめのみなかぬしのかみ》、次《つぎ》に高皇産霊神《たかみむすびのかみ》、次《つぎ》に神皇産霊神《かむみむすびのかみ》を「造化《ぞうか》の三神《さんしん》」と称《しょう》し、この三柱《みはしら》の神《かみ》はみな独神《ひとりがみ》なりまして隠身《かくれみ》なり」とある。これを「すになりましてすみきりなり」と奉称《ほうしょう》する。「独神《す》」は実在《じつざい》の唯一無二《ゆいいつむに》なるを示《しめ》し、「隠身也《すみきりなり》」（澄《す》みきる。）とは現象《げんしょう》の本源根底神《ほんげんこんていしん》なることを示《しめ》された語《ご》である。

○天《てん》もなく地《ち》もなく宇宙《うちゅう》もなく、大虚空中《だいこくうちゅう》に一点《いってん》の、《ホチ》忽然《こつぜん》と顕《あらわ》れ給《たま》う。この、《ホチ》たるや、すみきり澄《す》みきらいつゝ次第〱《しだいしだい》に拡大《かくだい》して、一種《いっしゅ》の円形《えんけい》をなし、円形《えんけい》よりは湯気《ゆげ》よりも煙《けむり》よりも、霧《きり》よりも微細《びさい》なる神明《しんめい》の気《き》放射《ほうしゃ》して、円形《えんけい》の圏《けん》を描《えが》き、ヽ《ホチ》を包《つつ》み、はじめて⦿《ス》の言霊生《ことたまうま》れ出《い》でたり。この⦿《ス》の言霊《ことたま》こそ宇宙万有《うちゅうばんゆう》の大根元《だいこんげん》にして、主《ス》の大神《おほかみ》の根元太極元《こんげんたいきょくげん》となる。……。

キリストの聖書《せいしょ》『ヨハネ伝《でん》』あり、ヨとはあらゆる宇宙《うちゅう》の大千世界《だいせんせかい》の意《い》なり、ハは無限《むげん》に発達開展《はったつかいてん》、拡張《かくちょう》の意《い》なり、ネは声音《せいおん》の意《い》にして宇宙根本《うちゅうこんぽん》の意《い》なり。『ヨハネ伝《でん》』首章《しゅしょう》に曰《いわ》く「太初《はじめ》に道《ことば》あり、道《ことば》は神《かみ》と偕《とも》にあり、道《ことば》は即《すなわ》ち神《かみ》なり、この道《ことば》は太初《はじめ》に神《かみ》と偕《とも》に在《あ》りき、万物《よろずのもの》これに由《よ》りて造《つく》られたる者《もの》に一《ひと》つとしてこれに由《よ》らで造《つく》られしは無《な》し」と明示《めいじ》しある。（『天祥地瑞』第七十三巻・第一章「天之峯火夫の神」）

○大宇宙《だいうちゅう》の元始《げんし》にあたりて、湯気《ゆげ》とも煙《けむり》とも何《なん》とも形容《けいよう》のし難《がた》い一種異様《いっしゅいよう》の微妙《びみょう》のもの漂《ただよ》いいたり。殆《ほとん》ど十億年間《おくねんかん》の歳月《さいげつ》を経《へ》て、一種無形《いっしゅむけい》、無声《むせい》、無色《むしょく》の霊物《れいぶつ》となりたり。これを宇宙《うちゅう》の大元霊《だいげんれい》という。『神典《しんてん》』にては、天之御中主神《あめのみなかぬしのかみ》と称《とな》えまた天之峰火男神《あめのみねひをのかみ》と称《しょう》し、仏典《ぶってん》にては阿弥陀如来《あみだにょらい》と称《しょう》し、キリスト教《きょう》にては、ゴッドまたはゼウスといい、易学《えきがく》にては太極《たいきょく》といい、中国《ちゅうごく》にては天主《てんしゅ》、天帝《てんてい》、または単《たん》に天《てん》の語《ご》をもって示《しめ》される。国《くに》によりては造物主《ぞうぶつしゅ》、または世界《せかい》の創造者《そうぞうしゃ》ともいう。

この天之御中主神《あめのみなかぬしのかみ》の霊徳《れいとく》は漸次《ぜんじ》（＝段階、過程、次第に）宇宙《うちゅう》に瀰漫《びまん》（＝満あふれる。充実、広がり満ちる。）し、氤氳《いんうん》（＝気がさかんになること。）化醇《かじゅん》（＝混じりけの無いものに変化。）して遂《つい》に「霊《れい》・力《りょく》・体《たい》」を完成《かんせい》し、無限《むげん》絶対無始無終《ぜったいむしむしゅう》の大宇宙《だいうちゅう》の森羅万象《しんらばんしょう》を完成《かんせい》したる神《かみ》を称《しょう》して大国治立尊《おほくにはるたちのみこと》（一名《いちめい》天常《あめのとこ》立命《たちのみこと》。）といい、ミロクの大神《おほかみ》ともいうなり。

○

宇宙《うちゅう》の大原因《だいげんいん》たる、一種微妙《いっしゅびみょう》の霊物《れいぶつ》、天之御中主大神《あめのみなかぬしのおほかみ》の無色無形無声《むしょくむけいむせい》の純霊《じゅんれい》は遂《つい》に霊力《れいりょく》を産出《さんしゅつ》する。これを霊系《れいけい》の祖神《そしん》・高皇産霊神《たかみむすびのかみ》という。次《つぎ》に元子《げんし》、いわゆる水素《すいそ》（また元素《げんそ》という。）を醸成《じょうせい》したり。これを体系《たいけい》の祖神《そしん》・神皇産霊神《かむみむすびのかみ》という。霊《れい》は陽《よう》主陰従《しゅいんじゅう》にして、体《たい》は陰主陽従《いんしゅようじゅう》なり。かくてこの二神《にしん》の霊《れい》と体《たい》により一種異様《いっしゅいよう》の力徳《りきとく》を生《しょう》じ、これを霊体《ちから》という。ほとんど三十億年《おくねん》の歳月《さいげつ》を要《よう》し「霊《れい》・力《りょく》・体《たい》」のやや完《かん》全《ぜん》を得《え》たるなり。これを「造化《ぞうか》の三神《さんしん》」という。

○ここに完全《かんぜん》な水素《すいそ》を産出《さんしゅつ》したり。水素《すいそ》は漸次集合《ぜんじしゅうごう》して現今《げんこん》の呑《の》むごとき清水《せいすい》となりぬ。この清水《せいすい》には高皇産霊大神《たかみむすびのおほかみ》の火霊《かれい》を宿《やど》し、よく流動《りゅうどう》する力備《ちからそな》わりぬ。水《みず》を動《うご》かすものは火《ひ》にして、火《ひ》を働《はたら》かすものは水《みず》なり。この水《みず》の流体《りゅうたい》を『神典《しんてん》』にては「葦《あし》芽彦遅神《がひこぢのかみ》」という。一切動物《いっさいどうぶつ》の根元《こんげん》となし、これに霊系《れいけい》すなわち火《ひ》の霊《れい》を宿《やど》して一種《いっしゅ》の力徳《りきとく》を発生《はっせい》し、動物《どうぶつ》の本質《ほんしつ》となる、「生魂《いくむすび》」これなり。

○つぎに火水抱合《ひみずほうごう》して一種《いっしゅ》の固形物体発生《こけいぶったいはっせい》し、宇宙一切《うちゅういっさい》を修理固成《しゅうりこせい》する根元力《こんげんりょく》となる。これを「常立神《とこたちのかみ》」といい剛体素《ごうたいそ》という。神祇官所祭《しんぎかんしょさい》の「玉留魂《たまつめむすび》」これなり。金《きん》・銀《ぎん》・銅《どう》・鉄《てつ》・砂《すな》・石等《いしとう》はこの「玉留魂《たまつめむすび》」をもっとも多量《たりょう》に包含《ほうがん》し、万有一切《ばんゆういっさい》の骨《ほね》となる。この剛体素《ごうたいそ》、「玉留魂《たまつめむすび》」の完成《かんせい》するまでに、太初《たいしょ》よりほとんど五十億年《おくねん》を費《つい》やしたり。ここに海月《くらげ》なす漂《ただよ》える宇宙《うちゅう》は、ようやく個体《こたい》を備《そな》えるにいたりぬ。

この水《みず》を胞衣《えな》として創造《そうぞう》されたる宇宙一切《うちゅういっさい》の円形《えんけい》なるは、水《みず》の微粒子《びりゅうし》の円形《えんけい》に基《もと》づくものなり。剛体《ごうたい》は「玉留魂《たまつめむすび》」、すなわち常立《とこたち》の命《みこと》の神威発動《しんいはつどう》によりて、日地月星《ひつちつきほし》はようやく形成《けいせい》されたり。大宇宙《だいうちゅう》の一小部分《いちしょうぶぶん》なる我《わ》が宇宙《うちゅう》の大地《だいち》は、あたかも炮烙《ほうらく》を伏《ふ》せたるがごとき山《やま》と、剛《ごう》・流《りゅう》の混交《こんこう》（混淆《こんこう》）したる泥海《どろうみ》なりしなり。

ここに絶対無限力《ぜったいむげんりょく》の「玉留魂《たまつめむすび》」の神《かみ》は、いよいよその神徳《しんとく》を発揮《はっき》して大地《だいち》の海陸《かいりく》を区別《くべつ》し、清軽《せいけい》なるものは靉《たなび》きて大空《たいくう》となり、重濁《じゅうだく》なるものは淹滞《えんたい》して下《した》に留《とど》まり、大地《だいち》を形成《けいせい》したり。されどこの時《とき》の宇宙《うちゅう》の天地《てんち》には生物《せいぶつ》の影《かげ》は未《いま》だ無《な》かりけり。

○

ここに流《りゅう》・剛《ごう》すなわち「生魂《いくむすび》」と「玉留魂《たまつめむすび》」との水火合《いきがっ》して不完全《ふかんぜん》なる呼吸《こきゅう》を営《いとな》み、その中《うち》より植物《しょくぶつ》の本質《ほんしつ》たる柔体《じゅうたい》「足魂《たるむすび》」を完成《かんせい》したり。これを神典《しんてん》にては「豊雲野《とよくもぬの》（淳《ぬの》）命《みこと》」というなり。いよいよ宇宙《うちゅう》は「霊《れい》・力《りょく》・体《たい》」の元子《げんし》なる、「剛《ごう》・柔《じゅう》・流《りゅう》」

の本質完成《ほんしつかんせい》されたのである。されど宇宙《うちゅう》は未《いま》だその活動《かつどう》を開始《かいし》するに至《いた》らなかった。

○これらの元子《げんし》と原《げん》（元《げん》）因《いん》とは互《たが》いに生成化育《せいせいかいく》し、力《ちから》は益々発達《ますますはったつ》して、動《どう》・静《せい》・解《かい》・凝《ぎょう》・引《いん》・弛《ち》・分《ぶん》・合《ごう》の「八力《はちりき》」を産出《さんしゅつ》した。これを『神典《しんてん》』にて宇宙《うちゅう》の動力《どうりょく》を「大戸地神《おほとのぢのかみ》」といい、静力《せいりょく》を「大戸辺神《おほとのべのかみ》」、解力《かいりょく》を「宇比地根神《うひぢねのかみ》」、凝力《ぎょうりょく》を「須比地《すひぢ》根神《ねのかみ》」、引力《いんりょく》を「生杙神《いくぐひのかみ》」、弛力《ちりょく》を「角杙神《つぬぐひのかみ》」、合力《ごうりょく》を「面足神《おもたるのかみ》」、分力《ぶんりょく》を「惶根神《かしこねのかみ》」という。この八力完成《はちりきかんせい》して始《はじ》めて宇宙《うちゅう》の組織成就《そしきじょうじゅ》し、大空《たいくう》にかかれる太陽《たいよう》は無数《むすう》の星《せい》晨《しん》の相互《そうご》の八力《はちりき》の各自《かくじ》の活動《かつどう》により、その地位《ちい》を保《たも》ち、大地《だいち》またこの八力《はちりき》によりその地位《ちい》を保持《ほじ》することとなりし。かくして大宇宙《だいうちゅう》は完成《かんせい》に至《いた》るまでほとんど五十六億万《おくまん》年《ねん》を費《つい》やしたり。

○ここに宇宙《うちゅう》の主宰神《しゅさいしん》と顕現《けんげん》し給《たも》う無限絶対《むげんぜったい》の「力《ちから》」を、大国治立命《おほくにはるたちのみこと》と称《しょう》し奉《たてまつ》る。

国治立命《くにはるたちのみこと》は、豊雲野尊《とよくもぬのみこと》（またの名《な》豊国姫命《とよくにひめのみこと》）と剛《ごう》・柔相対《じゅうあいたい》して地上《ちじょう》に動植物《どうしょくぶつ》を生《せい》成化育《せいかいく》し、二神《にしん》の水火《いき》より伊邪那岐《いざなぎ》伊邪那美《いざなみ》二尊《にそん》を生《う》み、日月《じつげつ》を造《つく》りてその主宰神《しゅさいしん》たらしめ給《たま》いける。

（『霊界物語』第六巻・第一章「宇宙太元」）

◆祈りは天帝のみにすべきものである。他の神さまには礼拝するのである。私はそのつもりで沢山の神さまに礼拝するのである。そはあたかも人に挨拶するのと同様の意味においてである。誠の神様はただ一柱しかおわさぬ。他はみなエンゼルである。

（『水鏡』「祈りは天帝のみ」）

△数多《あまた》の天使《かみがみ》を集《つど》へて　宇宙《うちゅう》には天地《てんち》の神律《しんりつ》のもとに八百万《やほよろづ》の神々《かみがみ》が秩序整然《ちつじょせいじん》と統一《とういつ》されておられる。つまり大宇宙《だいうちゅう》には、霊《れい》・力《りょく》・体《たい》、三元《さんげん》・八力《はちりき》、天津神《あまつかみ》、国津神《くにつかみ》、天地八《てんちや》百万《ほよろづ》の神々《かみがみ》の御活動《ごかつどう》が整然《せいぜん》と統一《とういつ》され充《み》ち溢《あふ》れている。

○「宇宙《うちゅう》の本源《ほんげん》は活動力《かつどうりょく》にしてすなわち神《かみ》なり。万物《ばんぶつ》は活動力《かつどうりょく》の発現《はつげん》にして神《かみ》の断片《だんぺん》なり」

（『霊界物語』第六十七巻・第六章「浮島の怪猫」「神力と人力」）

△神留《かみつま》ります　陰陽二元《いんようにげん》が実相充実《じっそうじゅうじつ》した上《うえ》にも充実《じゅうじつ》すること。

「神《かみ》」は隠身《かくれみ》で、日月《じつげつ》、陰陽《いんよう》、火水《かすい》、霊体等《れいたいとう》の同義《どうぎ》となる。陰陽《いんよう》、火水《かすい》の二元《にげん》が相合《あいがっ》して「神《かみ》」となる。『皇典《こうてん》』にいわゆる「産霊《むすび》」の結果《けっか》でないものはない。また、「留《つま》り」とは充実《じゅうじつ》の義《ぎ》で、鎮坐《ちんざ》の意味《いみ》ではない。「ます」はましますと同《おな》じ意味《いみ》になる。無《む》限絶対《げんぜったい》、無始無終《むしむしゅう》に神《かみ》が実在《じつざい》し給《たま》い、陰陽水火二元《いんようすいかにげん》の活動《かつどう》が全大宇宙《ぜんだいうちゅう》に充満《じゅうまん》されている。

△神漏岐神漏美《かむろぎかむろみ》　天地陰陽二系《てんちいんようにけい》を司《つかさ》どる神《かみ》。神漏岐《かむろぎ》は霊系《れいけい》・火系《かけい》・陽系《ようけい》の神々《かみがみ》で天《てん》に属《ぞく》し、神漏美《かむろみ》は体系《たいけい》・水系《すいけい》・陰系《いんけい》の神々《かみがみ》で地《ち》に属《ぞく》する。

○霊《れい》と体《たい》とは、天之御中主神《あめのみなかぬしのかみ》が、その絶対一元《ぜったいいちげん》の静的状態《せいてきじょうたい》から動的状態《どうてきじょうたい》に移《うつ》られる時《とき》に、必然的《ひつぜんてき》に発揮《はっき》される二元《にげん》の呼称《こしょう》である。霊体《れいたい》という代《かわ》りに、陰陽《いんよう》、水火《すいか》、その他《た》の文句《もんく》も使用《しよう》されるが、全然同一義《ぜんぜんどういつぎ》を以《もっ》て使用《しよう》される。また力《りょく》とは霊体二元《れいたいにげん》の結合《けつごう》の瞬間《しゅんかん》に発生《はっせい》するもので、霊《れい》のみで力《ちから》なく、また体《たい》のみでも力《ちから》はない。霊体二元《れいたいにげん》が揃《そろ》うから、力《ちから》が出来《でき》る。無論二元《むろんにげん》の配合如何《はいごういかん》によりて、発生《はっせい》する力《ちから》が非常《ひじょう》に違《ちが》う。人間《にんげん》が人為的《じんいてき》に生物《せいぶつ》だの無生物《むせいぶつ》だのと区別《くべつ》していても、実《じつ》は霊体《れいたい》の配合度合《はいごうどあい》の違《ちが》いにより、その発揮《はっき》する力《ちから》に雲泥《うんでい》の相違《そうい》が生《しょう》じているに過《す》ぎない。

○

火水《かみ》という時《とき》は、火水《かみ》の本体《ほんたい》は、第一義《だいいちぎ》の火水《かすい》を指《さ》すので、水《みず》としての象《しょう》を現《あら》わす時《とき》は、その中《なか》に火《ひ》があり、火《ひ》として象《しょう》を現《あら》わす時《とき》にも、同《おな》じくその中《なか》に水《みず》がある。換言《かんげん》すれば現象《げんしょう》の火《ひ》も水《みず》も、いずれも各々《おのおの》陰陽《いんよう》二元《にげん》の一種《いっしゅ》の結合《けつごう》で、各々特有《おのおのとくゆう》の力《ちから》を発揮《はっき》する。この事《こと》が理解《りかい》されないと宇宙根源《うちゅうこんげん》の真諦《しんたい》は難《むずか》しいと示《しめ》される。

（『神示の宇宙』「大本略義」）

【造化三神、神漏岐・神漏美の表示】

霊系《れいけい》の祖神《そしん》・高皇産霊神《たかみむすびのかみ》（陽《よう》・火《か》・霊《れい》＝陽主陰従《ようしゅいんじゅう》）　神漏岐尊《かむろぎのみこと》　天《てん》に属《ぞく》する

天之御中主神《あめのみなかぬしのかみ》　（霊産《むすび》）

体系《たいけい》の祖神《そしん》・神皇産霊神《かむみむすびのかみ》（陰《いん》・水《すい》・体《たい》＝陰主陽従《いんしゅようじゅう》）　神漏美尊《かむろみのみこと》　地《ち》に属《ぞく》する

（この表示の続きは220頁参照）

○高御産巣日神《たかみむすびのかみ》（＝高皇産霊神。）は神漏岐系《かむろぎけい》の祖神《そしん》にして、天御中主神《あめのみなかぬしのかみ》の精神系《せいしんけい》である。しかして神産巣日神《かむみむすびのかみ》（＝神皇産霊神。）は神漏美系《かむろみけい》の祖神《そしん》にして、天御中主神《あめのみなかぬしのかみ》の物質系《ぶっしつけい》である。精神《せいしん》と物質《ぶっしつ》とは天御中主神《あめのみなかぬしのかみ》の両面《りょうめん》である。この三柱《みはしら》は並独神成坐《みなすになりま》すので、唯一実在《ゆいいつじつざい》なる天御中主神《あめのみなかぬしのかみ》の御内証《ごないしょう》が、たちまち分《わか》れて精神《せいしん》、物質《ぶっしつ》の二系統《にけいとう》を為《な》すことを示《しめ》されたことに、深《ふか》く注目《ちゅうもく》しなければならない点《てん》である。

（『世界宗教統一』「第三編・第十五章」）

○日蓮《にちれん》の大万陀羅《だいまんだら》（＝曼陀羅。）を解《と》くや、……「妙法蓮華経《みょうほうれんげきょう》」は梵語《ぼんご》に「サダルマ、フンダリキヤ、ソタラン」という。これは「タカアマハラのコトバ」という語《ご》の転訛《てんか》である。釈迦《しゃか》、多宝《たほう》の二仏併座《にぶつへいざ》は、我《わ》が高天原《たかあまはら》の、神漏岐命《かむろぎのみこと》（神漏岐系《かむろぎけい》）、神漏美命《かむろみのみこと》（神《かむ》漏美系《ろみけい》）を伝《つた》えたものであって、『法華経《ほけきょう》』「宝塔品《ほうとうぼん》」の「三変土田《さんぺんどでん》」（＝汚れた娑婆の姿を三度、清浄な国土に変えたことをいう。）とは、大八洲《おほやしま》（＝世界の五大洲。）の国産《くにう》みの本義《ほんぎ》を伝《つた》えたものである。神漏岐系《かむろぎけい》は精神系統《せいしんけいとう》であって、神漏美系《かむろみけい》は物質系統《ぶっしつけいとう》である。岐《ぎ》は霊《れい》の義《ぎ》、美《み》は身《み》の義《ぎ》である。

……。

真言宗《しんごんしゅう》には「金剛界《こんごうかい》」「胎蔵界《たいぞうかい》」の二大万陀羅《にだいまんだら》を建《た》てるのだが、これまた神漏岐《かむろぎ》、神漏美二系《かむろみにけい》の系譜《けいふ》であり、御神慮《ごしんりょ》を伝《つた》えたものである。弘法大師《こうぼうだいし》の本地垂迹説《ほんちすいじゃくせつ》は、主客本末《しゅかくほんまつ》を誤《あやま》ったものである。

『法華経《ほけきょう》』『大日経《だいにちきょう》』皆《みな》その本源《ほんげん》は高天原《たかあまはら》の教《おしえ》に出《い》でたることは明白《めいはく》である。

（『世界宗教統一』「第二十三章」）

◆上記《じょうき》からして、神漏岐《かむろぎ》神漏美《かむろみ》の二大系統《にだいけいとう》は、主《す》の神《かみ》・天之御中主神《あめのみなかぬしのかみ》の静的状態《せいてきじょうたい》から動的状態《どうてきじょうたい》に移《うつ》られる霊系体系《れいけいたいけい》の活動《かつどう》を神名《しんめい》で表《あらわ》したもので高皇産霊神《たかみむすびのかみ》・神皇《かむみ》産霊神《むすびのかみ》、国常立尊《くにとこたちのみこと》・豊雲野尊《とよくもぬのみこと》、艮《うしとら》の金神《こんじん》・坤《ひつじさる》の金神《こんじん》、伊邪那岐尊《いざなぎのみこと》・伊邪《いざ》那美尊《なみのみこと》、天照大神《あまてらすおほかみ》・月読尊《つきよみのみこと》（素盞嗚尊《すさのをのみこと》）、厳《いづ》の御魂《みたま》・瑞《みづ》の御魂《みたま》、日天子《にってんし》・月《がっ》

天子等《てんしなど》、神様《かみさま》の顕現《けんげん》、活動《かつどう》の状態《じょうたい》により、御神名奉称《ごしんめいほうしょう》が変化《へんか》される。

◆竜樹菩薩《りゅうじゅぼさつ》は空《くう》を説《と》いた。空《くう》というのは神《かみ》または霊《れい》ということ。目《め》に見《み》えず耳《みみ》に聞《き》こえぬ世界《せかい》であるから空《くう》という。空相《くうそう》は実相《じっそう》を生《う》む、霊《れい》より物質《ぶっしつ》が生《うま》れてくることを意味《いみ》する。……真如実相《しんにょじっそう》、真如《しんにょ》は神《かみ》、仏《ほとけ》、絶対無限《ぜったいむげん》の力《ちから》をいう。実相《じっそう》は物質《ぶっしつ》的意味《てきいみ》。

（『月鏡』「空相と実相」）

△御言以《みことも》ちて　神言《みこと》、言霊《ことたま》、神命《しんめい》によりての義《ぎ》。

○神《かみ》はコトバである。コトバは神《かみ》の意志《いし》である。日本《にっぽん》においては、神《かみ》の御名《おんな》に何々《なになに》の命《みこと》（尊《みこと》）とあるのは「御言《みこと》」の義《ぎ》である。コトバは霊《れい》という見地《けんち》からして、日本《にっぽん》には「言霊《ことたま》」という語《ご》が古《むかし》から存在《そんざい》している。「言霊《ことたま》の助《たす》くる国《くに》」「言霊《ことたま》の活《い》き居《お》る国《くに》」等《など》の語《ご》が伝《つた》えられている。

（『世界宗教統一』188頁）

○「霊魂《れいこん》」の活用《かつよう》を分類《ぶんるい》すれば奇魂《くしみたま》、荒魂《あらみたま》、和魂《にぎみたま》、幸魂《さちみたま》の四魂《しこん》のことで、これを統括《とうかつ》するところの全霊《ぜんれい》に分《わか》れる。いわゆる「一霊四魂《いちれいしこん》」であるが、この根源《こんげん》の「一霊四魂《いちれいしこん》」

を代表《だいひょう》する声音《せいおん》は「アオウエイ」の五大父音《だいふおん》である。

宇宙根本《うちゅうこんぽん》の造化作用《ぞうかさよう》は要《よう》するに至祖神《しそしん》の「一霊四魂《いちれいしこん》」の運用《うんよう》の結果《けっか》であるから、至祖神《しそしん》のご活動《かつどう》につれて必然的《ひつぜんてき》にアオウエイの五大父音《だいふおん》が先《ま》ず全大宇宙間《ぜんだいうちゅうかん》に発生《はっせい》し、そしてその声音《せいおん》は今日《こんにち》といえども依然《いぜん》として虚空《こくう》に充《み》ち満《み》ちている。だが、あまりに大《だい》なる声音《せいおん》なので、あまりに微細《びさい》な声音《せいおん》と同様《どうよう》に、普通人間《ふつうにんげん》の肉耳《にくじ》には感《かん》じられない。しかしあまり大《おお》きくない中間音《ちゅうかんおん》は間断《かんだん》なく吾人《ごじん》の耳朶《じだ》に触《ふ》れ、天音地籟一《てんおんちらいいつ》として五大《だい》父音《ふおん》に帰着《きちゃく》せぬものはない。鎮魂《ちんこん》して吾人《ごじん》の霊耳《れいじ》を開《ひら》けば、聴《き》こえる範囲《はんい》は更《さら》に拡大《かくだい》する。

さて、声音《せいおん》は「心《こころ》の柄《え》」、「心《こころ》の運用機関《うんようきかん》」であるから、天神《てんしん》の「一霊四魂《いちれいしこん》」の活用《かつよう》が複雑《ふくざつ》に赴《おもむ》くだけ、声音《せいおん》の数《すう》も複雑《ふくざつ》で停止《ていし》するところはない。その中《なか》にあって宇宙間《うちゅうかん》に発生《はっせい》した清音《せいおん》のみを拾《ひろ》い集《あつ》めると四十五音《おん》、濁音《だくおん》、半濁音《はんだくおん》を合《がっ》すれば七十五音《おん》となる。これは声音研究者《せいおんけんきゅうしゃ》の熟知《じゅくち》するところである。拗音《ようおん》（＝「や・ゆ・よ・わ」の仮名を他の仮名の下に小さく添えて表す。

「きゃ・しゅ・ちょ・くゎ」など。）、促音《そくおん》（＝つまる音。）、鼻音等《びおんとう》を合併《がっぺい》すれば更《さら》に多数《たすう》に上《のぼ》るが、要《よう》するにみな七十五音《おん》の変形《へんけい》で、あらゆる音声《おんせい》、あらゆる言語《げんご》は根本《こんぽん》の七十五声音《せいおん》の運用《うんよう》と結合《けつごう》との結果《けっか》に外《ほか》ならない。

それ故宇宙《ゆえうちゅう》の森羅万象一切《しんらばんしょういっさい》はこれら無量無辺《むりょうむへん》の音声即《おんせいすなわ》ち言霊《ことたま》の活用《かつよう》の結果《けっか》と見《み》て差支《さしつか》えない。

これは人間《にんげん》の上《うえ》に照《て》らして見《み》てもその通《とお》りである事《こと》がよく分《わ》かる。人間《にんげん》の心《こころ》の活用《かつよう》のある限《かぎ》り、これを表現《ひょうげん》する言霊《ことたま》がある。「進《すす》め」と思《おも》う瞬間《しゅんかん》には、その言霊《ことたま》は吾人《ごじん》の身体《しんたい》の中府《ちゅうふ》から湧《わ》き、「退《しりぞ》け」と思《おも》う瞬間《しゅんかん》にも、「寝《ね》よう」と思《おも》う瞬間《しゅんかん》にも、「行《や》ろう」と思《おも》う瞬間《しゅんかん》にも、その他如何《たいいか》なる場合《ばあい》にも、常《つね》にその言霊《ことたま》は吾人《ごじん》の中心《ちゅうしん》から湧出《ゆうしゅつ》する。すなわち人間《にんげん》の一挙一動《いっきょいちどう》ことごとく言霊《ことたま》の力《ちから》で左右《さゆう》されるといってもよい。

（『霊界物語』第三十九巻「附録大祓祝詞解」）

◆「言霊天地《ことたまてんち》を動《うご》かす」というのは、「瑞霊《ずいれい》」の言霊《ことたま》のことである。言《げん》は三《みっ》つノ口《くち》と書《か》く。言語《げんご》は吾《われ》の言《げん》と書《か》く。人間《にんげん》は男女共《だんじょとも》に五《いつ》つの口《くち》をもっている。言霊《ことたま》は天地《てんち》を動《うご》かすけれど、言語《げんご》は天地《てんち》を動《うご》かすわけにはゆかぬ」（『水鏡』「言霊と言語」）

◆父音《ふおん》と母音《ぼおん》について、一般的《いっぱんてき》にはアイウエオを母音《ぼおん》、カサタナハマヤラワを父音《ふおん》と呼称《こしょう》するが、「言霊学《げんれいがく》」では、アイウエオを父音《ふおん》、カサタナハマヤラワを母音《ぼおん》と称《しょう》する。

△**神伊邪那岐尊《かむいざなぎのみこと》**　神《かむ》は酒《さけ》を醸《か》むのカムなどと同義《どうぎ》を有《ゆう》し、宇宙万有《うちゅうばんゆう》を醸造《じょうぞう》したまう伊《い》邪那岐命《ざなぎのみこと》に冠《かん》した形容的敬語《けいようてきけいご》である。イは気《いき》、ザは誘《さそ》う、ナはならぶ、ギは火《ひ》にして、すなわち「日《ひ》の神《かみ》」、「陽神《ようしん》」なり。イザナミのミは水《みず》にして「陰神《いんしん》」なり。

（『古事記言霊解』「禊身の段」）

○伊邪那岐命《いざなぎのみこと》は、高皇産霊神《たかみむすびのかみ》の神業《しんぎょう》を継承《けいしょう》され火系《かけい》（陽系《ようけい》）の御祖神《ごそしん》で、宇宙《うちゅう》におけるあらゆる活動《かつどう》の根源《こんげん》を司《つかさど》り、大修祓《だいしゅうばつ》、大整理《だいせいり》は常《つね》にこの神《かみ》の御分担《ごぶんたん》に属《ぞく》する。地《ち》の世界《せかい》において伊邪那岐命《いざなぎのみこと》の仕事《しごと》を分掌《ぶんしょう》し賜《たま》うのが、国常立尊《くにとこたちのみこと》で、『神諭《しんゆ》』のいわゆる「世《よ》の立替《たてかえ》」というのは「大修祓決行《だいしゅうばつけっこう》」のことなのである。宇宙間《うちゅうかん》に起《おこ》る事《こと》は地球《ちきゅう》の内《うち》にも起《おこ》り、地球《ちきゅう》の内《うち》にも起《おこ》る事《こと》は宇宙全体《うちゅうぜんたい》にも影響《えいきょう》を及《およ》ぼす。両々関連《りょうりょうかんれん》不離《ふり》の仕掛《しか》けになっている。更《さら》に進《すす》んで小伊邪那岐命《しょういざなぎのみこと》の御禊祓《みそぎはらい》は一国一郡《いっこくいちぐん》にも起《おこ》り、一郷一村《いっきょういっそん》にも起《おこ》り、一身一家《いっしんいっか》にも起《おこ》る。

表面《ひょうめん》の字義《じぎ》に拘泥《こうでい》（＝とらわれること。）して、伊邪那岐命《いざなぎのみこと》が九州《きゅうしゅう》の橘《たちばなの》小戸《をど》の阿波岐原《あはぎはら》という所《ところ》で御禊《みそぎ》を行《おこな》われ、そして祓戸四柱《はらいどよはしら》の大神達《おほかみたち》をお生《う》みに成《な》ったなどと解釈《かいしゃく》すると、更《さら》に要領《ようりょう》を得《え》ない。

○

宇宙《うちゅう》の主宰神《しゅさいしん》と顕現《けんげん》したまう無限絶対《むげんぜったい》の力《ちから》を大国治立命《おほくにはるたちのみこと》と称《しょう》したてまつる。国治《くにはる》立命《たちのみこと》（国祖《こくそ》・国常立命《くにとこたちのみこと》）は、「豊雲野命《とよくもぬのみこと》」（またの名《な》　豊国姫命《とよくにひめのみこと》）は剛《ごう》・柔相対《じゅうあいたい》して地上《ちじょう》に動植物《どうしょくぶつ》を生成化育《せいせいかいく》し、二神《にしん》の水火《いき》より那岐那美二尊《なぎなみにそん》を生《う》み、日月《じつげつ》を造《つく》りてその主宰神《しゅさいしん》たらしめたまいける。

かくして大宇宙《だいうちゅう》の大原因霊《だいげんいんれい》たる天之御中主神《あめのみなかぬしのかみ》は、五十六億万年《おくまんねん》を経《へ》て宇宙一切《うちゅういっさい》を創《そう》造《ぞう》し、ここに「大国治立命《おほくにはるたちのみこと》」と顕現《けんげん》し、その霊魂《れいこん》を分派《ぶんぱ》して我宇宙《わがうちゅう》に下《くだ》したまえり。すなわち国治立命《くにはるたちのみこと》これなり。国治立命《くにはるたちのみこと》の仁慈無限《じんじむげん》の神政《しんせい》も、星移《ほしうつ》り年重《としかさ》なるにつれて妖邪《ようじゃ》の気《き》、宇宙《うちゅう》に瀰漫《びまん》しついにその邪気《じゃき》のために一時《いちじ》、独神《ひとりがみ》にして隠身《かくれみ》なりの必《ひつ》然的経綸《ぜんてきけいりん》を行《おこな》わせたまうこととなりにけり。(『霊界物語』第六巻・第一章「宇宙太元」)

○伊邪那岐大神《いざなぎのおほかみ》は高皇産霊大神《たかみむすびのおほかみ》からウ声《ごえ》を、伊邪那美大神《いざなみのおほかみ》は神皇産霊大神《かむみむすびのおほかみ》からア声《ごえ》を担《たん》当《とう》しお互《たが》いに鳴《な》り足《た》らない部分《ぶぶん》を補《おぎな》い、島々《しまじま》、草木《そうもく》、山川《さんせん》、風雨等《ふううなど》あらゆる神々《かみがみ》、天《あま》照大神《てらすおほかみ》・月読命《つきよみのみこと》・素盞嗚尊《すさのをのみこと》の三貴神《さんきしん》を生《う》み、天《てん》の神界《しんかい》の経営組織《けいえいそしき》の神業《しんぎょう》を遂行《すいこう》される。つまり左《ひだり》の目《め》から天照大御神《あまてらすおほみかみ》(霊系《れいけい》・火《ひ》を代表《だいひょう》)、右《みぎ》の目《め》から月読命《つきよみのみこと》(体系《たいけい》・水《みず》を代表《だいひょう》)、そして八百万《やほよろづ》の神々《かみがみ》が生《う》まれると最後《さいご》に宇宙《うちゅう》の神々《かみがみ》を統一《とういつ》する神《かみ》が生《う》まれなければならい。それが鼻《はな》から生《う》まれた素盞嗚尊《すさのをのみこと》で鼻《はな》の穴《あな》は左《ひだり》(陽系《ようけい》・霊系《れいけい》)と右《みぎ》(陰《いん》系《けい》・体系《たいけい》)を一《ひと》つに統合《とうごう》されるのが「主《す》の神《かみ》」、即《すなわ》ち言霊学上《げんれいがくじょう》「神素盞嗚大神《かむすさのをのおほかみ》」と申《もう》し上《あ》げる。

△九天《つくし》（筑紫《つくし》）の日向《ひむか》　『古事記《こじき》』「禊祓《みそぎはらい》の段《だん》」と同《おな》じ筆法《ひっぽう》で、「これを以《もっ》て伊邪那岐大《いざなぎのおほ》神《かみの》詔《の》たまはく、吾《あ》は　いなしこめしこめき穢《きたな》き国《くに》に到《いた》りて在《あ》りけり。故《か》れ吾《あ》は御身《おほみみ》の祓為《はらいとなせ》とのりたまひて、筑紫《つくし》の日向《ひむか》の立花《たちばな》の小門《おど》の阿波岐原《あはぎはら》に到坐《いたりま》して、禊祓《みそぎはらい》たまひき。故《か》れ投《な》げ棄《す》つる御杖《みつえ》に成《な》りませる神《かみ》の名《な》は、衝立船戸神《つきたつるふなどのかみ》。次《つぎ》に……」云々《うんぬん》とある。『古事記《こじき》』が表面《ひょうめん》の字義《じぎ》の解釈《かいしゃく》では分《わか》らないのと同様《どうよう》、この祓《はら》いの祝詞《のりと》もまた「言霊《げんれい》学《がく》」によらないと分《わか》らない。

筑紫《つくし》は尽《つく》しである、究極《きゅうきょく》である。完全無欠《かんぜんむけつ》、円満具足《えんまんぐそく》、数《かず》で言《い》えば九《く》である。筑紫《つくし》が九州《きゅうしゅう》に分《わ》かれているのもそれがためである。無論《むろん》筑紫《つくし》とか九州《きゅうしゅう》とかいう地名《ちめい》が先《さき》に起《おこ》ったのでなく、地名《ちめい》は、後《あと》で付《つ》けられたもので、本来《ほんらい》は筑紫《つくし》も日向《ひむか》も天地創造《てんちそうぞう》の際《さい》からの語《ご》である。地球《ちきゅう》の修理固成《しゅうりこせい》ができぬ以前《いぜん》から成立《せいりつ》している言霊《ことたま》で、日向《ひむか》は光明遍《こうみょうへん》照《じょう》（＝光明が天地八方に輝きわたる。）の義《ぎ》で東《ヒムカシ》と同一語源《どういつごげん》である。

△立花《たちばな》の小戸《をど》　これも地名《ちめい》ではない。タチは縦《たて》の義《ぎ》、ハナは先頭《せんとう》の義《ぎ》、即《すなわ》ち先頭《せんとう》の縦行《たてぎょう》たるアイウエオの五大父音《だいふおん》（＝天（あめ）の御柱（みはしら）。）を指《さ》す。小戸《おど》は音《おと》である、言霊《ことたま》である。宇《う》宙間《ちゅうかん》は最初《さいしょ》五大父音《だいふおん》の言霊《ことたま》の働《はたら》きにより修理固成《しゅうりこせい》が出来《でき》たのである。

つまり、那岐那美二柱《なぎなみふたはしら》の大神《おほかみ》は陰陽《いんよう》、水火《すいか》の呼吸《こきゅう》を合《がっ》して、七十五声《せい》を鳴《な》り出《いだ》し、スの言霊《ことたま》をもってこれを統一《とういつ》したもう。この七十五声《せい》の父音《ふおん》を「立花《たちばな》の小戸《をど》」という。

△阿波岐ケ原《あはぎがはら》　全大宇宙間《ぜんだいうちゅうかん》のことをいう。一音《いちおん》づつ解《かい》すれば、アは天地《てんち》、ハは開《ひら》く、ギは大中心《だいちゅうしん》、ハラは広《ひろ》き所《ところ》、海原《うなばら》の原《はら》などと同《おな》じ義《ぎ》となる。

△御禊祓《みそぎはら》ひ　ミは身体《しんたい》、物質界等《ぶっしつかいなど》の意《い》、ソギは濯《すす》ぐの意《い》である。

すなわち身体《しんたい》、物質界等《ぶっしつかいなど》の大掃除《おおそうじ》、大洗濯《おおせんたく》のこと。また「大潔斎《だいけっさい》」は天地六合《てんちりくごう》（天上《てんじょう》地上《ちじょう》。）の潔斎《けっさい》、「中潔斎《ちゅうけっさい》」は国土《こくど》（人道政治社会《じんどうせいじしゃかい》）、「小潔斎《しょうけっさい》」は一身一家《いっしんいっか》の潔斎《けっさい》をいう。いわゆる「四大主義《しだいしゅぎ》」（清潔主義《せいけつしゅぎ》＝禊《みそ》ぎの大道《だいどう》・心身修祓《しんしんしゅうばつ》の大道《だいどう》、統一主義《とういつしゅぎ》＝上下一《じょうげいっ》致《ち》の大道《だいどう》、楽天主義《らくてんしゅぎ》＝国民特有《こくみんとくゆう》の大道《だいどう》・天地惟神《てんちかむながら》の大道《だいどう》、進展主義《しんてんしゅぎ》＝国家開発《こっかかいはつ》の大《だい》道《どう》・社会改造《しゃかいかいぞう》の大道《だいどう》）の心身修祓《しんしんしゅうばつ》の大道《だいどう》の実践《じっせん》である。
◯あらゆる汚穢《おえ》を清《きよ》め塵埃《じんあい》をはらい、風《かぜ》と水《みず》との霊徳《れいとく》を発揮《はっき》して、清浄無垢《せいじょうむく》の神世《かみよ》を玉成《たまな》し、虚栄虚飾《きょえいきょしょく》を去《さ》り、万事《ばんじ》にわたりて充実《じゅうじつ》し、活気凛々《かっきりんりん》たる神威《しんい》を顕彰《けんしょう》し、金《きん》甌無欠《おうむけつ》の神政《しんせい》を施行《しこう》して、宇内一点《うないいってん》の妖邪《ようじゃ》をとどめざる大修祓《だいしゅうばつ》の大神事《だいしんじ》をいうのである。

（『古事記言霊解』「言霊解・一」）

◯神界《しんかい》の権威《けんい》なる、宇宙《うちゅう》の大修祓《だいしゅうばつ》は人間《にんげん》としては不可抗力《ふかこうりょく》である。由来天災地妖《ゆらいてんさいちよう》のごときは、人間《にんげん》の左右《さゆう》し得《う》るものでないと、現代《げんだい》の物質本能主義《ぶっしつほんのうしゅぎ》の学者《がくしゃ》や世俗《せぞく》は信《しん》じておるが、その実際《じっさい》は、天災地妖《てんさいちよう》と人事《じんじ》とは、きわめて密接《みっせつ》の関係《かんけい》がある。ゆえに国家《こっか》よく治平《ちへい》なる時《とき》は、天上地上《てんじょうちじょう》ともに平穏無事《へいおんぶじ》にして、上下万民鼓腹撃壌《しょうかばんみんこふくげきじょう》の怡楽《いらく》を受《う》けるのは天理《てんり》である。……人間《にんげん》は地上《ちじょう》を経営《けいえい》する本能《ほんのう》をうけ得《え》て成長《せいちょう》する。しかるに人間《にんげん》が吾《われ》の天職《てんしょく》をも知《し》らず、法則《ほうそく》をも究《きわ》めずして、日夜《にちや》、横暴無法《おうぼうむほう》なる醜行汚為《しゅうこうおい》を敢行《かんこう》しつゝあるは、実《じつ》に禽獣《きんじゅう》と何等《なんら》えらぶところがない。……宇宙全体《うちゅうぜんたい》は天之御中主《あめのみなかぬしの》神《かみ》の御精霊体《ごせいれいたい》なる以上《いじょう》、地上《ちじょう》の人間《にんげん》が横暴無法《おうぼうむほう》の行動《こうどう》によって、精神界《せいしんかい》の順調《じゅんちょう》もまた乱《みだ》れざるを得《え》ない。……これは要《よう》するに天則《てんそく》に違反《いはん》し、矛盾《むじゅん》せる国家経綸《こっかけいりん》の結果《けっか》にして、政幣腐敗《せいへいふはい》の表徴《ひょうちょう》である。現時《げんじ》のごとく天下《てんか》こぞって人生《じんせい》の天職《てんしょく》を忘却《ぼうきゃく》し、天賦《てんぷ》の衣食《いしょく》を争奪《そうだつ》するがために営々《えいえい》たるがごとき、国家《こっか》の経綸《けいりん》は実《じつ》に矛盾背理《むじゅんはいり》の極《きわみ》である。

（『霊界物語』第六巻・第十五章「大洪水」及び『古事記言霊解』、『惟神の道』「天災と人災」参照）

△祓戸《はらひど》の大神等《おほかみたち》　祓戸四柱《はらいどよはしら》の大神《おほかみ》、すなわち瀬織津比売《せおりつひめ》、速秋津比売《はやあきつひめ》、気吹戸主《いぶきどぬし》、速佐須良比売《はやさすらひめ》の四柱《よはしら》の義《ぎ》。すべて「大修祓執行《だいしゅうばつしっこう》」に際《さい》しては八百万《やほよろづ》の神々《かみがみ》は、常《つね》にこの四方《しほう》面《めん》に分《わ》かれて活動《かつどう》を開始《かいし》し、諸々《もろもろ》の枉事罪穢《まがことつみけがれ》を払《はら》い清《きよ》め給《たま》うので、天津神《あまつかみ》たると国津《くにつ》神《かみ》を問《と》わず。また宇宙全体《うちゅうぜんたい》たると、地球全体《ちきゅうぜんたい》たると、また一郷一村一身一家《いちきょういっそんいっしんいっか》を論《ろん》ぜずして、四方面《しほうめん》の修祓《しゅうばつ》が起《おこ》るのである。「地球《ちきゅう》の大修祓《だいしゅうばつ》」、「世《よ》の大立替《おおたてかえ》」が開始《かいし》される時《とき》には、『神諭《しんゆ》』のいわゆる雨《あめ》の神《かみ》、風《かぜ》の神《かみ》、荒《あれ》の神《かみ》、地震《じしん》の神《かみ》の大活動《だいかつどう》となる。

（『霊界物語』第一巻・第二十二章「大地の修理固成」）

○祓戸四柱神《はらいどよはしらのかみ》について、大国治立尊《おほくにはるたちのみこと》の左守神《さもりがみ》なる高皇産霊神《たかみむすびのかみ》、右守神《うもりがみ》なる神皇産霊神《かむみむすびのかみ》は、我《わ》が精霊《せいれい》たる撞《つき》の大御神《おほみかみ》、神伊邪那岐大神《かむいざなぎのおほかみ》、神伊邪那美大神《かむいざなみのおほかみ》に天《あま》の瓊矛《ぬほこ》を授《さず》け、黄金橋《おうごんきょう》なる天《あま》の浮橋《うきはし》に立《た》たしめ給《たま》いて、海月《くらげ》のごとく漂《ただよ》い騒《さわ》ぐ滄溟《そうめい》を、塩許袁呂許袁呂《しおこうろこうろ》に掻《か》き鳴《な》らしたまい、日《ひ》の大神《おほかみ》の気吹《いぶき》によりて、宇宙《うちゅう》に清鮮《せいせん》の息《いき》を起《おこ》し、地上一切《ちじょういっさい》を乾燥《かんそう》したまい、総《すべ》ての汚穢塵埃《おえじんあい》を払《はら》い退《しりぞ》けしめたまいぬ。この息《いき》よりなりませる神《かみ》を「伊吹戸主神《いぶきどぬしのかみ》」という。しかして地上一面《ちじょういちめん》に泥《どろ》に塗《まみ》れた草木《そうもく》の衣《ころも》を脱《ぬ》がしめんため風《かぜ》を起《おこ》し、風《かぜ》に雨《あめ》を添《そ》えて清《きよ》めたまいぬ。この水火《いき》より現《あら》われたまえる神《かみ》を「速秋津比売神《はやあきつひめのかみ》」という。ふたたび山々《やまやま》の間《あいだ》に河川《かせん》を通《つう》じ、一切《いっさい》の汚物《おぶつ》を神退《かむやら》いに退《やら》いたまう。この御息《みいき》を「瀬織津比売神《せおりつひめのかみ》」という。瀬織津比売神《せおりつひめのかみ》は、地上《ちじょう》の各地《かくち》より大海原《おおうなばら》に、総《すべ》ての汚《けが》れを持《も》ち去《さ》り、これを地底《ちてい》の国《くに》に持佐須良比失《もちさすらいうしな》う、この御息《みいき》を「速佐須良比売神《はやさすらひめのかみ》」という。

以上《いじょう》の神《かみ》を祓戸四柱《はらいどよはしら》の神《かみ》と称《しょう》し、宇宙一切《うちゅういっさい》の新陳代謝《しんちんたいしゃ》の神界《しんかい》の大機関《だいきかん》となしたまう。この機関《きかん》によって、太陽《たいよう》、大地《だいち》、太陰《たいいん》、列星《れっせい》、及《およ》び人類動植物《じんるいどうしょくぶつ》に至《いた》るまで完全《かんぜん》に呼《こ》吸《きゅう》し、かつ新陳代謝《しんちんたいしゃ》の機能全《きのうまった》く完備《かんび》して、おの〱その生活《せいかつ》を完全《かんぜん》ならしめ給《たま》えり。この神業《しんぎょう》を「九山八海《つくし》の火燃輝《ひむか》の緒処《おど》の青木原《あはぎはら》に禊祓《みそぎはら》い給《たま》う」というなり。

（『霊界物語』第六巻・第十九章「祓戸四柱」及び第二十八章「身変定《ミカエル》」）

◆天《あめ》の御柱神《みはしらかみ》（＝伊邪那岐大神）は九山八海《はちす》の山《やま》を御柱《みはしら》とし、国《くに》の御柱神《みはしらかみ》（＝伊邪那美大神）は八百路《やほぢ》の八塩道《やしおぢ》の泡立《あわだ》つ鳴戸灘《なるとなだ》をもって胞衣《えな》となしたまい、地《ち》の世界《せかい》の守護《しゅご》を営《いとな》ませたまう。また鳴《な》り鳴《な》りて鳴《な》りあまれる「九山八海《つくし》の火燃輝《ひむか》のアオウエイの緒所《おと》」といわれるは「不二山《ふじさん》」にして、また鳴《な》り鳴《な》りて鳴《な》り合《あ》わざるは、阿波《あわ》の鳴戸《なると》なり。「富士《ふじ》と鳴戸《なると》の経綸《しぐみ》」と『神諭《しんゆ》』に示《しめ》したまうは、陰陽合致《いんようがっち》、採長補短《さいちょうほたん》（＝長所をとり入れて、短所を補うこと。）の天地経綸《てんちけいりん》の微妙《びみょう》なる御神業《ごしんぎょう》の現《あらわ》れをいうなり。鳴戸《なると》は地球上面《ちきゅうじょうめん》の海洋《かいよう》の水《みず》を地中《ちちゅう》に間断《かんだん》なく吸入《きゅうにゅう》し、かつ撒布《さんぷ》して地中《ちちゅう》の洞穴《どうけつ》、天《あま》の岩戸《いわと》の神業《しんぎょう》を補佐《ほさ》し、九山八海《はちす》の山《やま》は地球《ちきゅう》の火熱《こうねつ》を地球表面《ちきゅうひょうめん》

に噴出《ふんしゅつ》して、地中寒暑《ちちゅうかんしょ》の調節《ちょうせつ》を保《たも》ち、水火交々《すいかこもごも》相和《あいわ》して、大地全体《だいちぜんたい》の呼吸《こきゅう》を永遠《えいえん》に営《いとな》みたまうなり。九山八海《はちす》の山《やま》というは蓮華台上《れんげだいじょう》の意味《いみ》にして、九山八海《はちす》のアオウエイというは高《たか》く九天《きゅうてん》に突出《とっしゅつ》せる山《やま》の意味《いみ》なり。しかして富士《ふじ》の山《やま》というは、火《ひ》を噴《ふ》く山《やま》という意味《いみ》なり。（『霊界物語』第六巻・第二十四章「富士鳴戸」）

◆伊吹戸主神《いぶきどぬしのかみ》は、天《あめ》の八衢《やちまた》の審判所《しんぱんしょ》で人霊《じんれい》の善悪《ぜんあく》を審判《しんぱん》される神《かみ》、金冠《きんかん》を頂《いただ》き仏画《ぶつが》で見《み》る「閻魔大王《えんまだいおう》」に相応《そうおう》する、と『物語《ものがたり》』に記《しる》される。だが『回顧録《かいころく》』には「根《ね》の国《くに》、底《そこ》の国《くに》の監督《かんとく》を天神《てんしん》より命《めい》ぜられて、三千有余《ぜんゆうよ》年当庁《ねんとうちょう》に主《しゅ》たり、大王《だいおう》たり。今《いま》や天運循環《てんうんじゅんかん》して、いよいよ任務《にんむ》は一年余《ねんあま》りにて終《おわ》る」とある。

霊界《れいかい》には神界《しんかい》（天《てん》の神界《しんかい》と地《ち》の神界《しんかい》）と幽界《ゆうかい》（根《ね》の国《くに》・底《そこ》の国《くに》）の二大境界《だいきょうかい》がある。霊界《れいかい》は想念《そうねん》の世界《せかい》で、神《かみ》が人《ひと》を裁《さば》くのではなく、人霊自身《じんれいじしん》が現世《げんせ》にあるうち心《こころ》の中《なか》に地獄《じごく》を造《つく》る故《ゆえ》、自《みずか》ら選《えら》んでその世界《せかい》に行《ゆ》くもので、主《ス》の神《かみ》は人《ひと》を裁《さば》き地獄《じごく》に落《おと》すということはない、なぜなら愛善《あいぜん》の徳《とく》に満《み》ち充《み》ちているからです。

（『霊界物語』五十六巻・第一章「神慮」参照）

△**曲事罪穢**《まがことつみけがれ》　曲事《まがこと》は神意《しんい》に反《はん》する事《こと》。罪《つみ》とは天津罪《あまつつみ》・国津罪《くにつつみ》のことで、積《つ》むとか包《つつ》み隠《かく》すという意味《いみ》がある。また穢《けが》れとは生気《せいき》が枯《か》れる、抜《ぬ》けていくという意味《いみ》がある。
（後述の「神言」参照）

△**天津神**《あまつかみ》　天《てん》の神界《しんかい》を組織《そしき》される神々《かみがみ》。天使《てんし》、天人《てんにん》を指《さ》すのであるが、更《さら》に詳説《しょうせつ》すれば「幽《ゆう》の顕界《けんかい》」すなわち宇宙《うちゅう》を舞台《ぶたい》として活動《かつどう》する神々《かみがみ》の世界《せかい》である。『神典《しんてん》』で天津神《あまつかみ》と称《とな》えるのが、即《すなわ》ちこの界《かい》の神々《かみがみ》を指《さ》すので、便宜上《べんぎじょう》「天《てん》の神界《しんかい》」と称《とな》えて、「地《ち》の神界《しんかい》」と区別《くべつ》する。……「天《てん》の神界《しんかい》」の創造大成《そうぞうたいせい》は客観的《きゃっかんてき》には天地《てんち》、日月《じつげつ》、大地《だいち》、星辰《せいしん》の出現《しゅつげん》であるが、主観的《しゅかんてき》には八百万《やほよろづ》の天津神《あまつかみ》の出現《しゅつげん》である。
（『大本略儀』）

△**国津神**《くにつかみ》　地《ち》の神界《しんかい》で活動《かつどう》される神々《かみがみ》。または天地経綸《てんちけいりん》の奉仕者《ほうししゃ》たる現界人《げんかいじん》。（〃）

◆天津神《あまつかみ》と申《もう》すのは現界《げんかい》で例《たと》えていえば、官《かん》につかえたもの、天皇陛下《てんのうへいか》の臣《しん》、宰《さい》相《しょう》、大臣《だいじん》、地方官《ちほうかん》、貴族議員《きぞくぎいん》といったようなもので、天照大神様《あまてらすおほかみさま》に従《したが》って、天《てん》から降《くだ》られた神様《かみさま》のこと。……。国津神《くにつかみ》とは、自治団体《じちだんたい》の代表《だいひょう》、国民《こくみん》の代表《だいひょう》、衆《しゅう》議院議員《ぎいんぎいん》などに匹敵《ひってき》するので、国《くに》に居《お》った神《かみ》、すなわち土着《どちゃく》の神様《かみさま》。……。八王《やつおう》八頭《やつがしら》はみな山《やま》に居《きょ》を占《し》めて居《お》られたのである。（『玉鏡《たまかがみ》』「天津神《あまつかみ》と国津神《くにつかみ》」略《りゃっ》記《き》）、と記《しる》されるが、この解釈《かいしゃく》は『神典《しんてん》』を基準《きじゅん》とした戦前《せんぜん》の祝詞《のりと》、いわゆる旧《きゅう》祝詞《のりと》の解説《かいせつ》を説《と》かれたもの。

△八百万《やほよろず》の神等《かみたち》　八百《やほ》のヤ、は人《ひと》と、ホは選良《せんりょう》の義《ぎ》、万《よろず》は沢山《たくさん》、多数《たすう》の義《ぎ》となる。

△天《あめ》の斑駒《ふちこま》　天《あめ》は枕詞《まくらことば》。霊《れい》・力《りょく》・体《たい》の全《まった》きの意《い》。一音《いちおん》づつ解《かい》するとフ、は力《ちから》、チ、は霊《れい》、コ、は体《たい》、マは全《まったき》の意《い》となる。

◆斑駒《ふちこま》とは一般的《いっぱんてき》に模様《もよう》のある暴《あば》れ馬《うま》のことをいう。『霊界物語《れいかいものがたり》』第《だい》十二巻《かん》・第《だい》二十九章《しょう》「子生《こうみ》の誓《ちかい》」に、「天照大御神《あまてらすおほみかみ》、忌服屋《いみはたや》に坐《ま》しまして、神御衣《かむみそ》織《お》らしめ給《たま》うときに、その服屋《はたや》の頂《むね》を穿《うが》ちて、天《あめ》の斑馬《ふちこま》を逆剥《さかは》ぎにして墜《おと》し入《い》れるときに、天《あめ》の御衣織女《みそおりめ》、見驚《みおどろ》きて梭《ひ》に陰上《ほと》を衝《つ》きて死《みう》せき」とある。機《はた》を織《お》るということは縦横《たてよこ》の世界経綸《せかいけいりん》を織《お》ることで、この経綸《けいりん》を素盞嗚尊《すさのをのみこと》が天《あめ》の斑馬《ふちこま》、暴《あば》れ馬《うま》の皮《かわ》を逆《さか》さにはいでドッと放《はな》したので、機《はた》を織《お》っていた稚比女《わかひめ》の命《みこと》（稚姫君命《わかひめぎみのみこと》）はホトを刺《さ》して亡《な》くなり大騒動《おうそうどう》になった。つまり厳《いづ》の御魂《みたま》の経《たて》の経綸《けいりん》だけでは弥勒《みろく》の世《よ》の機《はた》は成就《じょうじゅ》しないという意《い》を示唆《しさ》している。

△耳振立《みみふりた》て聞食《きこしめ》せ　活動《かつどう》を開始下《かいしくだ》さいの意《い》。すべての神々《かみがみ》は全霊《ぜんれい》・力《りょく》・体《たい》を挙《あ》げて宇宙全《うちゅうぜん》体《たい》、また一郷一村一身一家《いちきょういっそんいっしんいっか》を論《ろん》ぜず活動《かつどう》を開始給《かいしたま》えと祈願《きがん》する言葉《ことば》となる。ただ単《たん》に耳《みみ》で聞《き》くというより遥《はる》かに深遠《しんえん》な意義《いぎ》が籠《こも》れる句《く》で、きくは弁口《べんこう》がきく、鼻《はな》がきく、手《て》がきく、眼《め》がきく、幅《はば》がきく、融通《ゆうずう》がきくなどのきくと同《おな》じく活用発揮《かつようはっき》の意味《いみ》となる。

天地《てんち》の神々様《かみがみさま》、どうか四方面《しほうめん》の大修祓《だいしゅうばつ》のために御力《みちから》を発揮下《はっきくだ》さい、同時《どうじ》に国津神《くにつかみ》たる現界人《げんかいじん》も、天地経綸《てんちけいりん》の奉仕者《ほうししゃ》として、神業《しんぎょう》のためにご活躍下《かつやくくだ》さいと祈願《きがん》する意味《いみ》が含《ふく》まれる。　（本書105頁参照。）

【大意《たいい》】　宇宙天地万有《うちゅうてんちばんゆう》の一切《いっさい》の大修祓《だいしゅうばつ》は、霊系《れいけい》の御祖神《ごそしん》の御分担《ごぶんたん》に属《ぞく》する。現在《げんざい》「地《ち》の世界《せかい》」において執行《しっこう》されつゝある国祖《こくそ》（＝国常立尊・厳の御魂。）の神《かみ》の大掃除《おおそうじ》大洗濯《おおせんたく》も、つまり宇宙全体《うちゅうぜんたい》としては伊邪那岐命《いざなぎのみこと》の御用《ごよう》である。（＝地球には。）幾千万年来山積《いくせんまんねんらいさんせき》した罪穢《ざいえ》があるので、今度《こんど》「地《ち》の世界《せかい》」では非常《ひじょう》な荒療治《あらちりょう》（＝立替立直し。）が必要《ひつよう》であるが、これが済《す》んだ暁《あかつき》には、刻々小掃除小洗濯《こくこくしょうそうじしょうせんたく》を行《おこな》えばよいので、大体《だいたい》においては嬉《うれ》し嬉《うれ》しの愛善《あいぜん》の一《ひと》つの世《よ》の中《なか》に成《な》るのである。すなわち伊邪那岐命《いざなぎのみこと》の御禊祓《みそぎはらい》は、何時《いつ》の世《よ》、いかなる場合《ばあい》にも必要《ひつよう》であるのである。これがなければ後《のち》の「大立直《おおたてなお》し」「大建設《だいけんせつ》」は到底出来《とうていでき》ないわけである。

さてこの大修祓《だいしゅうばつ》は何《なに》によりて執行《しっこう》されるかというに、外《ほか》でもない宇宙根本《うちゅうこんぽん》の大原動力《だいげんどうりょく》なる霊体二系《れいたいにけい》の言霊《ことたま》である。天地《てんち》の間《あいだ》（即《すなわ》ち阿波岐原《あはぎはら》。）は至善至美《しぜんしび》、光明遍照《こうみょうへんじょう》、根本《こんぽん》の五大言霊《だいことたま》（アオウエイ）が鳴《な》りわたっているが、いざ罪穢《ざいえ》が発生《はっせい》したとなると、言霊《ことたま》でそれを訂正除去《ていせいじょきょ》して行《ゆ》かねばならない。

人《ひと》は宇宙経綸《うちゅうけいりん》（＝「神は万物普遍の霊にして、人は天地経綸の主体なり。」）の重大任務《じゅうだいにんむ》をおびたるものであるから、先頭《せんとう》第《だい》一に身魂《みたま》を磨《みが》き、そして正《ただ》しい「言霊《ことたま》」を駆使《くし》すれば、天地《てんち》もこれに呼応《こおう》し、宇宙《うちゅう》の大《だい》修祓《しゅうばつ》も決行《けっこう》される。その際《さい》にあって吾々《われわれ》は、小伊邪那岐命《しょういざなぎのみこと》の活用《かつよう》となるのである。雨《あめ》を呼《よ》べば土砂《どしゃ》降りの大雨《おおあめ》が降《ふ》り、地震《じしん》を呼《よ》べば振天動地《しんてんどうち》の大地震《おおじしん》が揺《ゆ》り始《はじ》まる。これが即《すなわ》ち「御禊祓給《みそぎはらいたま》ふ時《とき》に成《な》り坐《ま》せる祓戸《はらひど》の大神達《おほかみたち》」である。

かくして一切《いっさい》の枉事罪穢《まがことつみけがれ》は払《はら》い清《きよ》められることになるが、かかる際《さい》に活動《かつどう》すべき責務《せきむ》を帯《お》びたるは、八百万《やほよろづ》の天津神《あまつかみ》、国津神達《くにつかみたち》で、これ以上《いじょう》の晴《は》れの仕事《しごと》はない。なにとぞ確《しっか》り御活動《ごかつどう》を願《ねが》いしますというのが、大要《たいよう》の意義《いぎ》である。

何人《なんぴと》も朝夕《ちょうせき》これを奏上《そうじょう》して先《ま》ず一身一家《いっしんいっか》の修祓《しゅうばつ》を完全《かんぜん》にし、そして一大事《いちだいじ》の場合《ばあい》には天《てん》下《か》を祓《はら》い清《きよ》める覚悟《かくご》がなくてはならないのであります。

◆**【瑞月宣伝歌　天津祝詞】**（『霊界物語』第四十七巻・第十七章「天人歓迎」）

浮木《うきき》の森のランチ将軍の陣営で地下の牢獄に転落し、気絶した治国別《はるくにわけ》、竜公《たつこう》の両人は、霊肉が離脱し中有界《ちゅううかい》（精霊界）の八街《やちまた》の関所を経て、第三天国・霊国を探検し、第二天国で昏倒《こんとう》してしまう。木《こ》の花姫命《はなひめのみこと》より霊丹《れいたん》を与えられ気力を回復し、さらに「霊界の如意宝珠《にょいほっしゅ》は善言美詞《ぜんげんびし》の祝詞の奏上である」等の教訓《きょうくん》をうけて釈然《しゃくぜん》として悟り、祝詞くずしの宣伝歌をうたいつゝ第二天国の奥深く進み行く。

高天原《たかあまはら》に八百万《やほよろず》　尊《たふと》き神《かみ》ぞつまります　神漏岐《かむろぎ》神漏美《かむろみ》二柱《ふたはしら》　皇大神《すめおほかみ》の神言《みこと》もて　日《ひ》の神国《かみくに》をしろしめす　神伊弉諾《かむいざなぎ》の大御神《おほみかみ》　筑柴《つくし》の日向《ひむか》の橘《たちばな》の　小戸《をど》の青木《あをき》が清原《きよはら》に　みそぎ祓《はら》はせ給《たま》ふ時《とき》　生《な》り出《い》でませる祓戸《はらひど》の　貴四柱《うづよはしら》の大御《おほみ》神《かみ》　**わが身《み》に犯《をか》せる諸々《もろもろ》の　罪《つみ》や汚《けが》れや過《あやま》ちを　祓《はら》はせ給《たま》へすみやかに　清《すす》がせ給《たま》へと願《ね》ぎ申《まを》す**　わが言霊《ことたま》を小男鹿《さをしか》の　八《や》つの耳《みみ》をばふり立《た》てて　聞《き》こしめさへとねぎまつる　世《よ》の太元《おほもと》とあれませる　皇大神《すめおほかみ》よ吾《わ》が一行《いつかう》　守《まも》らせ給《たま》へ村肝《むらきも》の　心《こころ》を清《きよ》め給《たま》へかし　あゝ惟神《かむながら》　惟神《かむながら》　御霊幸《みたまさち》はへましませよ。

（『瑞月宣伝歌集』「三六・天津祝詞」）

【御神号奉唱】

神素盞嗚大神《かむすさのをのおほかみ》守《まも》りたまへ幸《さき》はへたまへ（二回）

惟神霊幸倍坐《かむながらたまちはへま》せ（二回）

○御神号《ごしんごう》は、神様《かみさま》を強《つよ》く奉唱《ほうしょう》する祈《いの》りの言霊《ことたま》です。大宇宙《だいうちゅう》はスの言霊《ことたま》から七十五声《せい》が鳴《な》り鳴《な》りて完成《かんせい》され、スの言霊《ことたま》により統一《とういつ》される救世主神《きゅうせいすしん》を言霊学上《ことたまがくじょう》・神素盞嗚大神《かむすさのをのおほかみ》と奉称《ほうしょう》し、大神様《おおかみさま》の守《まも》りのもとに豊《ゆた》かに栄《さか》えることを祈念《きねん》します。

○「惟神霊幸倍坐《かむながらたまちはえま》せ」と祈《いの》ることばは、大自然即《だいしぜんすなわ》ち造化《ぞうか》の大神霊《だいしんれい》・主《す》の神様《かみさま》の御心《みこころ》のまにまに御霊《みたま》を幸《さちは》い下《くだ》さいと祈《いの》る言霊《ことたま》で、現《げん》・幽《ゆう》・神《しん》三界《かい》を通《つう》じて救《すく》いの権威《けんい》と御守護《ごしゅご》があります。

○すべて神界《しんかい》の業《ぎょう》というものは、現界《げんかい》において生成化育《せいせいかいく》、進取発展《しんしゅはってん》の事業《じぎょう》に尽《つく》すをもって第一《だいいち》の要件《ようけん》とするもので、「神《かみ》は万物普遍《ばんぶつふへん》の霊《れい》にして、人《ひと》は天地経綸《てんちけいりん》の主体《しゅたい》なり」との聖言《せいげん》にある通《とお》り、苦難《くなん》をいとせず惟神《かむながら》のまにまに見直《みなお》し聞《き》き直《なお》し活動《かつどう》するところに御神助《ごしんじょ》があります。

○またこの祈《いの》りは、人類愛《じんるいあい》の心《こころ》、すなわち他国民《たこくみん》や人種《じんしゅ》に対《たい》して障壁《しょうへき》を築《きず》かず、神様《かみさま》の心《こころ》を心《こころ》として、政治《せいじ》、経済《けいざい》、教育《きょういく》、宗教《しゅうきょう》、芸術《げいじゅつ》、科学一切《かがくいっさい》を指導《しどう》し地上天国《ちじょうてんごく》、平和《へいわ》を築《きず》くことが「惟神《かむながら》の大道《だいどう》」です。

○祖霊前《それいぜん》では、祖霊《それい》に祈《いの》っているのではなくて、祖霊《それい》のために大神様《おほかみさま》に祖霊《それい》が幸《さち》はうようにと祈《いの》る言霊《ことたま》です。（『霊界物語』第三巻・第四十三章「配所の月」、第六巻・第二十章「善悪不測」、第四十六巻・第十七章「惟神の道」、第四十七巻・「総説」他参照）

善悪不測

力弱《ちからよわ》き人間《にんげん》は、どうしても偉大《いだい》なる神《かみ》の救《すく》いを求《もと》めねば、到底自力《とうていじりき》をもって吾《わ》が身《み》の犯《おか》せる身魂《みたま》の罪《つみ》を償《つぐな》うことは不可能《ふかのう》なり。ゆえに人《ひと》はただ、神《かみ》を信《しん》じ、神《かみ》に随《したが》い、成可《なるべ》く善《ぜん》をおこない、悪《あく》を退《しりぞ》け、もって天地経綸《てんちけいりん》の司宰者《しさいしゃ》たるべき本分《ほんぶん》を尽《つ》くすべきなり。西哲《せいてつ》の言《げん》にいう。

『神《かみ》は自《みずか》ら助《たす》くるものを助《たす》く』と、然《しか》り。されどそは有限的《ゆうげんてき》にして、人間《にんげん》たるもの到底絶対的《とうていぜったいてき》に身《み》魂《たま》の永遠的幸福《えいえんてきこうふく》を生《う》み出《だ》すことは不可能《ふかのう》なり。人《ひと》は一《ひと》つの善事《ぜんじ》を為《な》さむとすれば、かならずやそれに倍《ばい》するの悪事《あくじ》を不知不識《しらずしらず》為《な》しつつあるなり。ゆえに人生《じんせい》には絶対的《ぜったいてき》の善《ぜん》も無《な》ければ、また絶対的《ぜったいてき》の悪《あく》も無《な》し。善中悪《ぜんちゅうあく》あり、悪中善《あくちゅうぜん》あり、水中火《すいちゅうひ》あり、火中水《かちゅうみず》あり、陰中陽《いんちゅうよう》あり、陽中陰《ようちゅういん》あり、陰陽《いんよう》善悪相混《ぜんあくあいこん》じ、美醜明暗相交《びしゅうめいあんあいまじ》わりて、宇宙《うちゅう》の一切《いっさい》は完成《かんせい》するものなり。故《ゆえ》にある一派《いっぱ》の宗派《しゅうは》の唱《とな》うるごとき善悪《ぜんあく》の真《しん》の区別《くべつ》は、人間《にんげん》は愚《おろか》、神《かみ》といえども之《これ》を正確《せいかく》に判別《はんべつ》し給《たま》うことはできざるべし。

如何《いかん》とならば神《かみ》は万物《ばんぶつ》を造《つく》り給《たま》うに際《さい》し、霊力体《れいりょくたい》の三大元《さんだいげん》をもって之《これ》を創造《そうぞう》し給《たま》う。霊《れい》とは善《ぜん》にして、体《たい》とは悪《あく》なり。しかして霊体《れいたい》より発生《はっせい》する力《ちから》は、これ善悪混淆《ぜんあくこんこう》なり。これを宇宙《うちゅう》の力《ちから》といい、または神力《しんりき》と称《しょう》し、神《かみ》の威徳《みいづ》という。ゆえに善悪不二《ぜんあくふじ》にして、美醜一如《びしゅういちにょ》たるは、宇宙《うちゅう》の真相《しんそう》なり。

………。

（『霊界物語』第六巻・二十章「善悪不測」）

第二編　神言

神言

「太祓祝詞《おほはらいのりと》」（「神言《かみごと》」）は中臣《なかとみ》の祓《はらい》とも称《とな》え、毎年《まいとし》六月《がつ》と十二月《がつ》の晦日《みそか》をもって太祓執《おほはらいしっ》行《こう》に際《さい》し、中臣《なかとみ》が奏上《そうじょう》する祭文《さいぶん》で『延喜式《えんぎしき》』（＝五十巻中・第八巻。）「禊祓《みそぎはらい》」に載録《さいろく》される。この祝《のり》詞《と》の解説《かいせつ》は無数《むすう》に出《で》ているが、全部文章辞儀《ぜんぶぶんしょうじぎ》の解釈《かいしゃく》のみに拘泥《こうでい》し、その中《なか》に籠《こも》れる深奥《しんおう》の真意義《しんいぎ》には、ほとんど触《ふ》れていない。はなはだしきは本文《ほんぶん》の中《なか》から「己《おの》が母犯《ははをか》せる罪《つみ》、己《おの》が子犯《こをか》せる罪《つみ》、母《はは》と子《こ》と犯《をか》せる罪《つみ》、子《こ》と母《はは》と犯《をか》せる罪《つみ》、畜犯《けものをか》せる罪《つみ》」の件《くだり》を削除《さくじょ》するなどの愚劣《ぐれつ》を演《えん》じている。

「太祓祝詞《おほはらいのりと》」の真意義《しんいぎ》は『古事記《こじき》』と同様《どうよう》に、「大本言霊学《おほもとげんれいがく》」の鍵《かぎ》で開《ひら》かねば開《ひら》き得《え》られない。さもなければ『古事記《こじき》』が一《ひとつ》の幼稚《ようち》なる神話《しんわ》としか見《み》えぬと同様《どうよう》に、「太祓祝詞《おほはらいのりと》」も下《くだ》らぬ罪悪《ざいあく》の列挙《れっきょ》、形容詞《けいようし》沢山《たくさん》の長文句《ながもんく》くらいにしか見《み》えない。ところが一旦言霊《いったんことたま》の活《かつ》用《よう》をもってその秘奥《ひおう》を開《ひら》いて見《み》ると、偉大《いだい》というか、深遠《しんえん》というか、ただ〳〵驚嘆《きょうたん》の外《ほか》はない。我《わ》が国体《こくたい》の精華《せいか》がこれにより発揮《はっき》されることは勿論《もちろん》のこと、天地《てんち》の経綸《けいりん》、宇宙《うちゅう》の神秘《しんぴ》は、精《くわ》しきが上《うえ》にも精《くわ》しく説《と》かれ、明《あき》らかな上《うえ》にも明《あき》らかに教《おし》えられている。

これを要《よう》するに皇道《こうどう》（＝惟神の道、愛善の道。）の神髄《しんずい》は、「太祓祝詞《おほはらいのりと》」一篇《いっぺん》の内《うち》に結晶《けっしょう》しているので、長短粗密《ちょうたんそみつ》の差異《さい》こそあれ、『古事記《こじき》』及《およ》び『大本神諭《おほもとしんゆ》』とその内容《ないよう》は全然符節《ぜんぜんふせつ》を合《がっ》するものである。

言霊《ことたま》の活用《かつよう》がほとんど無尽蔵《むじんぞう》であるごとく、「太祓祝詞《おほはらいのりと》」の解釈法《かいしゃくほう》も無尽蔵《むじんぞう》に近《ちか》く、主要《しゅよう》なる解釈法《かいしゃくほう》だけでも十二通《とお》りあるが、なるべく平易簡単《へいいかんたん》に、現時《げんじ》に適切《てきせつ》と感《かん》じられる解釈《かいしゃく》の一《ひと》つをこれから試《こころ》みようと思《おも》う。時運《じうん》はます〱進展《しんてん》し、人《ひと》としての資格《しかく》の有無《うむ》を問《と》われるべき大審判《だいしんぱん》の日《ひ》は目前《もくぜん》に迫《せま》っているから、心《こころ》ある読者諸子《どくしゃしょし》は、これを読《よ》んで、真《しん》の理解《りかい》と覚醒《かくせい》の途《と》に就《つ》いていただきたい。（『霊界物語』第三十九巻「付録・大祓祝詞解」）

○天児屋根命《あめのこやねのみこと》以来《いらい》日本《にほん》に伝《つた》わる「神言《かみごと》」の如《ごと》く、神々《かみがみ》は天《あめ》の八洲《やす》の河原《かわら》に八百万《やほよろづ》の神《かみ》を集《あつ》めて、神界《しんかい》の一大事《いちだいじ》を協議《きょうぎ》されたることは明白《めいはく》な活《い》きたる事実《じじつ》であります。ヨハネ伝首章《でんしゅしょう》には、「太初《はじめ》に道《ことば》あり道《ことば》は神《かみ》なり、万物《ばんぶつ》これによりて造《つく》らる、云々《うんぬん》」とあるごとく、真正《しんせい》の神《かみ》はアオウエイの五大父音《だいふおん》とカサタナハマヤラワの九大母音《くだいぼおん》とをもって、宇宙万有《うちゅうばんゆう》を生成化育《せいせいかいく》したもうたのであります。ゆえに凡《すべ》ての神々《かみがみ》は言葉《ことば》をもって神《かみ》の生命活力《せいめいかつりょく》と成《な》し給《たも》うのであって、神界《しんかい》の混乱紛糾《こんらんふんきゅう》を鎮定《ちんてい》するために高天原《たかあまはら》の天《あま》の安《やす》の河原《かわら》に神集《かむつど》いを遊《あそ》ばしたのであります。そして各々《おのおの》の神《かみ》の意志《いし》を表白《ひょうはく》するために、第一《だいいち》の生命《せいめい》ともいうべき言霊《ことたま》の神器《しんき》を極力応用《きょくりょくおうよう》されたのであります。現代《げんだい》のごとく自由《じゆう》だとか、平等《びょうどう》だとか言《い》って、誰《だれ》もかれも祝詞《のりと》にいわゆる「草《くさ》の片葉《かきは》に至《いた》るまで言問《こととひ》」すなわち論議《ろんぎ》するようになっては、神界現界《しんかいげんかい》ともに平安《へいあん》に治《おさ》まるということは望《のぞ》まれないのであります。

（『霊界物語』第四巻「総説」）

◆「言霊学《げんれいがく》」とは、音律《おんりつ》、音則《おんそく》に意味《いみ》をもとめ、神《かみ》、人《ひと》、万物《ばんぶつ》の声音《せいおん》を理解《りかい》する学《がく》問《もん》。霊《れい》の動《うご》きや働《はたら》きの現《あらわ》れである言葉《ことば》、音声《おんせい》など心《こころ》（魂《たましい》）の動《うご》きにより宇宙《うちゅう》の真理《しんり》、実相《じっそう》、宇宙万有《うちゅうばんゆう》の道《みち》を明《あき》らかにするもので、日本《にほん》には古代《こだい》から「言霊《ことたま》の天照《て》る国《くに》」「言霊《ことたま》の助《たす》くる国《くに》」として、万人《まんにん》が体得《たいとく》されていたものを体系化《たいけいか》した学《がく》問《もん》です。この「言霊学《げんれいがく》」と出口聖師《でぐちせいし》ご自身《じしん》の考《かんが》えをもって祝詞《のりと》の解説《かいせつ》は作《つく》られている。

神言（全文）

高天原《たかあまはら》に神留《かみつま》り坐《ま》す。『元津御祖皇大神《もとつみおやすめおほかみ》の命《みこともち》以て。八百万《やほよろづ》の神等《かみたち》を神集《かむつど》へに集《つど》へ賜《たま》ひ神議《かむはか》りに議《はか》り玉《たま》ひて。伊都《いづ》の大神《おほかみ》美都《みづ》の大神《おほかみ》は豊葦原《とよあしはら》の水穂《みづほ》の国《くに》を。安国《やすくに》と平《たひら》けく所知食《しろしめ》さむと天降《あまくだ》り玉《たま》ひき。如此《かく》天降《あまくだ》り玉《たま》ひし四方《よも》の国中《くぬち》に荒振神等《あらぶるかみたち》をば。神問《かむとは》しに問《とは》し玉《たま》ひ神掃《かむはら》ひに掃《はら》ひ給《たま》ひて、語問《こととひ》し磐根樹根立草之片葉《いはねきねたちくさのかきは》をも語止《ことやめ》て。天之磐座《あめのいはくら》放《はな》ち、天之八重雲《あめのやへくも》を伊頭《いづ》の千別《ちわき》に千別《ちわき》て天降《あまくだ》り賜《たま》ひき。如此《かく》天降《あまくだ》り賜《たま》ひし四方《よも》の国中《くになか》を安国《やすくに》と定《さだ》め奉《まつ》りて下津磐根《したついはね》に宮柱太敷立《みやばしらふとしきたて》。高天原《たかあまはら》に千木多加知《ちぎたかし》りて皇大神《すめおほかみ》の美頭《みづ》の御舎《みあらか》仕奉《つかへまつ》りて。天《あめ》の御蔭《みかげ》日《ひ》の御《み》蔭《かげ》と隠《かく》り坐《ま》して。安国《やすくに》と平《たひら》けく所知食《しろしめ》さむ国中《くぬち》に成出《なりいで》む天《あめ》の益人等《ますひとら》が、過犯《あやまちをか》しけむ雑々《くさぐさ》の罪事《つみごと》は。天津罪《あまつつみ》とは。畔放《あはな》ち溝埋《みぞう》め樋放《ひはな》ち頻蒔《しきまき》き串差《くしさ》し、生剥《いけは》ぎ逆剥《さかは》ぎ屎戸《くそへ》許々太久《ここたく》の罪《つみ》を。天津罪《あまつつみ》と詔別《のりわけ》て国津罪《くにつつみ》とは。生膚断《いきはだだち》、死膚断《しにはだだち》、白人胡久美《しらひとこくみ》。己《おの》が母犯《ははをか》せる罪《つみ》、己《おの》が子犯《こをか》せる罪《つみ》。母《はは》と子《こ》と犯《をか》せる罪《つみ》、子《こ》と母《はは》と犯《をか》せる罪《つみ》。畜犯《けものをか》せる罪《つみ》、昆虫《はふむし》の災《わざはひ》。高津神《たかつかみ》の災《わざはひ》、高津鳥《たかつとり》の災《わざはひ》。畜殪《けものたふ》し蠱物《まじもの》せる罪《つみ》、許々太久《ここたく》の罪出《つみいで》む。如此出《かくいで》ば天津宮言《あまつみやこと》以《も》て。天《あま》津金木《つかなぎ》を本打切末打断《もとうちきりすゑうちたち》て。千座《ちくら》の置座《おきくら》に置足《おきたら》はして。天津菅曽《あまつすがそ》を本刈絶末刈切《もとかりたちすゑかりきり》て八針《やはり》に取《とり》裂《さ》て。天津祝詞《あまつのりと》の太祝詞言《ふとのりとごと》を宣《の》れ、如此宣《かくの》らば。

天津神《あまつかみ》は天《あま》の磐戸《いはと》を推披《おしひら》きて。『天《あめ》の八重雲《やへくも》を伊頭《いづ》の千別《ちわき》に千別《ちわき》て所聞食《きこしめさ》む。国津神《くにつかみ》は高《たか》山《やま》の末短山《すゑひきやま》の末《すゑ》に上《のぼ》り坐《まし》て。高山《たかやま》の伊保里《いほり》、短山《ひきやま》の伊保里《いほり》を掻分《かきわ》て所聞食《きこしめさ》む。如此所聞食《かくきこしめし》ては罪《つみ》と言《い》ふ罪《つみ》は不在《あらじ》と。科戸《しなど》の風《かぜ》の天《あめ》の八重雲《やへくも》を吹《ふ》き放《はな》つ事《こと》の如《ごと》く。朝《あした》の御霧夕《みきりゆふべ》の御《み》霧《きり》を朝風夕風《あさかぜゆふかぜ》の吹掃《ふきはら》ふ事《こと》の如《ごと》く。大津辺《おほつべ》に居《を》る大船《おほふね》を舳解放《へときはな》ち艫解放《ともときはな》ちて大海原《おほわだのはら》に押放《おしはな》つ事《こと》の如《ごと》く。彼方《をちかた》の繁木《しげき》が本《もと》を焼鎌《やきがま》の敏鎌《とがま》以《も》て打掃《うちはら》ふ事《こと》の如《ごと》く。遺《のこ》る罪《つみ》は不在《あらじ》と祓《はら》ひ賜《たま》ひ清《きよ》め玉《たま》ふ事《こと》を。高山《たかやま》の末短山《すゑひきやま》の末《すゑ》より佐久那太理《さくなだり》に落《おち》。多岐《たき》つ速川《はやかは》の瀬《せ》に坐《ま》す瀬織津比売《せおりつひめ》と言《い》ふ神《かみ》。大海原《おほわだのはら》に持出《もちいで》なむ、如此《かく》持出往《もちいでいな》ば。荒塩《あらしほ》の塩《しほ》の八百道《やほぢ》の八塩道《やしほぢ》の塩《しほ》の八百会《やほあひ》に坐《ま》す速秋津比売《はやあきつひめ》と言《い》ふ神《かみ》。持可々呑《もちかかのみ》てむ、如此可々呑《かくかかのみ》ては。気吹戸《いぶきど》に坐《ま》す気吹戸主《いぶきどぬし》と言《い》ふ神《かみ》。根《ね》の国底《くにそこ》の国《くに》に気吹放《いぶきはな》ちてむ、如此気吹放《かくいぶきはな》ちては。根《ね》の国底《くにそこ》の国《くに》に坐《ま》す速佐須良比売《はやさすらひめ》と言《い》ふ神《かみ》。持佐須良比失《もちさすらひうしな》ひてむ、如此失《かくうしな》ひては。現身《うつそみ》の身《み》にも心《こころ》にも罪《つみ》と言《い》ふ罪《つみ》は不在《あらじ》と。祓給《はらひたま》へ清玉《きよめたま》へと申事《まをすこと》を所聞食《きこしめせ》と。恐《かしこ》み恐《かしこ》みも白《まを》す。

（『霊界物語』第六十巻　第四編「善言美詞」第十四章「神言」）

（一）

「高天原《たかあまはら》に神留《かみつま》り坐《ま》す。元津御祖皇大神《もとつみおやすめおほかみ》の命以《みこともち》て。八百万《やほよろづ》の神等《かみたち》を神集《かむつど》へに集《つど》へ賜《たま》ひ神《かむ》議《はか》りに議《はか》り玉《たま》ひて。伊都《いづ》の大神美都《おほかみみづ》の大神《おほかみ》は豊葦原《とよあしはら》の水穂《みづほ》の国《くに》を。安国《やすくに》と平《たひら》けく所知食《しろしめ》さむと天降《あまくだ》り玉《たま》ひき。」

△高天原《たかあまはら》（前出あり。4頁）「タカアマハラ」の意義《いぎ》は全大宇宙《ぜんだいうちゅう》の事《こと》。場合《ばあい》によっては「全大宇宙《ぜんだいうちゅう》の大中心地点《だいちゅうしんちてん》」を高天原《たかあまはら》ともいう。いわゆる宇宙《うちゅう》に向《むか》って号令《ごうれい》する「神界《しんかい》の中府所在地《ちゅうふしょざいち》」の意義《いぎ》で「地《ち》の高天原《たかあまはら》」と称《しょう》するなどがそれである。

△神留《かみつま》ります（前出あり。13頁）「かみ」とは隠身《かくれみ》のことで陰陽《いんよう》、日月《じつげつ》、火水《かすい》、霊体等《れいたいなど》の義《ぎ》。陰陽《いんよう》、火水《かすい》の二元《にげん》が相合《あいがっ》して「神《かみ》」となる。つゝまりとは充実《じゅうじつ》の意味《いみ》がある。高天原《たかあまはら》には神《かみ》の活動《かつどう》が充満《じゅうまん》している。

△元津御祖皇大神《もとつみおやすめおほかみ》（前出あり。6頁）神素盞鳴大神《かむすさのをのおほかみ》の「山上訓《さんじょうくん》」に「無限絶対無始無終《むげんぜったいむしむしゅう》に坐《ま》しまして「霊《れい》・力《りょく》・体《たい》」の大元霊《だいげんれい》と現《あら》われたもう真《まこと》の神《かみ》は、ただ一柱《ひとはしら》おわすのみ。これを「真《まこと》の神《かみ》」または「宇宙《うちゅう》の主神《すしん》」という。汝等《なんじら》、この大神《おほかみ》を真《まこと》の父《ちち》となし母《はは》となして敬愛《けいあい》し奉《たてまつ》るべし。天之御中主大神《あめのみなかぬしのおほかみ》と奉称《ほうしょう》し、また大国常立大神《おほくにとこたちのおほかみ》と奉称《ほうしょう》す。」

（『霊界物語』第六十三巻・第四章「山上訓」、本書184頁掲載。）

○『霊界物語《れいかいものがたり》』第一巻《だいいっかん》の巻頭《かんとう》「序《じょ》」、「この物語《ものがたり》は、天地剖判《てんちぼうはん》の始《はじ》めより天《あま》の岩戸開《いわとびら》き後《ご》、神素盞鳴命《かむすさのをのみこと》が地上《ちじょう》に跋扈跳梁《ばっこちょうりょう》せる八岐大蛇《やまたおろち》を寸断《すんだん》し、ついに叢雲宝剣《むらくものほうけん》を得《え》て天《てん》祖《そ》に奉《たてまつ》り、至誠《しせい》を天地《てんち》に表《あらわ》し五六七《みろく》神政《しんせい》の成就《じょうじゅ》、松《まつ》の世《よ》を建設《けんせつ》し、国祖《こくそ》を地上霊界《ちじょうれいかい》の主宰神《しゅさいしん》たらしめたまいし太古《たいこ》の神代《かみよ》の物語《ものがたり》……されど神界幽界《しんかいゆうかい》の出来事《できごと》は、古今《ここん》東西《とうざい》の区別《くべつ》なく、現界《げんかい》に現《あらわ》れ来《きた》ることも、あながち否《いな》み難《がた》きは事実《じじつ》にして、単《たん》に神幽《しんゆう》両界《りょうかい》の事《こと》のみと解《かい》し等閑《とうかん》に附《ふ》せず、……」と示《しめ》され、みろくの世《よ》を建設《けんせつ》される『物語《ものがたり》』の所謂主宰神《いわゆるしゅさいしん》は「神素盞鳴大神《かむすさのをおほかみ》」であることが明示《めいじ》されている。

○第《だい》四十七巻《かん》「総説《そうせつ》」には、「この『物語《ものがたり》』において「主《す》の神《かみ》」とあるのは神素盞鳴大《かむすさのをのおほ》神様《かみさま》のことで、宇宙一切《うちゅういっさい》の事物《じぶつ》を済度《さいど》すべく、天地間《てんちかん》を昇降遊《しょうこうあそ》ばして、その御魂《みたま》を分《わ》け、あるいは、釈迦《しゃか》と現《あらわ》れ、あるいはキリストとなり、マホメットとなり、その他《た》種々雑多《しゅじゅざった》に神身《しんしん》を変《へん》じたまいて、天地神人《てんちしんじん》の救済《きゅうさい》に尽《つく》させたもう仁慈無限《じんじむげん》の大神《おほかみ》であります。……」等《など》、天界地上《てんかいちじょう》を統御《とうぎょ》される救世神《きゅうせいしん》であることが掲載《けいさい》される。

○三千大千世界《さんぜんだいせんせかい》の大宇宙《だいうちゅう》を創造《そうぞう》し給《たま》いし、大国常立《おほくにとこたち》の大神《おほかみ》はウ声《ごえ》の言霊《ことたま》の御水火《みいき》より天《あめ》之道立《のみちたつ》の神《かみ》を生《う》み給《たま》い、宇宙《うちゅう》の世界《せかい》を教《おし》え導《みちび》き給《たま》いたるが、数百億年《すうひゃくおくねん》の後《のち》に至《いた》りて、稚姫君命《わかひめぎみのみこと》の霊性《れいせい》の御霊代《みひしろ》として尊《とうと》き神人《しんじん》と顕現《けんげん》し三千世界《さんぜんせかい》の修理固成《しゅうりこせい》を言依《ことよ》さし給《たま》い、またアの言霊《ことたま》より生《な》り出《い》でし太元顕津男《おほもとあきつを》の神《かみ》の御霊《みたま》も神人《しんじん》と現《あらわ》れ共《とも》に神業《みわざ》を励《はげ》み給《たま》いける。天《てん》の時《とき》ここに到《いた》りて「厳《いづ》の御霊稚姫君命《みたまわかひめぎみのみこと》」は再《ふた》び天津御国《あまつみくに》に帰《かえ》り給《たま》い、「厳《いづ》の御霊《みたま》」の神業一切《みわざいっさい》を「瑞《みづ》の御霊《みたま》」に受《う》け継《つ》がせ給《たま》いける。ここに「厳《いづ》の御霊《みたま》」「瑞《みづ》の御霊《みたま》」の活動《はたらき》を合《あわ》して「伊都能売《いづのめ》の御霊《みたま》」と現《あらわ》れ、万劫末代《まんごうまつだい》の教《おしえ》を固《かた》むる神業《みわざ》に奉仕《ほうし》せしめ給《たま》いたるなり。

（『天祥地瑞』第七十三巻「総説」）

△命以《みこともち》て　（前出《ぜんしゅつ》あり。17頁）神言《みこと》、言霊《ことたま》、神命《しんめい》なり。

△八百万《やほよろづ》の神等《かみたち》　（前出《ぜんしゅつ》あり。31頁）八百《やほ》のヤは人《ひと》、ホは選良《せんりょう》の義《ぎ》、万《よろづ》は沢山《たくさん》、多数《たすう》の義《ぎ》。

△神集《かむつど》へに集《つど》へ　神《かみ》の集会《しゅうかい》で「神廷会議《しんていかいぎ》」を催《もよお》すこと。

△伊都《いづ》の大神美都《おほかみみづ》の大神《おほかみ》　厳《いづ》の大神《おほかみ》、瑞《みづ》の大神《おほかみ》。（＝神漏岐神漏美二柱の神。）

○真《まこと》の神《かみ》は月《つき》の国《くに》（霊国《れいごく》）においては、「瑞《みづ》の御霊《みたま》の大神《おほかみ》」と現《あらわ》れ、日《ひ》の国《くに》（＝天国・浄土。）

において は、「厳《いづ》の御霊《みたま》の大神《おほかみ》」と現《あらわ》れ給《たも》う。「厳《いづ》の御霊《みたま》の大神《おほかみ》」のみを認《みと》めて、「瑞《みづ》の御霊《みたま》の大神《おほかみ》」を否《いな》むがごとき信条《しんじょう》の上《うえ》に安心立命《あんしんりつめい》を得《え》んとするものは、残《のこ》らず高天《たかあま》原《はら》の圏外《けんがい》に放《ほ》り出《だ》されるものである。……また「瑞《みづ》の御霊《みたま》」の神格《しんかく》を無視《むし》し、その人《じん》格《かく》のみを認《みと》めるのも同様《どうよう》である。日《ひ》の国《くに》にまします「厳《いづ》の御霊《みたま》」に属《ぞく》する一切《いっさい》の事物《じぶつ》は、のこらず「瑞《みづ》の御霊《みたま》の大神《おほかみ》」の支配権《しはいけん》に属《ぞく》しているのである。故《ゆえ》に「瑞《みづ》の御霊《みたま》の大神《おほかみ》」は、大国常立大神《おほくにとこたちのおほかみ》を初《はじ》め、日《ひ》の大神《おほかみ》、月《つき》の大神《おほかみ》そのほか一切《いっさい》の神権《しんけん》を一身《いっしん》にあつめて、宇宙《うちゅう》に神臨《しんりん》したもうのである。この大神《おほかみ》は、天上《てんじょう》を統御《とうぎょ》したもうと共《とも》に、中《ちゅう》有界《うかい》、現界《げんかい》、地獄《じごく》をも統御《とうぎょ》したもうは、当然《とうぜん》の理《り》であることを思《おも》わねばならぬ。そうして「厳《いづ》の御霊《みたま》の大神《おほかみ》」は、万物《ばんぶつ》の父《ちち》であり、「瑞《みづ》の御霊《みたま》の大神《おほかみ》」は万物《ばんぶつ》の母《はは》である。すべて高天原《たかあまはら》は、この神々《かみがみ》の神格《しんかく》によって形成《けいせい》せられている。……

（『霊界物語』第四十七巻・第九章「愛と信」）

○「伊都能売《いづのめ》の身魂《みたま》」は「月《つき》の霊魂《みたま》」ともいい、「五六七《みろく》の身魂《みたま》」と称《しょう》する。「五六七《みろく》の身魂《みたま》」は「厳《いづ》の身魂《みたま》」に偏《へん》せず、「瑞《みづ》の身魂《みたま》」にも偏《へん》せず「厳《いづ》、瑞《みづ》の身魂《みたま》」を相調和《あいちょうわ》したる完全無欠《かんぜんむけつ》のものなり。反省力《はんせいりょく》の強《つよ》き活動《かつどう》を備《そな》えて、太陽《たいよう》の如《ごと》く常《つね》に同《おな》じ円形《えんけい》を保《たも》つことなく、地球《ちきゅう》の如《ごと》く常《つね》に同形《どうけい》を保《たも》ちて同所《どうしょ》に固着《こちゃく》することなく、日夜天地《にちやてんち》の間《あいだ》を公行《こうこう》して、明《めい》となり、暗《あん》となり、或《ある》いは上弦《じょうげん》の月《つき》となり、また下弦《かげん》の月《つき》となり半円《はんえん》となり、満月《まんげつ》となり、時々刻々《じじこくこく》に省《かえり》みることの実証《じっしょう》を示《しめ》している。……完全無欠《かんぜんむけつ》にして明暗《めいあん》、遠近《ゑんきん》、大小《だいしょう》、消不肖賢愚《しょうふしょうけんぐ》、善悪等《ぜんあくとう》の自由自在《じゆうじざい》の活動《かつどう》をなし得《う》る至粋《しすい》至純《しじゅん》の神霊《しんれい》の活用《かつよう》なり。

（『霊界物語』第六巻・第二十六章「体五霊五」）

○艮《うしとら》の大神《おほかみ》・国常立尊《くにとこたちのみこと》は天地開闢《てんちかいびゃく》の太初《はじめ》にあたり、（＝主神の命により。）海月《くらげ》なす漂《ただよ》える国土《こくど》を修理固成《しゅうりこせい》して、豊葦原《とよあしはら》の瑞穂《みづほ》の国《くに》を建設《けんせつ》し、もって神人安住《しんじんあんじゅう》の基礎《きそ》を立《た》て、厳格《げんかく》なる神政《しんせい》を励行《れいこう》し給《たま》うや、剛直峻正《ごうちょくしゅんせい》にして柔弱《じゅうじゃく》なる万神《ばんしん》の忌憚《きたん》するところとなり、衆議《しゅうぎ》の結果《けっか》、悪鬼邪神《あっきじゃしん》と貶《へん》せられ、千座《ちくら》の置戸《おきど》を負《お》いて、神域《しんいき》の外《そと》に神退《かむやら》いに退《やら》われてその尊身《そんしん》を艮《うしとら》に隠《かく》し給《たま》いぬ。……。月日並《つきひなら》びて治《おさ》まれる明治《めいじ》二十五年《ね》の正月元《しょうがつがん》朝寅《ちょうとら》の刻《こく》、天津神《あまつかみ》の任《よさ》しのまにまに現世《うつしよ》に産声《うぶごえ》を挙《あ》げ給《たま》う。

（『霊界物語』第三十八巻・第十九章「鞍馬山」（二））

○国照姫《くにてるひめ》（＝開祖・出口直）は国祖大神《こくそおほかみ》の勅《ちょく》を受《う》け、水《みず》をもってあらゆる天下《てんか》の蒼生《そうせい》にパブテスマを施《ほどこ》さんと、明治《めいじ》二十五年《ねん》より、神定《しんてい》の霊地綾部《れいちあやべ》の里《さと》において、人間界《にんげんかい》の誤《あやま》れる行為《こうい》を矯正《きょうせい》し、地上天国《ちじょうてんごく》を建設《けんせつ》すべく、その先駆《せんく》として昼夜間断《ちゅうやかんだん》なく、営々孜々《えいえいしし》として、神教《しんきょう》を伝達《でんたつ》されたり。水《みず》をもって洗礼《せんれい》を施《ほどこ》すということは、決《けっ》して朝夕清水《ちょうせきしみず》を頭上《ずじょう》よりあびるばかりを言《い》うのではない。自然界《しぜんかい》は凡《すべ》て形体《けいたい》の世界《せかい》であり、生物《せいぶつ》は凡《すべ》て水《みず》によって発育《はついく》を遂《と》げる。水《みず》は動植物《どうしょくぶつ》にとって欠《か》くべからざる資料《しりょう》であり、生活《せいかつ》の必要品《ひつようひん》である。現代《げんだい》は仁義道徳《じんぎどうとく》廃頽《はいたい》し、五倫五常《ごりんごじょう》の道《みち》は盛《さか》んに叫《さけ》ばれているがその実《じつ》行《こう》を企《くわだ》てたる者《もの》は絶《た》えてない。神界《しんかい》において先《ま》ず天界《てんかい》の基礎《きそ》たる現実界《げんじつかい》に向《むか》って、改《かい》造《ぞう》の叫《さけ》びをあげられたのである。

国常立尊《くにとこたちのみこと》の大神霊《だいしんれい》は精霊界《せいれいかい》にましまし稚姫君命《わかひめぎみのみこと》の精霊《せいれい》に御霊《おんみたま》を充《み》たし、予言者国《よげんしゃくに》照姫《てるひめ》の肉体《にくたい》に来《きた》らしめ、所謂《いわゆる》大神《おほかみ》は「間接内流《かんせつないりゅう》」（＝大神が精霊を通じて神懸りすること。）の法式《ほうしき》（＝おきて。儀式などのきまり。）に依《よ》って過去現在未来《かこげんざいみらい》の有様《ありさま》を概括的《がいかつてき》に伝達《でんたつ》せしめ給《たも》うたのが一万巻《まんがん》の『筆《ふで》先《さき》』となって現《あらわ》れたのである。……。凡《すべ》て現世界《げんせかい》の肉体人《にくたいじん》を教《おし》え導《みちび》き、安逸《あんいつ》なる生活《せいかつ》を送《おく》らしめ、風水火《ふうすいか》の災《わざわ》いも飢病戦《きびょうせん》の憂《うれ》いもなきよう、所謂《いわゆる》黄金世界《おうごんせかい》を建設《けんせつ》せんとする神業《かむわざ》を称《しょう》して「水洗礼《みずせんれい》」という。

　国照姫《くにてるひめ》の肉体《にくたい》はその肉体《にくたい》の智慧証覚《ちえしょうかく》の度合《どあ》いによって、救世主出現《きゅうせいしゅしゅつげん》の基礎《きそ》を造《つく》るべく、且《か》つその先駆者《せんくしゃ》として、神命《しんめい》のまにまに地上《ちじょう》に出現《しゅつげん》されたのである。国照姫《くにてるひめ》の命《みこと》のみならず、今日《こんにち》までの世《よ》の中《なか》に現《あら》われたる救世主《きゅうせいしゅ》または予言者《よげんしゃ》などは、何《いず》れも自然界《しぜんかい》を主《しゅ》となし、霊界《れいかい》を従《じゅう》として地上《ちじょう》の人間《にんげん》に天界《てんかい》の教《おしえ》の一部《ぶ》を伝達《でんたつ》していたのである。釈迦《しゃか》、キリスト、マホメット、孔子《こうし》、孟子《もうし》その他世界《たせかい》のあらゆる先哲《せんてつ》も、みな神界《しんかい》の命《めい》を受《う》けて地上《ちじょう》に現《あらわ》れた者《もの》であるが、霊界《れいかい》の真相《しんそう》は何《いず》れも説《と》いていない。……。

　しかるに今日《こんにち》は人智《じんち》ようやく進《すす》み、物質的科学《ぶっしつてきかがく》はほとんど終点《しゅうてん》に達《たつ》し、人心益々《じんしんますます》不《ふ》安《あん》に陥《おちい》り、宇宙《うちゅう》の神霊《しんれい》を認《みと》めない者《もの》、または神霊《しんれい》の有無《うむ》を疑《うたが》う者《もの》、及《およ》び無神論《むしんろん》さえも称《とな》えるようになって来《き》た。かかる精神界《せいしんかい》の混乱時代《こんらんじだい》に対《たい》し、「水洗礼《みずせんれい》」たる今《いま》までの予言者《よげんしゃ》や救世主《きゅうせいしゅ》の教理《きょうり》をもっては、到底成神成仏《とうていじょうしんじょうぶつ》の域《いき》に達《たっ》し、安心立命《あんしんりつめい》を心《こころ》から得《う》ることが出来《でき》なくなったのである。故《ゆえ》に神《かみ》は現幽相応《げんゆうそうおう》の理《り》によって、「火《ひ》の洗礼《せんれい》」たる霊界《れいかい》の消息《しょうそく》を最《もっと》も的確《てきかく》に如実《にょじつ》に顕彰《けんしょう》して、世界人類《せかいじんるい》を覚醒《かくせい》せしむる必要《ひつよう》に迫《せま》られたので、言霊別《ことたまわけ》の精霊《せいれい》を地上《ちじょう》の予言者《よげんしゃ》の体《からだ》に降《くだ》されたのである。……。

「火《ひ》の洗礼《せんれい》」といっても東京《とうきょう》の大震災《だいしんさい》、大火災《だいかさい》の如《ごと》きものを言《い》うのではない。大《だい》火災《かさい》は物質界《ぶっしつかい》の洗礼《せんれい》であるから、これはやはり「水《みず》の洗礼《せんれい》」というべきものである。

「火《ひ》の洗礼《せんれい》」は霊主体従的神業《れいしゅたいじゅうてきしんぎょう》であって、霊界《れいかい》を主《しゅ》となし、現界《げんかい》を従《じゅう》となしたる教《きょう》理《り》であり、「水《みず》の洗礼《せんれい》」は「体主霊従《たいしゅれいじゅう》」といって、現界人《げんかいじん》の行為《こうい》を主《しゅ》とし、死後《しご》の霊《れい》界《かい》を従《じゅう》となして説《と》き始《はじ》めた教《おしえ》である。故《ゆえ》に「水洗礼《みずせんれい》」に偏《へん》するも正鵠《せいこう》を得《え》たものでないと共《とも》に、「火《ひ》の洗礼《せんれい》」の教《おしえ》に偏《へん》するもまた正鵠《せいこう》を得《え》たものでない。要《よう》するに霊《れい》が主《しゅ》となるか、体《たい》が主《しゅ》となるかの差異《さい》があるのみである。

（『霊界物語』特別編・第一章「水火訓」）

○火《ひ》をもってパプテスマを行《おこな》うということは、人間《にんげん》を霊的《れいてき》に救済《きゅうさい》するということである。これ大乗《だいじょう》の教《おしえ》であって、今迄《いままで》の誤《あやま》れる総《すべ》てのものを焼《や》き尽《つく》し、真《しん》の教《おしえ》を布《し》かれることである。水《みず》をもってパプテスマを行《おこな》うということは、人間《にんげん》を体的《たいてき》に救済《きゅうさい》することである。火《ひ》は霊《れい》であり、水《みず》は体《たい》である。「瑞《みづ》の御魂《みたま》」は永遠《えいえん》の生命《せいめい》のため欠《か》くべからざるの教《おしえ》であって、「厳《いづ》の御魂《みたま》」の教《おしえ》は人生《じんせい》に欠《か》くべからざるの教《おしえ》である。「厳《いづ》の御魂《みたま》」は道義的《どうぎてき》であり、体的《たいてき》であり、現在的《げんざいてき》である。

「瑞《みづ》の御魂《みたま》」は道義《どうぎ》を超越《ちょうえつ》して、愛《あい》のために愛《あい》し、真《しん》のために真《しん》をなす絶対的境《ぜったいてききょう》である。所謂三宝《いわゆるさんぽう》（＝『仏典』では仏・法・僧のこと。真の神・真の教・真の宣伝使の意。これを「一体三宝」といい、これを区別すると三種となるが、その真実は唯一に帰納すべきものである。『霊界物語』第四十巻「緒言」参照。）に帰依《きえ》し奉《たてまつ》る心《こころ》である。「火《ひ》の洗礼《せんれい》」と、「水《みず》の洗礼《せんれい》」とはそれ程《ほど》の差異《さい》がある。某地《ぼうち》の大火災《だいかさい》を目《め》して、「火《ひ》の洗礼《せんれい》」だと人《ひと》はいうけれど、それは違《ちが》う、「水《みず》の洗礼《せんれい》」である、如何《いかん》となれば、それは体的《たいてき》なものである。

（『水鏡』「火の洗礼と水の洗礼」）

○宇宙一切《うちゅういっさい》の大権《たいけん》は「厳《いづ》の御魂《みたま》」の大神《おほかみ》すなわち「太元神《おほもとがみ》」に属《ぞく》し、この「太元神《おほもとがみ》」に属《ぞく》せる一切《いっさい》は、「瑞《みづ》の御魂《みたま》」に悉皆属《しっかいぞく》されたる以上《いじょう》、神《かみ》を三分《さんぶん》して考《かんが》えることは出来《でき》ませぬ。つまり心《こころ》に三《さん》を念《ねん》じて、口に一《いっ》をいうことはならないのであります。ゆえに「神素盞鳴大神《かむすさのをのおほかみ》」は「救世神《きゅうせいしん》」ともいい、「仁愛大神《みろくのおほかみ》」とも申《もう》し上《あ》げ、「撞《つき》の大神《おほかみ》」とも申《もう》し上《あ》げるのであります。

（『霊界物語』第四十七巻「総説」）

○皇道大本《こうどうおほもと》には変性男子《へんじょうなんし》の神系《しんけい》と、変性女子《へんじょうにょし》の神系《しんけい》の二大神系《にだいしんけい》が、歴然《れきぜん》として区別《くべつ》されている。出口大教祖《でぐちだいきょうそ》は国祖国常立尊《こくそくにとこたちのみこと》の表現神《ひょうげんしん》として綾部《あやべ》の地《ち》の高天原《たかあまはら》にあらわれ、神世出現《かみよしゅつげん》の預言《よげん》と警告《けいこく》を発《はっ》し、もって神世出現《ヨハネ》の神業《しんぎょう》を専行《せんこう》し、水《みず》をもって身魂《みたま》の洗《せん》礼《れい》をほどこし、救世主《きゅうせいしゅ》の再臨《さいりん》を待《ま》っておられたのである。ヨハネの初《はじ》めてキリストに対面《たいめん》するまでには、ほとんど七年《ねん》の間《あいだ》、野《の》に叫《さけ》びつゝあったのである。

そして「変性男子《へんじょうなんし》」は「女体男霊《にょたいだんれい》」にして、五十七歳《さい》はじめてここに「厳《いづ》の御魂《みたま》」の神業《しんぎょう》に参加《さんか》したまい、明治《めいじ》二十五（1892）年《ねん》の正月元旦《しょうがつがんたん》より、同《どう》四十五（1912）年《ねん》の正月元旦《しょうがつがんたん》まで、前後《ぜんご》二十年間《ねんかん》の「水洗礼《すいせんれい》」をもって、現世《げんせ》の汚濁《おだく》せる体系一切《たいけいいっさい》に洗礼《せんれい》をほどこし、世界革命《せかいかくめい》の神策《しんさく》を実現《じつげん》したもうたのである。かの欧州大戦乱《おうしゅうだいせんらん》（＝大正三（1914）～七（1918）年）のごときは、厳《いづ》の御魂《みたま》の神業《しんぎょう》の発動《はつどう》にして、三千世界《さんぜんせかい》の一大警告《いちだいけいこく》であったのである。

「変性女子《へんじょうにょし》」は「瑞《みづ》の御魂《みたま》」の神業《しんぎょう》に参加奉仕《さんかほうし》し、霊《れい》をもって世界万民《せかいばんみん》に洗礼《せんれい》をほどこすの神務《しんむ》である。明治《めいじ》三十一（1898）年《ねん》の二月《がつ》九日《か》をもって瑞霊《ずいれい》の表現者《ひょうげんしゃ》としてあらわれ、大正《たいしょう》七（1918）年《ねん》二月《がつ》九日《か》をもって前後満《ぜんごまん》二十年間《ねんかん》の霊的神業《れいてきしんぎょう》を完成《かんせい》したのである。………。変性男子《へんじょうなんし》の三十年《ねん》の神業成就《しんぎょうじょうじゅ》は、大正《たいしょう》十一（1922）年正《ねんしょう》月元旦《がつがんたん》である。変性女子《へんじょうにょし》の三十年《ねん》の神業成就《しんぎょうじょうじゅ》は、大正《たいしょう》十七（昭和《しょうわ》三、1928）年《ねん》二月九日である。（三十年《ねん》とあるは大要《たいよう》、およその意味《いみ》。）

（『回顧録』「序」）

◆……ヨハネの教祖《きょうそ》は、先達《せんだつ》ての世界《せかい》戦争《せんそう》の開戦《かいせん》期間《きかん》日数《にっすう》一五六七日《にち》を終《お》わり、平和《へいわ》条約《じょうやく》が締結《ていけつ》された、その朝《あさ》すなわち自転倒島《おのころじま》でいえば、大正《たいしょう》七（1918）年《ねん》（旧《きゅう》）十月《がつ》三日《か》の朝昇天《あさしょうてん》されました。その後《ご》というものは、実《じつ》に世《よ》の中《なか》は目《め》もあけていられぬような惨《さん》たんたる現状《げんじょう》です。……アヽ恐《おそ》るべき世界《せかい》の大戦争《だいせんそう》はもはやこれで根絶《こんぜつ》したのでしょうか。大戦後《たいせんご》世界《せかい》はいづこの果《はて》を見《み》ましても、平和《へいわ》の象徴《しょうちょう》を見《み》ることが出来《でき》ぬじゃありませんか。いたる所《ところ》に小戦争《しょうせんそう》行《おこな》われ、修羅《しゅら》の惨状《さんじょう》を遺憾《いかん》なく曝露《ばくろ》している。ハルマゲドン（＝ハルとは日本の意。『新月のかげ』）の戦争《せんそう》とは、先達《せんだつ》ての戦争《せんそう》をいっているのじゃありませんか。ハルマゲドンの戦争《せんそう》が済《す》めば世《よ》の終《お》わりが近《ちか》づくとの聖書《せいしょ》の教《おしえ》、どうも物騒《ぶっそう》になってきた。暑《あつ》いときに寒《さむ》い風《かぜ》が吹《ふ》き、作物《さくもつ》は思《おも》うように発達《はったつ》せず、到《いた》るところに火山《かざん》は爆発《ばくはつ》し、地震《じしん》、洪水《こうずい》の悩《なや》み、強盗《ごうとう》、殺人《さつじん》に諸種《しょしゅ》の面白《おもしろ》からぬ運動《うんどう》、とうてい人間《にんげん》としてこの世《よ》をどうすることも出来《でき》ますまい。もうこの上《うえ》は救世主《きゅうせいしゅ》の降臨《こうりん》を仰《あお》ぐより道《みち》はありますまい……。

（『霊界物語』第六十四巻・上・第十五章「大相撲」）

（＝世の終りとは、仏教の正・造・末の末法で、神仏の教が伝わらなくなる、という意。）

【神声碑《しんせいひ》】（綾部《あやべ》本宮山上《ほんぐうさんじょう》に建立《こんりゅう》の開祖《かいそ》・出口《でぐち》なお初発《しょはつ》の宣言《せんげん》。）

三《さん》せんせかい　いちどにひら九《く》　うめのはな　もとのかみよに　たてかえ
たてなおすぞよ　すみせんざんにこしをかけ　うしとらのこんじんまもるぞよ

【教碑《きょうひ》】（綾部《あやべ》本宮山上《ほんぐうさんじょう》に建立《こんりゅう》の救世主再臨《きゅうせいしゅさいりん》の歌碑《かひ》）

神《かみ》は万物普遍《ばんぶつふへん》の霊《れい》にして、
人《ひと》は天地経綸《てんちけいりん》の大司宰《だいしさい》也《なり》、
神人合一《しんじんごういつ》して茲《ここ》に無限《むげん》の権力《けんりょく》を発揮《はっき》⦿《す》

【神聖歌碑《しんせいかひ》】（一）（救世主降誕《きゅうせいしゅこうたん》の霊地《れいち》、亀岡市曽我部町穴太《かめおかしそがべちょうあなお》「瑞泉苑《ずいせんえん》」に建立《こんりゅう》されていた歌碑《かひ》）

百八十国《ももやそくに》くまなく大道《をほぢ》を照《てら》さむと若《わか》き日《ひ》吾《われ》は故郷《ふるさと》を離《さか》りぬ
ふるさとの山野《さんや》は秋《あき》の錦《にしき》きて吾《われ》を照《てら》せど父母《ちちはは》は世《よ》になし
垂乳根《たらちね》の母《はは》も吾身《わがみ》も応挙《おうきょ》も生《うま》れし清処《すがど》と思《おも》へばなつかし（上記歌碑現在未再建）

【新詩《しんし》】（二）

西《にし》は半国東《はんごくひがし》は愛宕《あたご》南《みなみ》妙見北帝釈《みょうけんきたたいしゃく》の　青山屏風《あおやまびょうぶ》を引廻《ひきまわ》し中《なか》の穴太《あなお》で牛《うし》を飼《か》ふ

父《ちち》よ恋《こい》しと　西山見《にしやまみ》れば　山《やま》はさ霧《ぎり》に包《つつ》まれて　墓標《ぼひょう》の松《まつ》もくもがくれ

晴《は》るるひまなき袖《そで》の雨《あめ》

（道歌七首略）

△豊葦原《とよあしはら》の水穂《みづほ》の国《くに》　全世界《ぜんせかい》すなわち五大洲《ごだいしゅう》のこと。これを極東《きょくとう》のある国《くに》のこととするのが従来《じゅうらい》の学者《がくしゃ》の謬見《びょうけん》（＝誤った見方。）であった。日本《にほん》をさす時《とき》には、豊葦原《とよあしはら》の中津国《なかつくに》、または根別国《ねわけのくに》などと『古事記《こじき》』にも区別《くべつ》して書《か》いてある。

△安国《やすくに》と平《たひら》けく所知食《しろしめ》さむと　衣《い》・食《しょく》・住《じゅう》の業《ぎょう》を安全《あんぜん》に示《しめ》し教《おし》えることをいう。地球《ちきゅう》は祖神《そしん》の御体《おんからだ》であるから、人間《にんげん》としては土地《とち》の領有権《りょうゆうけん》は絶対《ぜったい》に無《な》い。たとえば人体《じんたい》の表面《ひょうめん》に寄生《きせい》する極微生物《ごくびせいぶつ》に人体占領《じんたいせんりょう》の権能《きのう》がないのと同様《どうよう》である。人間《にんげん》は神様《かみさま》から土地《とち》を預《あず》かり、神様《かみさま》に代《かわ》ってこれを公平無私《こうへいむし》に使用《しよう》するまでである。うしはぐ（領有《りょうゆう》）ものは天地《てんち》

の神様《かみさま》で、主治者《しゅちしゃ》はあくまで知《し》ろしめすであらねばならない。国土《こくど》の占領地所《せんりょうじしょ》の独占等《どくせんとう》は、根本《こんぽん》から天則違犯行為《てんそくいはんこうい》である。神政成就《しんせいじょうじゅ》の暁《あかつき》には独占《どくせん》は無《な》くなってしまうのである。

◆出口聖師《でぐちせいし》は皇道《こうどう》の中《なか》で天産物自給《てんさんぶつじきゅう》の国家経済《こっかけいざい》、租税制度《そぜいせいど》の撤廃《てっぱい》を主張《しゅちょう》し、動産《どうさん》と不動産《ふどうさん》を問《と》わず「所有権《しょゆうけん》」をすべて廃止《はいし》して、「拝借権《はいしゃくけん》」とすることを提唱《ていしょう》する。これは個人《こじん》の「所有権《しょゆうけん》」を失《な》くするという意味《いみ》ではなく、用語《ようご》を変《か》えるだけでお上《かみ》（神《かみ》）からの預《あず》かり物《もの》であるとの認識《にんしき》が生《うま》れることになる。（＝『皇道大本とスサノオ経綸』第三編「皇道維新に就いて」）

△天降《あまくだ》り玉《たま》ひき　三千世界《さんぜんせかい》の救世主《きゅうせいしゅ》が天より降臨《こうりん》、再臨《さいりん》になられました。

【大意《たいい》】全大宇宙間《ぜんだいうちゅうかん》には陰陽二系《いんようにけい》のご神霊《しんれい》が実相充塞《じっそうじゅうそく》し、それは一切万有《いっさいばんゆう》の父《ちち》でありました母《はは》である。陰陽二神《いんようにしん》の神秘的産霊《しんぴてきむすび》の結果《けっか》は、先《ま》ず一切《いっさい》の原動力《げんどうりょく》ともいうべき言霊《ことたま》の発生《はっせい》となった。いわゆる八百万《やほよろづ》の天津神《あまつかみ》（＝天の神界の神。）のご出現《しゅつげん》であり、ご完成《かんせい》である。

天界主宰《てんかいしゅさい》の大神《おほかみ》は、いうまでもなく天照皇大神様《あまてらすすめおほかみさま》（主神《すしん》）であるが、その次《つ》ぎにおこる問題《もんだい》は地《ち》の世界《せかい》の統治権《とうちけん》の確定《かくてい》である。ここにおいて「神廷会議《しんていかいぎ》」の開催《かいさい》となり、その結果《けっか》は伊都《いづ》の大神美都《おほかみみづ》の大神様《おほかみさま》が全世界《ぜんせかい》の救治《きゅうち》に当《あた》られることに確定《かくてい》し、治国平天下《ちこくへいてんか》の大道《だいどう》を執行監督《しっこうかんとく》されるべき天《てん》の使命《しめい》を帯《お》びさせられる事《こと》になったのである。無論人間《むろんにんげん》の肉体《にくたい》は世《よ》に生死往来《せいしおうらい》することを免《まぬが》れないが、その霊魂《れいこん》は昔《むかし》も今《いま》も変《か》わることなく千万世《せんまんよ》に亘《わた》りて、無限《むげん》の寿《よわい》を保《たも》ちて活動《かつどう》されるのである。

（二）

「かく天降《あまくだ》り玉《たま》ひし四方《よも》の国中《くぬち》に荒振神等《あらぶるかみたち》をば。神問《かむとは》しに問《とは》し玉《たま》ひ神掃《かむはら》ひに掃《はら》ひ給《たま》ひて、語問《ことゝひ》し磐根樹根立草之片葉《いはねきねたちくさのかきは》をも語止《ことやめ》て。天之磐座放《あめのいはくらはな》ち、天之八重雲《あめのやへくも》を伊頭《いづ》の千別《ちわき》に千別《ちわき》て天降《あまくだ》り賜《たま》ひき。」

△荒振神等《あらぶるかみたち》をば　天界《てんかい》のご命令《めいれい》にまつろわぬ神《かみ》、反抗神《はんこうしん》の意《い》である。（＝主神の経綸に従わず、天津罪・国津罪を犯す神々。）

△神問《かむと》しに問《と》はし　神《かみ》の御会議《ごかいぎ》。

◆地《ち》の高天原《たかあまはら》なる綾《あや》の聖地《せいち》の蓮華台上《れんげだいじょう》には、旧《きゅう》七月《がつ》六日《か》より十二日《にち》までの一週《しゅう》間《かん》、主《す》の神《かみ》を中心《ちゅうしん》に天地《てんち》八百万《やほよろづ》の神《かみ》たちが神集《かむつど》い給《たま》いて「神廷会議《しんていかいぎ》」が開《ひら》かれ、一年間《ねんかん》の計《けい》が決《き》められると云《い》われ、「神集祭《しんしゅうさい》」が執行《しっこう》される。因《ちな》みに旧《きゅう》七月《がつ》十二日《にち》（明治《めいじ》四年《ねん》）は更生主《こうせいしゅ》・出口《でぐち》王仁《おに》三郎《さぶろう》聖師《せいし》ご生誕《せいたん》の日《ひ》に当《あた》る。

△神掃《かむはら》ひに掃《はら》ひ　掃《はら》い清《きよ》めること、『神諭《しんゆ》』のいわゆる大掃除《おおそうじ》大洗濯《おおせんたく》である。

△語問《こととひ》し　諸々《もろもろ》の罪《つみ》を糾弾《きゅうだん》すること。

△磐根樹根立《いはねきねたち》　草《くさ》の枕詞《まくらことば》、即《すなわ》ち磐《いわ》の根《ね》に立《た》っている、そのまた根《ね》に立《た》てる（生《は》えている）草《くさ》の義《ぎ》。

△草之片葉《くさのかきは》　草《くさ》は青人草《あおひとぐさ》、民草《たみぐさ》のこと。また、山河草木《さんかそうもく》の末《すえ》に至《いた》るまで、という意味《いみ》があ

る。

○人間《にんげん》は、霊界《れいかい》の直接《ちょくせつ》または間接内流《かんせつないりゅう》を受《う》け、自然界《しぜんかい》の物質《ぶっしつ》すなわち「剛《ごう》・柔《じゅう》・流《りゅう》」の三大元質《さんだいげんしつ》によって、肉体《にくたい》を造《つく》られ、この肉体《にくたい》を宿《やど》として、精霊《せいれい》これに宿《やど》る。その精《せい》霊《れい》は、すなわち人間自身《にんげんじしん》なのである。要《よう》するに人間《にんげん》の躯殻《くかく》は、精霊《せいれい》の居宅《きょたく》に過《す》ぎない。この原理《げんり》を「霊主体従《れいしゅたいじゅう》」という。霊《れい》なるものは、神《かみ》の神格《しんかく》なる愛《あい》の善《ぜん》と信《しん》の真《しん》より形成《けいせい》される一個体《いちこたい》である。しかして人間《にんげん》には、一方《いっぽう》に愛信《あいしん》の想念《そうねん》あるとともに、一方《いっぽう》には身体《しんたい》を発育《はついく》し、現実界《げんじつかい》に生《い》きて働《はたら》く体慾《たいよく》がある。この体慾《たいよく》は愛《あい》より来《きた》る。しかし、体《たい》に対《たい》する愛《あい》は、自愛《じあい》という。神《かみ》より来《きた》る愛《あい》を神愛《しんあい》といい、神《かみ》を愛《あい》し万物《ばんぶつ》を愛《あい》する普《ふ》遍愛《へんあい》である。また自愛《じあい》は、自己《じこ》を愛《あい》し、自己《じこ》に必要《ひつよう》な社会的利益《しゃかいてきりえき》を愛《あい》するもので自利《じり》心《しん》という。

○人間《にんげん》は肉体《にくたい》のあるかぎり自愛《じあい》もまた必要《ひつよう》である。要《よう》するに人間《にんげん》は、霊界《れいかい》より見《み》れば精霊《せいれい》であり、精霊《せいれい》は善悪両方面《ぜんあくりょうほうめん》を抱持《ほうじ》している。

故《ゆえ》に人間《にんげん》は、霊的動物《れいてきどうぶつ》なるとともに、体的動物《たいてきどうぶつ》である。精霊《せいれい》は向上《こうじょう》して天人《てんにん》となり、あるいは堕落《だらく》して地獄《じごく》の邪鬼《じゃき》となる、善悪正邪《ぜんあくせいじゃ》の分水嶺《ぶんすいれい》に立《た》っている。精霊《せいれい》の善《ぜん》なるものを「正守護神《せいしゅごじん》」といい、悪《あく》なるものを「副守護神《ふくしゅごじん》」という。「正守護神《せいしゅごじん》」は「副《ふく》守護神《しゅごじん》」に犯《おか》されずよく統制《とうせい》し得《う》るにいたれば一躍《いちやく》、「本守護神《ほんしゅごじん》」となり天人《てんにん》の列《れつ》に加《くわ》わる。……

（『霊界物語』第四十八巻・第一章「聖言」）

○「神《かみ》は万物普遍《ばんぶつふへん》の霊《れい》にして、人《ひと》は天地経綸《てんちけいりん》の主体《しゅたい》なり」。人《ひと》は神様《かみさま》に次《つ》いで尊《とうと》きもので、世界《せかい》を善《ぜん》に進《すす》め、美《び》に開《ひら》くべき天職《てんしょく》を天賦的《てんぷてき》にもっている。人間《にんげん》は小《しょう》なる神《かみ》として、また神《かみ》の生宮《いきみや》としてこの世《よ》に生《う》まれ出《い》でたる以上《いじょう》は、終生神《しゅうせいかみ》の御旨《みむね》を奉戴《ほうたい》（＝いただき奉ること。つつしんでいただくこと。）し天地《てんち》の御用《ごよう》を助《たす》け奉《まつ》らねば人《ひと》と生《う》まれ出《い》でたる本分《ほんぶん》が尽《つく》せない。

人生《じんせい》の本分《ほんぶん》としては、第《だい》一に天地神明《てんちしんめい》の大業《たいぎょう》に奉仕《ほうし》し、政治《せいじ》をすすめ、産業《さんぎょう》を拓《ひら》き、かつ真《しん》の宗教《しゅうきょう》を宣伝《せんでん》し、道義心《どうぎしん》の発達《はったつ》を助《たす》けて世界《せかい》の醜悪《しゅうあく》を駆逐《くつい》し、真善美《しんぜんび》を天地《てんち》に進《すす》めてゆかねばならぬのである。………喜楽《きらく》は常《つね》に「政《せい》（祭）・教《きょう》・慣《かん》・造《ぞう》」（＝四大綱領。）の進歩《しんぽ》発達《はったつ》を祈願《きがん》し、かつ完成《かんせい》せしむるを以《もっ》て人《ひと》たる者《もの》の天職《てんしょく》だと考《かんが》えている。
また天照大神様《あまてらすおほかみさま》の建国《けんこく》の趣旨《しゅし》もこの実行《じっこう》である。

（『霊界物語』第三十八巻・第一章「道すがら」及び本書198頁「四大綱領」参照。）

◆「人《ひと》は天地経綸《てんちけいりん》の主体《しゅたい》」として生《う》まれたもので、人類発祥《じんるいはっしょう》は琵琶湖《あめのまない》での素盞鳴《すさのを》尊《みこと》と天照大神《あまてらすおほかみ》の「誓約《うけい》」により生《う》まれた「三女神《さんにょしん》と五男神《ごなんしん》」が始《はじ》まりで、世界《せかい》五大洲《ごだいしゅう》の大先祖《だいせんぞ》にあたる。人《ひと》は祖《そ》に基《もと》づき、祖《そ》は神《かみ》に基《もと》く、世界《せかい》の人類《じんるい》は全《すべ》て人《ひと》は神《かみ》の子《こ》、神《かみ》の宮《みや》として尊《とうと》い使命《しめい》がある。この人類発祥《じんるいはっしょう》の思想《しそう》は、人類主義《じんるいしゅぎ》・人類愛善《じんるいあいぜん》の視野《しや》に立《た》って、世界《せかい》のすべてに対《たい》し寛容《かんよう》で国境《こっきょう》を越《こ》えた新《あたら》しい秩序《ちつじょ》を提唱《ていしょう》する。

（関連事項69頁、95頁参照。）

◆**霊《たま》の子《こ》（北光神）**

（『霊界物語』第四十二巻・第二十一章「応酬歌」）

印度《いんど》の入那《いるな》の国《くに》の内乱《ないらん》が、神素盞鳴大神《かむすさのをのおほかみ》の宣伝使北光彦神《せんでんしきたてるひこのかみ》のご加護《かご》と、黄金姫《おうごんひめ》、清照《きよてる》姫《ひめ》の母娘《ははむすめ》の宣伝使《せんでんし》の活躍《かつやく》とセーラン王《おう》の自覚《じかく》と忠臣《ちゅうしん》の活躍《かつやく》によってめでたく治《おさ》まったのを祝福《しゅくふく》して高唱《こうしょう》された『宣伝歌《せんでんか》』。

「神《かみ》が表《おもて》に現《あら》われて 善神邪神《ぜんしんじゃしん》を立別《たてわ》ける そもそも神《かみ》が人間《にんげん》を この世《よ》に下《くだ》し給《たま》いしは 天国浄土《てんごくじょうど》の繁栄《はんえい》を 開《ひら》かんための思召《おぼしめ》し 選《え》り清《きよ》めたる魂《たま》と魂《たま》 高《たか》天原《あまはら》に現《あら》われて 夫婦《めおと》の道《みち》を開《ひら》きつゝ 現界人《げんかいじん》と同様《どうよう》に 霊的活動《れいてきかつどう》を開始《かいし》して 情《じょう》と情《じょう》との結《むす》び合《あ》い 天人男女《てんにんなんにょ》は相共《あいとも》に 美斗能麻具倍比《みとのまぐはひ》なしながら 清《きよ》き正《ただ》しき霊子《たまのこ》を 地上《ちじょう》の世界《せかい》に生《う》み落《お》とし 人間界《にんげんかい》に活動《かつどう》する 夫婦《ふうふ》の体《たい》に蒔《ま》きつける 天《てん》より降《くだ》せし霊子《たまのこ》は 父《ちち》と母《はは》との御水火《みいき》にて たちまち母体《ぼたい》に浸入《しんにゅう》し 動静《どうせい》解凝引弛分合《かいぎょういんちぶんごう》の 八《や》つの力《ちから》や剛柔流《ごうじゅうりゅう》 三《み》つの体《たい》をもととして 十月《とつき》の間《あいだ》母《おや》の身《み》に 潜《ひそ》みて身体完成《しんたいかんせい》し 霊子《れいし》の宮《みや》を機関《きかん》とし この世《よ》に現《あら》われ来《き》たるなり 人《ひと》の子《こ》として生《う》まれたる 神《かみ》の御子《みこ》なる人々《ひとびと》は 地上《ちじょう》における教育《きょういく》を 完全無欠《かんぜんむけつ》に受《う》けながら 霊肉《れいにく》ともに発達《はったつ》し その成人《せいじん》の暁《あかつき》は この世《よ》を捨《す》てて天国《てんごく》の 御園《みその》に帰《かえ》るものぞかし そも人間《にんげん》の肉体《にくたい》は 天津御国《あまつみくに》に住《す》まいたる 天人《てんにん》どもの霊《たま》の子《こ》が 発育遂《はついくと》ぐる苗代《なわしろ》ぞ 種蒔《たねま》き苗立《なえた》ち天国《てんごく》の 田畑《たはた》に移植《いしょく》する時《とき》は 人《ひと》はいよいよ現界《げんかい》を 離《はな》れて天《てん》に復活《ふっかつ》し 天国浄土《てんごくじょうど》の神業《しんぎょう》に 参加《さんか》しまつる時《とき》ぞかし

「あゝ惟神《かむながら》 惟神《かむながら》 神《かみ》の御国《みくに》は目《ま》のあたり この地《ち》の上《うえ》に建設《けんせつ》し 天国浄土《てんごくじょうど》の移《い》写《しゃ》として 短《みじか》きこの世《よ》を楽《たの》しみつ 元津御霊《もとつみたま》を健《すこや》かに 磨《みが》きつ育《そだ》てつ雲霧《くもきり》を 押《おし》分《わ》け帰《かえ》る神《かみ》の国《くに》 ア、有難《ありがた》し有難《ありがた》し」

△**語止《ことやめ》めて** 議論《ぎろん》なしに改悟《かいご》をさせるの意《い》。

△**天之磐座放《あめのいはくらはな》ち** 磐座《いはくら》は高御座《たかみくら》の意《い》。天《てん》の御座所《ござしょ》を離《はな》れて。放《はな》ちは離《はな》れての意《い》。

△**八重雲《やへくも》** 重《かさ》なりあう雲《くも》。種々《しゅじゅ》の障害《しょうがい》の意《い》。

△**伊頭《いづ》の千別《ちわき》に千別《ちわき》て** 伊頭《いづ》は稜威《みいづ》、鋭《するど》き御威勢《ごいせい》。千別《ちわき》は道《みち》を別《わ》ける、開《ひら》いて行《い》くの意《い》。すなわち神《かみ》の御稜威《みいづ》により八重雲《やへくも》なる幾多《いくた》の障害《しょうがい》を打開《だかい》し、大道《だいどう》を明《あき》らかにされること。

△**天降《あまくだ》り賜《たま》ひき** 先《さき》の天降《あまくだ》りと同《おな》じ、救世主《きゅうせいしゅ》の降臨《こうりん》、再臨《さいりん》のこと。それは天孫《てんそん》をして降臨《こうりん》せしむること。換言《かんげん》すれば天祖《てんそ》の御分霊《ごぶんれい》を地《ち》に降《くだ》し、八百万《やほよろづ》の国津神《くにつかみ》の主宰《しゅさい》として神胤《しんいん》が御発生《ごはっせい》あることである。 （61頁参照。）

―◆吾勝命《あがかつのみこと》（正勝吾勝々速日天之忍穂耳命《まさかあかつかちはやひあめのおしほみみのみこと》）は素盞嗚尊《すさのをのみこと》の御子《みこ》である。然《しか》し天照大《あまてらすおほ》―

神《かみ》の御子《みこ》と言《い》っているから、これをいうと日本《にほん》の皇室《こうしつ》が大変《たいへん》になるので、霊《れい》は天照大神《あまてらすおほかみ》、体《たい》は素盞嗚尊《すさのをのみこと》である。「霊主体従《れいしゅたいじゅう》」だと言《い》って来《き》た。ぼかしてきたのである。本当《ほんとう》は体《たい》が主《しゅ》で子供《こども》が生《うま》れるのだから「体主霊従《たいしゅれいじゅう》」である。「霊主体従《れいしゅたいじゅう》」といえば実《じつ》は誰《だれ》でもよいことになるが判《わか》らないからよい。

（『新月のかげ』「吾勝命は素盞嗚尊の御子」昭和18年）

◆皇祖素盞嗚尊《こうそすさのをのみこと》の問題《もんだい》が一番《いちばん》やかましいことだから、王仁《おに》は充分研究《じゅうぶんけんきゅう》した。素盞嗚尊《すさのをのみこと》は変性女子《へんじょうにょし》で女《おんな》、体《たい》の方《ほう》の造《つく》り主《ぬし》である。「誓約《うけい》」というのは、天照大神《あまてらすおほかみ》は変性男子《へんじょうなんし》だから霊系《れいけい》である。いつまでも天照大神《あまてらすおほかみ》は父神父方《ちちのかみちちかた》で、素盞嗚尊《すさのをのみこと》が母神《ははがみ》で母方《ははかた》である。皇室《こうしつ》の御先祖《ごせんぞ》は素盞嗚尊《すさのをのみこと》であると宮内庁《くないちょう》の○○課長《かちょう》のいうことは正《ただ》しいが、余《あま》り単純《たんじゅん》にいうから反対《はんたい》されるのだ。

（『新月のかげ』「皇祖素盞嗚尊」昭和19年）

◆琵琶湖《あめのまない》におけるスサノとアマテラスの「誓約《うけい》」により生《う》まれた三女神《さんにょしん》と五男神《ごなんしん》、天忍穂耳命《あめのおしほみみのみこと》から天孫《てんそん》・天火明命《あまのほあかりのみこと》（＝尾張連（おわりのむらじ）の祖とする。）とニニギノ命《みこと》の二柱《ふたはしら》が生《う》まれる。天火明命《あまのほあかりのみこと》であるニギハヤヒノ命《みこと》は天祖《てんそ》から統治権《とうちけん》の十種《とくさ》の神宝《かむたから》、ニニギノ命《みこと》は三種《さんしゅ》の神器《じんぎ》を授《さず》けられて降臨（=天教山（富士山）。）になる。

（『先代旧事本紀』、『古事記』、『記紀言霊解・龍宮物語』68頁）

（三種の神器=皇位の標識として歴代の天皇が受け継いできたという三つの宝物。すなわち八咫鏡《やたのかがみ》・天叢雲剣《あまのむらくものつるぎ》・八尺瓊曲玉《やさかにのまがたま》。出口聖師はこの「三種の神器」について、全集や物語の中で説を述べている。略記すると、

「鏡」は神である。七十五声の言霊である。智慧の表徴である。八咫鏡は神書である。

「璽《たま》」は、平和の象徴である。八咫勾玉・五百津之美須麻琉珠は玉体である。弥勒の御用を奉《たてまつ》る玉のこと。また真善美の三徳を統ぶる玉。大宇宙を連珠統一《れんじゅとういつ》する意味がある。

「剱」は、素盞嗚尊が日の川上において八岐大蛇を寸断し給いしときの「叢雲《むらくも》の神剣《しんけん》」にして、日本武尊《やまとたけるのみこと》の東征以後、「草薙《くさなぎ》の神剣《しんけん》」と称する「都牟刈之太刀《つむがりのたち》」で、三千世界の大救世主たる「伊都能売の身魂の大神人」のこと。また日本国の形状は「草薙の神剣」にして、日本は天賦的に気候、風土、磯輪垣《しわがき》、潮流、水陸、動植物、天地文物皆神剣の御本能を発揮すべき、神界経綸の機関である。と示され、戦前と戦後の解釈には相違がある。また、大和三山（玉=天の香具山、鏡=畝傍山、剣=耳成山）、丹波三山（玉=高熊山、鏡=本宮山、剣=亀山）との記述もある。）

（『出口王仁三郎全集』第一、六巻、『霊界物語』第三、十二、十五巻、『水鏡』その他参照）

◆国常立尊《くにとこたちのみこと》は天照大神《あまてらすおほかみ》の元《もと》であるが、下《した》に降《くだ》って働《はたら》かれる。総理大臣《そうりだいじん》がしっかりしているから治《おさ》まるのである。天照大神《あまてらすおほかみ》は国常立尊《くにとこたちのみこと》の御分身《ごぶんしん》である。ニギハヤヒはニニギノ命《みこと》の兄様《あにさま》であるが、先《さき》に十種《とくさ》の神宝《かむたから》をもって大和《やまと》にお降《くだ》りになって用意《ようい》されたのである。十種《とくさ》の神宝《かむたから》を持《も》った人《ひと》が降《くだ》って働《はたら》かれるから神武天皇《じんむてんのう》（前660～前585）の位《くらい》が保《たも》たれるのである。

（『新月のかげ』「国常立尊と饒速日命」昭和17年）

◆ニギハヤヒは十種《とくさ》の神宝《かむたから》だ。ニニギノ命《みこと》は三種《さんしゅ》の神器《じんぎ》を貰《もら》われた。王仁《おに》はニギハヤヒだ。十種《とくさ》は天《あま》の数歌《かずうた》の一、二、三、四、……十のことで、十種《とくさ》は十曜《とよう》だから王仁《おに》は十曜《とよう》の紋《もん》をつける。経《たて》の万世一系《ばんせいいっけい》と緯《よこ》の万世一系《ばんせいいっけい》と揃《そろ》うのが世界十字《せかいじゅうじ》に踏《ふ》みならすことだ。

（『新月のかげ』「ニギハヤヒとニニギの命」昭和17年）

◆ニニギノ命《みこと》は三種《さんしゅ》の神器《じんぎ》で、ニギハヤヒノ命《みこと》は十種《とくさ》の神宝《かむたから》である。『古事記《こじき》』の禊祓《みそぎはらい》の段《だん》にある衝立船戸神《つきたつふなどのかみ》は上《うえ》と下《した》との中《なか》に衝立《つきた》って遮《さえぎ》る神様《かみさま》で、これを取《と》り払《はら》われるのである。王仁《おに》が書《か》いている通《とう》りである。これから誠《まこと》の天照大神《あまてらすおほかみ》が表《あらわ》れるのである。

（『新月のかげ』「三種の神器と十種の神宝」）

【大意《たいい》】すでに地《ち》の神界《しんかい》の統治者《とうちしゃ》は確定《かくてい》したが、何《なに》しろ宇宙《うちゅう》の間《あいだ》はなお未製品時代《みせいひんじだい》に属《ぞく》するので、自由行動《じゆうこうどう》を執《と》り、割拠争奪《かっきょそうだつ》を事《こと》とする兇党界《きょうとうかい》が多《おお》い。これは最《もっと》も露骨《ろこつ》に大本開祖《おほもとかいそ》の『御神諭《ごしんゆ》』に示《しめ》されているところで、決《けっ》して過去《かこ》の事《こと》のみではない。小規模《しょうきぼ》の救世主《きゅうせいしゅ》降臨《こうりん》（＝人草の救い主。）は過去《かこ》にあったが、大規模《だいきぼ》の真《しん》の救世主降臨《きゅうせいしゅこうりん》（＝人類救済の更生主。火の洗礼者。）は現在《げんざい》である。「七王《ななおう》も八王《やおう》も王《おう》が世界《せかい》にあれば、この世《よ》に口舌《くぜつ》が絶《た》えぬから、神《かみ》の王《おう》で治《おさ》める経綸《しぐみ》が致《いた》してあるぞよ」とあるなどは即《すなわ》ちこれを喝破《かっぱ》されたものである。その結果《けっか》これら悪鬼邪神《あっきじゃしん》の大審判《だいしんぱん》、大掃除《おおそうじ》、大洗濯《おおせんたく》が開始《かいし》され、いわゆる世《よ》の「大立替《おおたてかえ》」の大渦中《だいかちゅう》に突《とつ》入《にゅう》する。そうなると批評《ひひょう》も議論《ぎろん》も疑義《ぎぎ》も反抗《はんこう》も全部中止《ぜんぶちゅうし》となり、稜威赫々《みいづかくかく》として宇内《うない》を統治《とうち》したもう「神《かみ》の御子《みこ》の世《よ》」となるのである。

(三)

「如此《かく》天降《あまくだ》り賜《たま》ひし四方《よも》の国中《くになか》を安国《やすくに》と定《さだ》め奉《まつ》りて下津磐根《したついはね》に宮柱太敷立《みやばしらふとしきたて》。高天原《たかあまはら》に千《ち》木多加知《ぎたかし》りて皇大神《すめおほかみ》の美頭《みづ》の御舎《みあらか》仕《つかへ》奉《まつ》りて。天《あめ》の御蔭《みかげ》日《ひ》の御蔭《みかげ》と隠《かく》り坐《ま》して。安国《やすくに》と平《たひら》けく所知食《しろしめ》さむ国中《くぬち》に成出《なりいで》む天《あめ》の益人等《ますひとら》が、過《あやまち》犯《をか》しけむ雑々《くさぐさ》の罪事《つみごと》は。天津罪《あまつつみ》とは。」

△四方《よも》の国中《くになか》　地上《ちじょう》の大中心《だいちゅうしん》。

△下津磐根《したついはね》　地質《ちしつ》が一大盤石《いちだいばんじゃく》の地《ち》、即《すなわ》ち神明《しんめい》の降臨《こうりん》ある霊域《れいいき》を指《さ》す。「福知山《ふくちやま》、舞鶴《まいづる》は外《そと》囲《がこ》い、十里四方《じゅうりしほう》は宮《みや》の内《うち》」とあるのもまた下津岩根《したついわね》である。（＝仏者の所謂蓮華台をなす霊地。）

△宮柱太敷立《みやばしらふとしきたて》　宮居《みやい》の柱《はしら》を立派《りっぱ》に建《た》てること。

△千木多加知《ちぎたかし》りて　屋根《やね》の千木《ちぎ》を虚空《こくう》（＝高天原。）に高《たか》く敷《し》きの義《ぎ》。千木《ちぎ》は垂木《たるき》なり。タ、リ、を約《つづ》めてチという。

△皇大神《すめおほかみ》　大宇宙《だいうちゅう》の創造神《そうぞうしん》。主《す》の神《かみ》。神素盞嗚大神《かむすさのをのおおかみ》。

○皇《すめ》は澄《すま》すの義《ぎ》。宇宙全体《うちゅうぜんたい》を清澄《せいちょう》すること。統《すべ》る、住《す》む等皆同一語言《などみなどういつごげん》で、水《みず》や空気《くうき》が澄《す》むというのは混入《こんにゅう》していた物体《ぶったい》の間《あいだ》に統一《とういつ》が出来《でき》、安《やす》らかに鎮定《ちんてい》すること。人《ひと》がこの世《よ》に住《す》むというのも同一義《どういつぎ》で、大主宰者《だいしゅさいしゃ》の統治《とうち》のもとに安住《あんじゅう》する義《ぎ》。

△美頭《みづ》　麗《うるわ》しき、瑞々《みずみず》しきの意《い》。

△仕《つか》へ奉《まつ》り　ご造営《ぞうえい》の義《ぎ》。

○神政《しんせい》とは、神代《かみよ》における政治《せいじ》の意義《いぎ》で、神代《かみよ》とは万有万神《ばんゆうばんしん》が各自《かくじ》の大本源《だいほんげん》を知悉《ちしつ》し、大本源《だいほんげん》にもとづく天職《てんしょく》を完全《かんぜん》に成《な》し遂《と》げる世《よ》であり、この大本源《だいほんげん》を知《し》る事《こと》がまず第《だい》一の最要件《さいようけん》とされる。

然《しか》るに万有万神《ばんゆうばんしん》がこの大本源《だいほんげん》を知《し》らないが故《ゆえ》に、種々《しゅじゅ》の争乱《そうらん》が起《おこ》り、各種《かくしゅ》の争闘《そうとう》もここにその根源《こんげん》を発《はっ》している。各宗教《かくしゅうきょう》も、その大本《たいほん》に暗《くら》いが故《ゆえ》に各自特有《かくじとくゆう》の所有物《しょゆうぶつ》と誤了《ごりょう》しているために、その陥穽《かんせい》（＝落とし穴。）の害《がい》を構《かま》え、排他《はいた》の念慮《ねんりょ》を懐《いだ》くに至《いた》るのである。もしこの大本源《だいほんげん》を知悉《ちしつ》するに至《いた》れば、一本源《いちほんげん》の分派《ぶんぱ》なることに心付《こころづ》き必《かなら》ず統理《とうり》されるのは必定《ひつじょう》であります。故《ゆえ》に各唱道者《かくしょうどうしゃ》は心《こころ》を持《も》ってその大本《たいほん》を知悉《ちしつ》する努力《どりょく》をしなければなりません。……。

祭祀《さいし》の道《みち》は、地上天国建設《ちじょうてんごくけんせつ》という主神《すしん》の理想《りそう》を達成《たっせい》するための根本《こんぽん》と位置《いち》づけ、「人《ひと》は祖《そ》にもとづき、祖《そ》は神《かみ》にもとづく」という報恩反始《ほうおんはんし》（＝本に報い始めに返る。祖神や先祖の恩に報いる。）の意味《いみ》があります。

「祭祀《さいし》は祭（マツリ）（マツル）なり。マツルは「真釣《まつ》リ」、「真釣《まつ》ル」の義《ぎ》である。「真釣《まつ》ル」とはハカリの両端《りょうたん》に重量《じゅうりょう》を懸《か》けて平衡《へいこう》する意味《いみ》である。天上《てんじょう》の儀《ぎ》と地上《ちじょう》の儀《ぎ》とを相一致《あいいっち》させる作法《さほう》がマツル（祭祀《さいし》）であり、マツリゴト（政道《せいどう》）である。祭祀政道《さいしせいどう》の大義《たいぎ》はこれ以外《いがい》に決《けっ》してあるべきでない、とされ政治《せいじ》も教育《きょういく》も宗教《しゅうきょう》も実業《じつぎょう》も皆《みな》これを教《おし》えるのが本領《ほんりょう》であって、これを離《はな》れて在《あ》るものではありません。

それ故《ゆえ》、「民《たみ》を治《おさ》めるものは、先《ま》ず身《み》を修《おさ》め、家《いえ》を斎《ととの》え、国土《こくど》を修《おさ》めるは人間《にんげん》の天職《てんしょく》である。神《かみ》を治《おさ》めるのは正《ただ》しき神《かみ》の責任《せきにん》で、神《かみ》は天地惟神《てんちかむながら》の大道《だいどう》によって活動《かつどう》するものである。故《ゆえ》に神界《しんかい》の立替立直《たてかえたてなお》しは神《かみ》の御役《おやく》であり、顕界《けんかい》の立替立直《たてかえたてなお》しは人間《にんげん》の役目《やくめ》である。今神界《いましんかい》と人間界《にんげんかい》とは余程隔絶《よほどかくぜつ》しているが、五六七《みろく》の世《よ》は「顕幽一致《けんゆういっち》」

「神人合体《しんじんがったい》」の黄金世界《おうごんせかい》を出現《しゅつげん》することにある。

(『神霊界』大正九年十二月号「無題録」参照)

○神《かみ》を斎《いつき》まつるには「顕斎《けんさい》」と「幽斎《ゆうさい》」の二《ふた》つの大別《たいべつ》がある。「顕斎《けんさい》」は、天津神《あまつかみ》、国《くに》津神《つかみ》、八百万神《やほよろづのかみ》を祭祀《さいし》する道《みち》で、宮殿《きゅうでん》あり、祝詞《のりと》あり、幣帛《へいはく》(幣束《へいそく》)ありて神《かみ》の洪慈大徳《こうじだいとく》を感謝敬神《かんしゃけいしん》の意《い》を表《あらわ》すもので、形《かた》をもって形《かた》に対《たい》する祈《いの》りである。「幽斎《ゆうさい》」は真神《しんしん》を祈《いの》る道《みち》にして神社《じんじゃ》もなく、祭文《さいもん》もなく、幣帛《へいはく》もなく、ただ願望《がんぼう》するところを、吾人《ごじん》の霊《れい》をもって祈願《きがん》する。要《よう》するに「顕斎《けんさい》」は祭祀《さいし》を専《もっぱ》らとし、「幽斎《ゆうさい》」は祈《き》祷《とう》を専《もっぱ》らとする。真《まこと》の神《かみ》は霊《れい》なるが故《ゆえ》に、その至霊《しれい》に対《たい》して霊《れい》をもって祈《いの》る道《みち》である。

「顕斎《けんさい》」のみに片寄《かたよ》るも非《ひ》、また「幽斎《ゆうさい》」だけに片寄《かたよ》るも非《ひ》なりとされる。

△天《あめ》の御蔭《みかげ》日《ひ》の御蔭《みかげ》 天津神《あまつかみ》の御蔭《みかげ》、日《ひ》の御蔭《みかげ》と自分《じぶん》の徳《とく》を隠《かく》したもう義《ぎ》。神代《かみよ》の神人合《しんじんごう》一《いつ》の時代《じだい》においては、人《ひと》はことごとく神《かみ》の容器《いれもの》であった。しかし世界統一《せかいとういつ》を実行《じっこう》すると て、その功績《こうせき》はこれら天地《てんち》の御恩《ごおん》に帰《き》し奉《たてまつ》るのが道《みち》の真髄《しんずい》で、忠孝仁義《ちゅうこうじんぎ》の大道《だいどう》は根源《こんげん》

をここから発《はっ》する。坐《い》ながらにしてそのご威徳《いとく》は宇内《うない》に光被《こうひ》し、世《よ》は自然《しぜん》と平《たい》らけく安《やす》らけく治《おさ》まるのである。（＝排他的自己主義社会にあって、天の御陰日の御陰という神様の陰徳により地球は守護されている。人の忠孝、仁義の中にはこの神心が隠された愛善の余情がある。）

△**天《あめ》の益人《ますひと》**　天《あめ》は称辞《たたえごと》であって、必《かなら》ずしも高天原《たかあまはら》を指《さ》さない。人民《じんみん》の生成発展《せいせいはってん》を期待《きたい》する総称《そうしょう》。青人草《あおひとぐさ》と同義《どうぎ》。益人《ますひと》は世界《せかい》の全人類《ぜんじんるい》のこと。マスラヲという時《とき》は男子《だんし》のみを指《さ》す。マは完全《かんぜん》、スは統治《とうち》、ヒは霊《れい》、トは留《とど》まる義《ぎ》。天下国家のため利益をはかる至誠の人の意。

△**罪事《つみごと》**　ツミは積《つ》みなり、また包《つつ》みとなる。金銭《きんせん》、財宝《ざいほう》、食糧《しょくりょう》等《とう》を山積《さんせき》私有《しゆう》することは個人本位《こじんほんい》、利己本位《りこほんい》の行為《こうい》で、天則《てんそく》に背反《はいはん》している。また物品《ぶっぴん》を包《つつ》み隠《かく》したり、邪心《じゃしん》を包蔵《ほうぞう》したり、利用厚生《りようこうせい》の道《みち》の開発《かいはつ》を怠《おこた》ったりする事《こと》も堕落腐敗《だらくふはい》の源泉《げんせん》である。かく罪《つみ》の語源《ごんげん》から調《しら》べれば、罪《つみ》の一語《いちご》に含《ふく》まれる範囲《はんい》のいかに広《ひろ》いかが分《わ》かる。法律的思想《ほうりつてきしそう》ではこの真意義《しんいぎ》はとても理解《りかい》し難《がた》い。

【大意《たいい》】天祖《てんそ》のご依託《いたく》によりて救世主《きゅうせいしゅ》がご降臨遊《こうりんあそ》ばされるについては、宇宙《うちゅう》の中心《ちゅうしん》、世界《せかい》の中心《ちゅうしん》たる国土《こくど》をもって、宇内経綸《うないけいりん》、世界統一《せかいとういつ》の中府《ちゅうふ》と定《さだ》め給《たま》い、天地創造《てんちそうぞう》の際《さい》から特別《とくべつ》に造《つく》り上《あ》げてある神定《しんてい》の霊域《れいいき》に、崇厳無比《すうごんむひ》の神殿《しんでん》をご造営遊《ぞうえいあそ》ばされ、惟神《かむながら》の大道《だいどう》（＝宇宙主神の神慮、神教そのままの道。）によりて天下《てんか》を知《し》ろしめされる事《こと》になる。

『神諭《しんゆ》』のいわゆる「神国《しんこく》の行《おこな》いを世界《せかい》へ手本《てほん》に出《だ》して、万古末代動《まんごまつだいうご》かぬ神《かみ》の世《よ》で三千《さんぜん》世界《せかい》の陸地《おつち》の上《うえ》を守護《しゅご》されるのである」。それについては直接天津《ちょくせつあまつ》神《かみ》の手足《てあし》となり、股肱《ここう》となって活動《かつどう》せねばならない責任《せきにん》が重《おも》い。いかなる事《こと》を為《せ》ねばならないか、またいかなる事《こと》をしてはならないのか、明確《めいかく》なる観念《かんねん》を所有《しょゆう》しなければならない。次節《じせつ》に列挙《れっきょ》せられる雑々《くさぐさ》の罪事《つみごと》というのは、ことごとく人《ひと》として日夕服膺《にっせきふくよう》（＝御教えを心の内にとめおき忘れずに守ること、受け容れて実行すること。）せねばならない重要事項《じゅうようじこう》のみである。

（四）

「天津罪《あまつつみ》とは、畔放《あはな》ち（＝天放ち。天然自然力の開発。）、溝埋《みぞう》め（＝水素利用。）、樋放《ひはな》ち（＝電力火力利用。）、頻蒔《しきまき》き（＝全土開拓。）、串差《くしさ》し（＝秘奥を研究発見する。）、生剥《いけは》ぎ（＝生物の特性開発利用。）逆剥《さかは》ぎ（＝栄え開くこと。）屎戸《くそへ》（＝宇宙一切の開発。）許々太久《ここたく》の罪《つみ》を。天津罪《あまつつみ》と詔別《のりわけ》て国津罪《くにつつみ》とは。生膚断《いきはだだち》、死膚断《しにはだだち》、白人胡久美《しらひとこくみ》。己《おの》が母《はは》犯《をか》せる罪《つみ》、己《おの》が子《こ》犯《をか》せる罪《つみ》。母《はは》と子《こ》と犯《をか》せる罪《つみ》、子《こ》と母《はは》と犯《をか》せる罪《つみ》。畜《けもの》犯《をか》せる罪《つみ》、昆虫《はふむし》の災《わざはひ》。高津神《たかつかみ》の災《わざはひ》、高津鳥《たかつとり》の災《わざはひ》。畜殪《けものたふ》し蠱物《まじもの》せる罪《つみ》、許々太久《ここたく》の罪出《つみいで》む。」

△天津罪《あまつつみ》　天《てん》の経綸《けいりん》を阻害《そがい》し、或《あるい》はこれを紊乱《びんらん》（＝みだすこと。）せしむる行為《こうい》をいう。

天然自然《てんねんしぜん》に賦与《ふよ》せられた水力《すいりょく》、火力《かりょく》、電磁力《でんじりょく》、地物《ちぶつ》、鉱物《こうぶつ》、山物《さんぶつ》、動植物等《どうしょくぶつとう》の利用《りよう》開発《かいはつ》を怠《おこた》る罪《つみ》をいう。いわゆる積《つ》んで置《お》く罪《つみ》、包《つつ》んで置《お》く罪《つみ》なり。宝《たから》の持腐《もちくさ》れをする罪《つみ》なり。従来《じゅうらい》は文明《ぶんめい》だの進歩《しんぽ》だのといっていたが、全然《ぜんぜん》穿《は》き違《ちが》いの文明進歩《ぶんめいしんぽ》で、一《ひと》ツ調子《ちょうし》が狂《くる》えばたちまち飢餓《きが》に苦《くる》しむようなやり方《かた》、現在《げんざい》、世界各国《せかいかっこく》の四苦八苦《しくはっく》の有様《ありさま》を見《み》ても、人間《にんげん》が如何《いか》に天津罪《あまつつみ》を犯《おか》しているかが解《わか》る。

『神諭《しんゆ》』に「結構《けっこう》な田地《でんち》に木苗《きなえ》を植《う》えたり、色々《いろいろ》の花《はな》の苗《なえ》を作《つく》りたり、大切《たいせつ》な土地《とち》を要《い》らぬ事《こと》に使《つか》ったり致《いた》し、人民《じんみん》の肝腎《かんじん》の生命《いのち》の親《おや》の米《こめ》、豆《まめ》、粟《あわ》を何《なん》とも思《おも》わず、米《こめ》や豆《まめ》や麦《むぎ》はいくらでも外国《がいこく》から買《か》えると申《もう》しておるが、いつまでもそういうわけに行《ゆ》かぬことがあるから、猫《ねこ》のおる場《ば》にも五穀《ごこく》を植《う》え付《つ》けねばならぬようになりて来《く》るぞよ。みな物質本位《ぶっしつほんい》の教《おしえ》であるから、神《かみ》の国《くに》には神国《しんこく》の世《よ》の行《や》り方《かた》に致《いた》さして、モーぼつぼつと木《き》苗《なえ》も掘《ほ》り起《お》こさせるぞよ」とあるなどは、実《じつ》に痛切《つうせつ》なご訓戒《くんかい》である。……神霊《しんれい》の御命令《ごめいれい》と御指示《ごしじ》がなければ、金銀《きんぎん》その他《た》は決《けっ》して掘《ほ》り出《だ》されるものではない。

『神諭《しんゆ》』に「五六七大神《みろくのおほかみ》のお出《で》ましにお成《な》りなさるにつき、先《さき》に国常立尊《くにとこたちのみこと》が現《あら》はれるなり。国常立尊《くにとこたちのみこと》が現《あら》われると、乙姫殿《おとひめどの》は次《つ》ぎに結構《けっこう》な大望《たいもう》な御用《ごよう》ができて、乙姫殿《おとひめどの》のお宝《たから》を上《あ》げて新規《さらつ》の金銀《きんぎん》を……。二度目《にどめ》の立替《たてかえ》をいたして、何《なに》も新規《さらつ》に成《な》るのであるから、乙姫殿《おとひめどの》の御財宝《おたから》を綾部《あやべ》の大本《おほもと》へ持《も》ち運《はこ》びて、新規《さらつ》の金銀《きんぎん》を吹《ふ》く準備《じゅんび》をいたさな成《な》らぬから云々《うんぬん》」とあるなどは、時節到来《じせつとうらい》と共《とも》に実現《じつげん》して、物質万能機械一点張《ぶっしつばんのうきかいいってんば》りの者《もの》を瞠《どう》若《じゃく》（＝驚いて目を見はるさま。あっけにとられる。）たらしめる事柄《ことがら》なのである。

また現在人士《げんざいじんし》は電力《でんりょく》、火力《かりょく》、水力《すいりょく》、その他《た》の利用《りよう》にかけて、よほど発達進歩《はったつしんぽ》を遂《と》げた心算《つもり》でいるが、一歩高所《いっぽこうしょ》から達観《たっかん》すると、利用《りよう》どころか悪用《あくよう》ばかり、間接《かんせつ》または直接《ちょくせつ》に人類《じんるい》の破滅《はめつ》、天然《てんねん》の破壊《はかい》に使用《しよう》されるものが幾倍《いくばい》かある。これ等《ら》の点《てん》にかけて現在《げんざい》の人《じん》士《し》は、いわゆる知識階級《ちしきかいきゅう》、学者階級《がくしゃかいきゅう》ほど多《おお》く、天津罪《あまつつみ》の犯罪者《はんざいしゃ》である。

◆皇道《こうどう》では、人生《じんせい》の本義《ほんぎ》たるや、その天賦所生《てんぷしょせい》の国家《こっか》を経綸《けいりん》するを以《もっ》て根本原則《こんぽんげんそく》となす。さればその人類《じんるい》の生活《せいかつ》に適当《てきとう》する衣食住《いしょくじゅう》の物《もの》は必《かなら》ずその土地《とち》に産出《さんしゅつ》するものなり。故《ゆえ》に天賦所生《てんぷしょせい》の人間《にんげん》はその智能《ちのう》を啓発《けいはつ》し、以《もっ》て天恵《てんけい》の福利《ふくり》を開拓《かいたく》して文明《ぶんめい》の利用《りよう》を研究《けんきゅう》し、その国土《こくど》を経営《けいえい》するは人生《じんせい》の根本天則《こんぽんてんそく》たるなり。

（『皇道大本とスサノオ経綸』第九章「天産自給」）

△畔放《あはな》ち　天然力《てんねんりょく》、自然力《しぜんりょく》の開発利用《かいはつりよう》の事《こと》。畔《アヽ》は当字《あてじ》にてアヽメを約《つづ》めたもの。田《た》の畔《あぜ》を開《はな》つなどは単《たん》に表面《ひょうめん》の字義《じぎ》にとらわれた解釈《かいしゃく》である。

△**溝埋《みぞう》め**　水力《すいりょく》（＝水素。）の利用《りよう》を指《さ》す。埋《う》めには捕捉《ほそく》の義《ぎ》と生育《せいいく》の義《ぎ》とを包《つつ》む。湯《ゆ》に水《みず》をうめる、根《ね》を土中《どちゅう》にうめる、種子《たね》を地《ち》にうめる、孔《あな》をうめる、鶏《にわとり》が卵《たまご》をうむなどを参考《さんこう》すべし。

△**樋放《ひはな》ち**　樋《ひ》は火《ひ》なり。電気《でんき》、磁気《じき》、蒸気《じょうき》、光力等天然《こうりょくとうてんねん》の火力《かりょく》の開発利用《かいはつりよう》を指《さ》す。

△**頻蒔《しきまき》き**　山《やま》の奥《おく》までも耕作《こうさく》し不毛《ふもう》の地所《じしょ》などを作《つく》らぬ事《こと》。頻《シキ》は、敷地《しきち》のシキなり、地所《じしょ》なり。蒔《ま》きは捲《ま》き収《おさ》めるなり、席巻《せっけん》（＝席（むしろ）を巻くように土地を攻め取ること。転じて、自分の勢力範囲に収めること。）なり、遊《あそ》ばせて置《お》かぬなり。遊猟地《ゆうりょうち》や、クリケット・グラウンドなどに広大《こうだい》なる地所《じしょ》を遊《あそ》ばせて、貴族風《きぞくかぜ》を吹《ふ》かせて、傲然《ごうぜん》（＝おごりたかぶるさま。）たりし某国《ぼうこく》の現状《げんじょう》は果《はた》して如何《いかん》。

彼《かれ》らが世界《せかい》の土地《とち》を横領《おうりょう》せる事《こと》の大《だい》なりしだけ、彼《かれ》らが頻蒔《しきまき》の天則《てんそく》を無視《むし》せる罪悪《ざいあく》も蓋《けだ》し世界随一《せかいずいいち》であろう。しかしその覚醒《かくせい》の時《とき》は接近《せっきん》した、これではならぬと衷心《ちゅうしん》から覚《さと》る時《とき》はモウ目前《もくぜん》にある。イヤ半分《はんぶん》はモウその時期《じき》が到着《とうちゃく》している。しかしこれは程度《ていど》の差違《さい》だけで、その罪《つみ》は各国《かっこく》とも皆犯《みなおか》している。

△**串差し**《くしさ》　カクシサガシの約《つまり》にて、前人未発《ぜんじんみはつ》の秘奥《ひおう》を発見《はっけん》する事《こと》。

△**生剥ぎ**《いけは》　一般《いっぱん》の生物《せいぶつ》の天職《てんしょく》を開発利用《かいはつりよう》する事《こと》。生物《いきもの》という生物《いきもの》はことごとく相当《そうとう》の本務《ほんむ》のあるもので、軽重大小《けいちょうだいしょう》の差違《さい》こそあれ、それぞれ役目《やくめ》がある。ネズミでも天井《てんじょう》に棲《す》みて人間《にんげん》に害《がい》を与《あた》える恙虫《つつがむし》などを殺《ころ》すので、絶対的有害無効《ぜったいてきゆうがいむこう》の動物《どうぶつ》ではない。剥《は》ぎは開《ひら》くの義《ぎ》、発揮《はっき》せしむる義《ぎ》なり。蚕《かいこ》をはぐなどの語《ご》を参考《さんこう》。

△**逆剥ぎ**《さかは》　逆《サカ》は、栄《さか》えのサカなり。酒《さけ》などもこの栄《さか》えの意義《いぎ》から発生《はっせい》した語《ご》である。剥《はぎ》は生剥《いけはぎ》の剥《はぎ》と同《おな》じく開発《かいはつ》の義《ぎ》。すなわち全体《ぜんたい》の義《ぎ》は栄《さか》え開《ひら》くことで、廃物《はいぶつ》をも利用《りよう》し荒蕪《こうぶ》の地《ち》を開墾《かいこん》し、豊満美麗《ほうまんびれい》の楽天地《らくてんち》を現出《げんしゅつ》せしむることを指《さ》す。

△**屎戸**《くそへ》　宇宙一切《うちゅういっさい》を整頓《せいとん》し、開発《かいはつ》する義《ぎ》。クは組織経綸《そしきけいりん》、ソは揃《そろ》えること、整頓《せいとん》すること。へは開発《かいはつ》すること。

△**許々太久**《ここたく》　その他種々雑多《たしゅじゅざった》の義《ぎ》。

△**天津罪と詔別て**《あまつつみのりわけて》　以上列挙《いじょうれっきょ》せる天然力《てんねんりょく》、自然物《しぜんぶつ》の利用開発《りようかいはつ》を怠《おこた》ることを、天津罪《あまつつみ》と教《おし》え

給《たま》う義《ぎ》。それとは別《べつ》にの意《い》。

△国津罪《くにつつみ》　地上《ちじょう》の経綸《けいりん》を分乱《ぶんらん》する罪《つみ》なり。天賦《てんぷ》の国《くに》の徳《とく》、人《ひと》の徳《とく》を傷《きず》つける罪《つみ》を指《さ》す。

◆世界《せかい》の区分《くぶん》には、地理学上《ちりがくじょう》と国魂上《くにたまじょう》の国別《くべつ》がある。その国《くに》や住民《じゅうみん》には神《かみ》から賦与《ふよ》された天賦《てんぷ》の徳《とく》（＝資源や産物。）を犯《おか》すことなく、生活《せいかつ》に安心安定《あんしんあんてい》を与《あた》え、地獄的苦《じごくてきく》悶《もん》を与《あた》えぬこと。

△生膚断《いきはだだち》　天賦《てんぷ》の徳性《とくせい》を保《たも》ちいる活物《いきもの》の皮膚《ひふ》を切《き》ること。必要《ひつよう》も無《な》きに動物《どうぶつ》を害傷《がいしょう》し、竹《ちく》木《ぼく》を濫伐《らんばつ》する事等《こととう》は、やはり罪悪《ざいあく》である。霊気充満《れいきじゅうまん》せる肉体《にくたい》に外科手術《げかしゅじゅつ》を施《ほどこ》さずとも、立派《りっぱ》に治癒《ちゆ》する天賦《てんぷ》の性能《せいのう》を有《ゆう》している。人工的《じんこうてき》に切断《せつだん》するのは天則違反《てんそくいはん》で、徒《いたずら》に人《じん》体毀損《たいきそん》の罪《つみ》を積《つ》むことになる。

◆「愛《あい》は人間生命《にんげんせいめい》の本体《ほんたい》」として「心臓停止《しんぞうていし》をもって死《し》と称《しょう》する」とあるが、「自《し》然界《ぜんかい》における諸官能《しょかんのう》を全《まっと》うし得《え》ざるに立《た》ちいたった時《とき》は、肉体上《にくたいじょう》より見《み》て、これを死《し》と呼《よ》ぶのである。」とも示《しめ》され、心臓移植《しんぞういしょく》など外科手術《げかしゅじゅつ》には人《ひと》の霊魂観《れいこんかん》に特《とく》

一　別《べつ》な配慮《はいりょ》を必要《ひつよう》とする。（『霊界物語』第四十七巻・第十一章「手苦駄女」）──

△死膚断《しにはだだち》　刃物《はもの》をもって生物一切《せいぶついっさい》を殺《ころ》す罪《つみ》。

△白人胡久美《しらひとこくみ》　白昼姦淫《はくちゅうかんいん》のこと。白日床組《しらひとこくみ》という醜穢文字《しゅうわいもじ》を避《さ》け、わざと当字《あてじ》を用《もち》いたのである。淫慾《いんよく》は獣肉嗜好人《じゅうにくしこうじん》に随伴《ずいはん》せるのが特徴《とくちょう》で、弊害《へいがい》が多《おお》く、病気《びょうき》となりやすい。

△己《おの》が母犯《ははをか》せる罪《つみ》　母《はは》の一字《いちじ》は、父《ちち》、祖先《そせん》、祖神等《そしんとう》を包含《ほうがん》し、極《きわ》めて広義《こうぎ》を有《ゆう》するのである。大体《だいたい》において親《おや》という如《ごと》し。犯《おか》すとはその本来《ほんらい》の権能《きのう》を無視《むし》する義《ぎ》なり。換言《かんげん》すれば親《おや》、祖先《そせん》、祖神《そしん》に対《たい》して不幸《ふこう》の罪《つみ》を重《かさ》ねることである。

△己《おの》が子犯《こをか》せる罪《つみ》　自己《じこ》の子孫《しそん》の権能《きのう》を無視《むし》し、非道《ひどう》の虐待酷使《ぎゃくたいこくし》を敢《あえ》えてすること。元来自分《がんらいじぶん》の子《こ》も、実《じつ》は神《かみ》からの預《あず》がり物《もの》で、人間《にんげん》が勝手《かって》にこれを取扱《とりあつか》うことはできない。それにやたらに親風《おやかぜ》を吹《ふ》かせ、娘《むすめ》や倅《せがれ》などを自己《じこ》の食《く》い物《もの》にして顧《かえり》みぬなどは甚《はなは》だしき罪悪《ざいあく》というべきである。

△母《はは》と子《こ》と犯《をか》せる罪《つみ》、子《こ》と母《はは》と云々《うんぬん》　上《うえ》の二句《にく》「己《おの》が母《はは》犯《をか》せる罪《つみ》、己《おの》が子《こ》犯《をか》せる罪《つみ》」をさらに畳句《じょうく》（＝同一の句をかさねて用いたもの。）として繰返《くりかえ》したもので別《べつ》に意義《いぎ》はない。

△畜犯《けものをか》せる罪《つみ》　獣類《じゅうるい》の天賦《てんぷ》の徳性《とくせい》（＝徳義をそなえた本性。道徳的意識。道徳心。）を無視《むし》し、酷待《こくたい》したり、殺生《せっしょう》したりすること。

△昆虫《はふむし》の災《わざはひ》　天則違反《てんそくいはん》の罪《つみ》をいう。マムシ、ムカデなどに刺《さ》されるのはみな偶然《ぐうぜん》にあらず、かかる場合《ばあい》には直《ただ》ちに反省《はんせい》し、悔悟《かいご》し、謹慎《きんしん》して、神様《かみさま》にお詫《わ》びを申《もう》し上《あ》げるべきである。

△高津神《たかつかみ》の災《わざはひ》　天災《てんさい》、地変《ちへん》、気候《きこう》、風力等《ふうりょくとう》の不順《ふじゅん》は皆《みな》これ高津神《たかつかみ》の業《わざ》にして、罪過《めぐり》の甚《ひど》い所《ところ》に起《おこ》る。災《わざわい》は業《わざ》わいなり、所為《しょい》なり。鬼神《きしん》から主観的《しゅかんてき》に観《み》れば一《ひとつ》の所為《わざ》であるが、人間《にんげん》から客観的《きやっかんてき》に観《み》れば災難《さいなん》である。

今度《こんど》の国祖《こくそ》の大立替《おおたてかえ》に、雨《あめ》の神《かみ》、風《かぜ》の神《かみ》、岩《いわ》の神《かみ》、荒《あれ》の神《かみ》、地震《じしん》の神《かみ》、その他《た》八百万《やほよろづ》の眷属《けんぞく》を使《つか》われるのも、祝詞《のりと》のいわゆる高津神《たかつかみ》の災《わざはひ》である。みな世界《せかい》の守護神《しゅごじん》、人民《じんみん》の堕落《だらく》が招《まね》ける神罰《しんばつ》である。

△高津鳥《たかつとり》の災《わざはひ》　鳥《とり》が穀物《こくもつ》を荒《あら》す事《こと》などを指《さ》すので、やはり神罰《しんばつ》である。

△畜殪《けものたふ》し　他家《たけ》の牛馬鶏豚等《ぎゅうばけいとんとう》を斃死《へいし》させること。一種《いっしゅ》のマジナヒなり。

△蠱物《まじもの》　呪詛《じゅそ》なり、マジナヒ物《もの》はみな罪悪《ざいあく》である。

【大意《たいい》】人間《にんげん》は神《かみ》の容器《いれもの》として宇内経綸《うないけいりん》の天職《てんしょく》がある。殊《こと》に日本人《にほんじん》の使命《しめい》は重大《じゅうだい》をきわめ、世界《せかい》の安否《あんぴ》、時運《じうん》の興廃《こうはい》、ことごとくその責任《せきにん》は日本人《にほんじん》に係《かか》るのである。『神諭《しんゆ》』に「日《に》本《ほん》は神《かみ》の初発《しょはつ》に修理《こしら》えた国《くに》、元《もと》の祖国《おやぐに》であるから、世界中《せかいじゅう》を守護《しゅご》する役目《やくめ》であるぞよ。日《に》本神国《ほんしんこく》の人民《じんみん》なら、チトは神《かみ》の心《こころ》も推量《すいりょう》いたして、身魂《みたま》を磨《みが》いて世界《せかい》の御用《ごよう》に立《た》ちて下《くだ》されよ」とある通《とお》り、天賦《てんぷ》の霊魂《れいこん》を磨《みが》き、天下独特《てんかどくとく》の霊智霊覚《れいちれいかく》によりて、天然造化力《てんねんぞうかりょく》の利用《りよう》開発《かいはつ》に努《つと》めると同時《どうじ》に、他方《たほう》においては天賦《てんぷ》の国《くに》の徳《とく》、人《ひと》の徳《とく》を発揮《はっき》することに努《つと》め、そして立派《りっぱ》な模範《もはん》を世界中《せかいじゅう》に示《しめ》さねばならない。しかるに実際《じっさい》は大《おお》いにこれに反《はん》し、いたずらに物質文明《ぶっしつぶんめい》の糟粕《そうはく》（=酒のかす。滋味をとった残りかす。）を嘗《な》め、罪《つみ》の上《うえ》に罪《つみ》を重《かさ》ねて現在見《げんざいみ》るがごとき世《せ》界《かい》の大擾乱《だいじょうらん》（=入り乱れること。乱れさわぐこと。また、乱し騒がすこと。）となってきた。無論日本人《むろんにほんじん》はこの責任《せきにん》を免《まぬが》れる事《こと》はできない。

しかしこれは天地創造《てんちそうぞう》の際《さい》からの約束《やくそく》で、進化《しんか》の道程《どうてい》として、蓋《けだ》し免《まぬが》れ難《がた》き事柄《ことがら》に相違《そうい》ない。さればこの祝詞《のりと》の中《なか》に「許々太久《ここたく》の罪出《つみいで》む」とあり、また国祖《こくそ》の『神諭《しんゆ》』にも「こうなるのは世《よ》の元《もと》から分《わ》かっている」と仰《おお》せられている。

要《よう》するに過去《かこ》の事《こと》は今更悔《いまさらくや》むには及《およ》ばぬ。吾々《われわれ》は現在《げんざい》および将来《しょうらい》に向《むか》って、いかなる態《たい》度《ど》を執《と》り、いかなる処置《しょち》を講《こう》ずれば宜《よ》いかを考究《こうきゅう》すべきである。時節《じせつ》にその要道《ようどう》を示《しめ》されている。

（五）

「如此《かく》出《いで》ば天津宮言《あまつみやこと》以《も》て。天津金木《あまつかなぎ》を本打切末打断《もとうちきりすゑうちたち》て。千座《ちくら》の置座《おきくら》に置足《おきたら》はして。天津菅《あまつすが》

曽《そ》を本《もと》刈《かり》絶《たち》末《すゑ》刈《かり》切《きり》て八《や》針《はり》に取《とり》裂《さ》て。天津祝詞《あまつのりと》の太祝詞言《ふとのりとごと》を宣《の》れ、如此《かくの》宣らば。天津神《あまつかみ》は天《あま》の磐戸《いはと》を推披《おしひら》きて。天《あめ》の八重雲《やへくも》を伊頭《いづ》の千別《ちわき》に千別《ちわき》て所聞食《きこしめさ》む。国津神《くにつかみ》は高山《たかやま》の末《すゑ》短山《ひきやま》の末《すゑ》に上《のぼ》り坐《まし》て。高山《たかやま》の伊保里《いほり》、短山《ひきやま》の伊保里《いほり》を掻分《かきわ》て所聞食《きこしめさ》む。」

△天津宮言《あまつみやこと》　宮言《みやこと》は「ミヤビノコトバ」の義《ぎ》、正《ただ》しき言霊《ことたま》なり。宇宙《うちゅう》の経綸《けいりん》は言霊《ことたま》の力《ちから》によりて行《おこな》われる事《こと》は、前《まえ》にも述《の》べた。日本人《にほんじん》は世界《せかい》の経綸《けいりん》を行《おこな》い、天下《てんか》を太平《たいへい》に治《おさ》める、重大《じゅうだい》なる使命《しめい》を帯《お》びている。しかし現在《げんざい》は肝腎《かんじん》の日本人《にほんじん》が、「霊主体従《れいしゅたいじゅう》」の天則《てんそく》を誤《あやま》り、天津罪《あまつつみ》、国津罪《くにつつみ》、数々《かずかず》の罪《つみ》を重《かさ》ねて、その結果《けっか》世界《せかい》の大擾乱《だいじょうらん》を来《きた》している。これを修《しゅう》祓《ばつ》し、整理《せいり》する道《みち》は、言霊《ことたま》を正《ただ》し、大宇宙《だいうちゅう》と同化《どうか》することが根本《こんぽん》である。

　換言《かんげん》すれば、肚《はら》の内部《なか》から芥塵《ごもく》を一掃《いっそう》し、心身《しんしん》ともに浄化《じょうか》して、常《つね》に「善言美詞《ぜんげんびし》」のみを発《はっ》するようにせねばならない。悪声《あくせい》を放《はな》ち陰口《かげぐち》をきき又《また》は追従軽薄《ついしょうけいはく》を並《なら》べるような人間《にんげん》は、それだけで人格《じんかく》を下《さ》げる。世界《せかい》の経綸《けいりん》どころか人《ひと》として疑問《ぎもん》である。……お互《たが》いに反省《はんせい》の上《うえ》にも反省《はんせい》を加《くわ》えねばならないと思《おも》われる。

△天津金木《あまつかなぎ》　即《すなわ》ち神算木《かなぎ》なり。周易《しゅうえき》の算木《かなぎ》に相当《そうとう》するもので、より以上《いじょう》に神聖《しんせい》で正確《せいかく》である。本来《ほんらい》は二尺《しゃく》の四寸角《すんかく》の檜材《ひのきざい》なのであるが、運用《うんよう》の便宜上《べんぎじょう》、長《なが》さ二寸《すん》の四分角《ぶかく》に縮製《しゅくせい》される。その数《すう》三十二本《ほん》を並《なら》べて、十六結《けつ》を作製《さくせい》し、その象《しょう》を観《み》て、天地《てんち》の経綸《けいりん》、人道政治一切《じんどうせいじいっさい》の得失興廃等《とくしつこうはいとう》を察《さつ》するのである。それは宇内統治《うだいとうち》の主《しゅ》が大事《だいじ》に際《さい》して運用《うんよう》すべきもので、普通人民《ふつうじんみん》がやたらに吉凶禍福《きっきょうかふく》などを卜《ぼく》するのに使用《しよう》すべきものではない。無意無心《むいむしん》の器物《きぶつ》を用《もち》いて神勅《しんちょく》を受《う》けるのであるから、ややもすれば肉体心《にくたいごころ》の加味《かみ》し勝《が》ちな普通《ふつう》の神憑《かむがか》りよりも、一倍正確《いちばいせいかく》な事《こと》は言《い》うまでもない。

△本打切末打断《もとうちきりすゑうちたち》　神算木《かなぎ》を直方形《ちょくほうけい》（=長方形。）に作製《さくせい》する仕方《しかた》を述《の》べたまでである。

△千座の置座云々《ちくらのおきくらうんぬん》　無数《むすう》の神算木台《かなぎだい》に後《あと》からズンズン置《お》き並《なら》べること。千座の置戸は神聖《しんせい》な地位《ちい》をいい、素盞嗚尊《すさのをのみこと》がその尊貴《そんき》な地位《ちい》を捨《す》てて贖罪《しょくざい》をされることをいう。

△天津菅曽《あまつすがそ》　周易《しゅうえき》の筮竹《ぜいちく》に相当《そうとう》するがその数《すう》は七十五本《ほん》である。これは七十五声《せい》を代表《だいひょう》す

るのである。長《なが》さは一尺《しゃく》ないし一尺《しゃく》二寸《すん》、菅曽《すがそ》は俗称《ぞくしょう》「ミソハギ」と称《しょう》する灌木《かんぼく》、茎《くき》細長《ほそなが》にして三四尺《さんししゃく》に達《たっ》する。これを本《もと》と末《すえ》とを切《き》り揃《そろ》えて使用《しよう》するなり。

△八針《やはり》に取裂《とりさ》て　天津菅曽《あまつすがそ》の運用法《うんようほう》は先《ま》ず総数《そうすう》七十五本《ほん》を二分《にぶん》し、それから八本《ほん》づつ取《と》り減《へ》らし、その残数《ざんすう》により神算木《かなぎ》を配列《はいれつ》する。

△天津祝詞《あまつのりと》の太祝詞《ふとのりと》　すなわち「御禊祓《みそぎはらい》の祝詞《のりと》」（第《だい》一編《ぺん》の「天津祝詞《あまつのりと》」）のことで、正式《せいしき》に奏上《そうじょう》する場合《ばあい》には、ここで「天津祝詞《あまつのりと》」を奏上《そうじょう》する。大体《だいたい》において述《の》べると、祝詞《のりと》は主神《すしん》が天地間一切《てんちかんいっさい》の大修祓《だいしゅうばつ》を、天神地祇《てんしんちぎ》に向《むか》って命《めい》ぜられる重大《じゅうだい》な祝詞《のりと》で、太《フト》は美称《びしょう》で、繰返《くりかえ》して「天津祝詞《あまつのりと》」を称《たた》えたまでである。

◆「天津祝詞《あまつのりと》」は重要《じゅうよう》な祝詞《のりと》であるが『延喜式《えんぎしき》』に記載《きさい》はない。明記《めいき》されるのは江《え》戸時代後期《どじだいこうき》の国学者平田篤胤《こくがくしゃひらたあつたね》の全集七巻《ぜんしゅうしちかん》に収録《しゅうろく》され「やごとなき詞《ことば》なる故《ゆえ》に、書《しょ》には記《しる》されず、神事《しんじ》にあづかる人《ひと》の、次々《つぎつぎ》に、口《くち》づから、伝《つた》え来《きた》りし故《ゆえ》なるべし」と記載《きさい》される。

（『綾の機』「天津祝詞」参照。）

△宣《の》れ　神《かみ》に向《む》かって願事《ねがいごと》を奏上《そうじょう》する義《ぎ》なり。

△天津神《あまつかみ》　（前出《ぜんしゅつ》あり。30頁参照。）天《てん》の神界《しんかい》を組織《そしき》される神々《かみがみ》。

△天《あま》の磐戸《いはと》　天津神《あまつかみ》のまします宮門《きゅうもん》から御出動《ごしゅつどう》の義《ぎ》にて、人格的《じんかくてき》に写《うつ》し出《だ》せるのである。

△伊頭《いづ》の千別《ちわき》に千別《ちわき》て云々《うんぬん》　前出《ぜんしゅつ》の68頁にあり略《りゃく》。

△国津神《くにつかみ》　（前出《ぜんしゅつ》あり。30頁。）地《ち》の神界《しんかい》に属《ぞく》する神々《かみがみ》、および霊魂《みたま》の神《かみ》をもって成立《せいりつ》し、各自《かくじ》の霊的階級《れいてきかいきゅう》に応《おう》じて大小高下《だいしょうこうげ》、それぞれの分担権限《ぶんたんけんげん》を有《ゆう》す。

△高山《たかやま》の末《すゑ》云々《うんぬん》　末《すゑ》は頂上《ちょうじょう》の義《ぎ》。

△伊保里《いほり》　隠棲《いんせい》なり、隠《かく》れたるなり。伊保理《いほり》の伊保《いほ》も、いぶかしのいぶも、烟《けむり》などのいぶ、るも、皆通音《みなつうおん》で同意義《どういぎ》である。

【大意《たいい》】天津罪《あまつつみ》、国津罪《くにつつみ》の続発《ぞくはつ》は悲《かな》しむべき不祥事《ふしょうじ》ではあるが、出来《でき》た上《うえ》は致《いた》しかたがない。よく治乱興廃《ちらんこうはい》、得失存亡《とくしつそんぼう》の理《り》を明《あき》らかにし、そして整理修祓《せいりしゅうばつ》の法《ほう》を講《こう》じねばならない。

世界主宰《せかいしゅさい》の大君《おおきみ》としては、天津金木《あまつかなぎ》を運用《うんよう》して宇内《うない》の現勢《げんせい》を察知《さっち》し、そして正《ただ》しき言霊《ことたま》を活用《かつよう》して、「天津祝詞《あまつのりと》」を天津神《あまつかみ》と国津神《くにつかみ》とに宣《の》り伝《つた》えて、その活動《かつどう》を促《うなが》すべきである。

これが根本《こんぽん》の祭事《さいじ》（まつり）であると同時《どうじ》に、また根本《こんぽん》の政事《せいじ》であって、祭《さい》と政《せい》とは決《けっ》して別途《べっと》のものではない。そうすると、天津神《あまつかみ》も国津神《くにつかみ》もよくこれに応《おう》じて、威力《いりょく》を発揮《はっき》せられ神力《しんりき》の発動《はつどう》ともなる。

（六）

「如此聞食《かくきこしめし》ては罪《つみ》と言《い》ふ罪《つみ》は不在《あらじ》と。科戸《しなど》の風《かぜ》の天《あめ》の八重雲《やへくも》を吹《ふ》き放《はな》つ事《こと》の如《ごと》く。朝《あした》の御霧夕《みきりゆふべ》の御霧《みきり》を朝風夕風《あさかぜゆふかぜ》の吹掃《ふきはら》ふ事《こと》の如《ごと》く。大津辺《おほつべ》に居《を》る大船《おほふね》を舳解放《へときはな》ち艫解放《ともときはな》ちて大《おほ》海原《わだのはら》に押放《おしはな》つ事《こと》の如《ごと》く。彼方《をちかた》の繁木《しげき》が本《もと》を焼鎌《やきがま》の敏鎌《とがま》以《も》て打掃《うちはら》ふ事《こと》の如《ごと》く。遺《のこ》る罪《つみ》は不在《あら》じ《じ》と祓《はら》ひ賜《たま》ひ清《きよ》め玉《たま》ふ事《こと》を。」

△如此聞食《かくきこしめし》ては　きこしめすの意義《いぎ》は、単《たん》に耳《みみ》に聴《き》くというよりも遥《はる》かに広《ひろ》く深《ふか》い。きくは利《き》くなり。腕《うで》が利《き》く、鼻《はな》がきく、眼《め》がきく、酒《さけ》をきく（＝酒の品位を飲み分けること。）などのきくにて、一般《いっぱん》に活用《かつよう》を発揮《はっき》し、威力《いりょく》を利用《りよう》する義《ぎ》である。天津神《あまつかみ》、国津神《くにつかみ》たちが整理《せいり》修祓《しゅうばつ》の命《めい》に応《おう》じて活動《かつどう》を開始《かいし》することを指《さ》していう。

△罪《つみ》と言《い》ふ罪《つみ》は不在《あらじ》と　罪《つみ》という限《かぎ》りの罪《つみ》は一《ひと》つも残《のこ》さずの意《い》。

△科戸《しなど》の風《かぜ》の云々《うんぬん》　以下《いか》四聯句《しれんく》は修祓《しゅうばつ》の形容《けいよう》で、要《よう》するに「遺《のこ》る罪《つみ》は不在《あらじ》と祓《はらひ》賜《たま》ひ清《きよ》め賜《たま》ふ」ことを、麗《うるわ》しき文字《もじ》で比喩《ひゆ》的《てき》に描《えが》いたもの。
科戸《しなど》は風《かぜ》の枕詞《まくらことば》、『古事記《こじき》』にこの神《かみ》の名《な》は志那都比古《しなどひこ》と出《で》ている。シは暴風《アラシ》のシと同《おな》じく風《かぜ》のこと。ナはノに同《おな》じく、トは処《ところ》の義《ぎ》。

△朝《あした》の御霧《みきり》夕《ゆふべ》云々《うんぬん》　御霧《みきり》は深《ふか》き霧《きり》の義《ぎ》。

△朝風夕風《あさかぜゆふかぜ》云々《うんぬん》　朝風《あさかぜ》は前《まえ》の「朝《あした》の御霧《みきり》」にかかり、夕風《ゆふかぜ》は「夕《ゆふべ》の御霧《みきり》」にかかる。

△大津辺《おほつべ》に居《を》る云々《うんぬん》　地球《ちきゅう》において、肉体《にくたい》を具備《ぐび》された神《かみ》の御出生《ごしゅっせい》は、琵琶湖《びわこ》の竹生島《ちくぶじま》か

らは、多紀理毘売命《たきりひめのみこと》、市寸島比売命《いちきしまひめのみこと》、狭依毘売命《さよりひめのみこと》（＝多岐津毘売命《たきつひめのみこと》）の三姫神《さんひめがみ》、また蒲生《がもう》からは天之忍耳命《あめのおしほみみのみこと》、天之菩卑能命《あめのほひのみこと》、天津彦根命《あまつひこねのみこと》、活津彦根命《いくつひこねのみこと》、熊野久須毘命《くまのくすびのみこと》の五彦神《ごひこがみ》が御出生《ごしゅっせい》になった。これが世界《せかい》における人類《じんるい》の始祖《しそ》である。かく琵琶湖《びわこ》は神代史《じんだいし》と密接《みっせつ》の関係《かんけい》あるがゆえに、沿岸付近《えんがんふきん》の地名《ちめい》が太祓祝詞中《おおはらいのりとちゅう》に数《すう》ケ所出《しょで》ている。大津《おおつ》の地名《ちめい》もかくして詠《よ》み込《こ》まれたものである。

◆素盞嗚尊《すさのをのみこと》は近江《おおみ》の国比叡《くにひえ》の山《やま》から坂本《さかもと》に降《くだ》り太神山《たがみやま》の麓《ふもと》に、天照大神《あまてらすおほかみ》は伊香具《いかご》山《やま》（現在の賤ケ岳《しずがだけ》）から伊吹山《いぶきやま》の麓《ふもと》、湖東《ことう》の鈴鹿山脈《すずかさんみゃく》を通《とお》り日雲山《ひくもやま》（＝現在《げんざい》の雨《あま》乞岳《ごいだけ》の南西近《なんせいちか》くの山《やま》）に降《くだ》りて琵琶湖《びわこ》、野洲《やす》の河原《かわら》（＝野洲川《やすがわ》）を真名井《まない》に「誓《うけ》約《い》」が行《おこな》われる。その結果三女神《けっかさんにょしん》と五男神《ごなんしん》が生《うま》れになり、三姫神《さんひめがみ》は人類女性《じんるいじょせい》の祖《し》始《そ》、五男神《ごなんしん》は五大洲《ごだいしゅう》の男性《だんせい》の祖始《しそ》となる。

●少々波《さざなみ》の志賀《しが》の近江《おほみ》は人《ひと》の祖《そ》の、生《あ》れし貴国神《うづくにかみ》の守《まも》る国《くに》。

●琵琶《びわ》の湖《うみ》の永久《とは》の神秘《しんぴ》の明《あき》らけく、世《よ》に光《ひか》る時松《ときまつ》の世《よ》楽《たの》しも。

（『皇典釈義・素盞嗚尊と近江の神々』）

●厳《いづ》の御魂瑞《みたまみづ》の御魂《みたま》の誓約《うけい》より人《ひと》の肉体《からたま》生《な》り出《いで》にけり
●天照皇大神《あまてらすすめおほかみ》は厳《いづ》の御魂瑞《みたまみづ》の御魂《みたま》は素盞鳴《すさのを》の神《かみ》

（『伊都能売道歌』138頁）

△舳《へ》解《とき》放《はな》ち云々《うんぬん》　船《ふね》が泊《とま》りいる時《とき》に舳艪《じくろ》（＝船のへさきととも。）を繋《つな》いでおくが、それを解《と》き放《はな》つ意《い》。

△大海原《おほわだのはら》　海洋《かいよう》なり。

△繁木《しげき》が本《もと》　繁茂《はんも》せる木《き》の下《した》。

△焼鎌《やきがま》の敏鎌《とがま》　焼鎌《やきがま》とは、鎌《かま》は焼《や》いて造《つく》る故《ゆえ》にいう。敏鎌《とがま》は利《と》き鎌《かま》の義《ぎ》。

△遺《のこ》る罪《つみ》は不在《あらじ》と　前《まえ》に「罪《つみ》といふ罪《つみ》は不在《あらじ》」とあるのに、更《さら》に重《かさ》ねてかく述《の》べるのは、徹底的《てっていてき》に大修祓《だいしゅうばつ》を行《おこな》うことを力強《ちからつよ》くいいなしたもの。

【大意《たいい》】八百万《やほよろづ》の天津神《あまつかみ》と国津神《くにつかみ》との御活動開始《ごかつどうかいし》となると、罪《つみ》という罪《つみ》、穢《けが》れという穢《けが》れは一《ひと》つも残《のこ》らず根本《こんぽん》から一掃《いっそう》されてしまう。大《だい》は宇宙《うちゅう》の修祓《しゅうばつ》、国土《こくど》の修祓《しゅうばつ》から、小《しょう》は一身《いっしん》一家《いっか》の修祓《しゅうばつ》に至《いた》るまで、神力《しんりき》の御発動《ごはつどう》がなければ、とうてい出来《でき》るものではない。ことに現代《げんだい》のごとく堕落《だらく》しきった世《よ》の中《なか》が、どうしても姑息的人為的《こそくてきじんいてき》の処分《しょぶん》で埒《らち》がつくものでない。清潔法執行《せいけつほうしっこう》の声《こえ》は高《たか》くても、ますます疾病《しっぺい》は流行蔓延《りゅうこうまんえん》し、社会改良《しゃかいかいりょう》の工夫《くふう》は種々《しゅじゅ》に凝《こ》らされても、動揺不穏《どうようふおん》の空気《くうき》はいよいよ瀰蔓《びまん》するではないか。艮《うしとら》の金神《こんじん》・国常立尊《くにとこたちのみこと》が御出動《ごしゅつどう》に相成《あいな》り、世《よ》の立替立直《たてかえたてなお》しを断行《だんこう》されるのも誠《まこと》に万《ばん》やむを得《え》ざる話《はなし》である。

されば太祓祝詞《おおはらいのりと》は、無論《むろん》いづれの時代《じだい》を通《つう》じても必要《ひつよう》で、神人一致《しんじんいっち》、罪《つみ》と穢《けが》れの累積《るいせき》を祓清《はらいきよ》まるように努力《どりょく》せねばならない、ことに現在《げんざい》においては、それが痛切《つうせつ》に必要《ひつよう》である。自己《じこ》の身体《からだ》、家庭《かてい》、国土《こくど》からも、更《さら》に進《すす》んで全地球《ぜんちきゅう》、全宇宙《ぜんうちゅう》から一時《いちじ》も迅速《じんそく》に邪気妖気《じゃきようき》を掃蕩《そうとう》（=敵などを、払い除くこと。討ちほろぼすこと。）して、嬉《うれ》しうれしの神代《かみよ》にせねば、神《かみ》に対《たい》して実《じつ》に相済《あいす》まぬ儀《ぎ》ではないか。

大修祓《だいしゅうばつ》に際《さい》して、神《かみ》の御活動《ごかつどう》は大別《たいべつ》して四方面《しほうめん》に分《わ》かれる。いわゆる祓戸四柱《はらいどよはしら》の神々《かみがみ》のお働《はたら》きである。祓戸《はらいど》の神《かみ》という修祓専門《しゅうばつせんもん》の神様《かみさま》が別《べつ》に存在《そんざい》するのではない、正神界《せいしんかい》の神々《かみがみ》が修祓《しゅうばつ》を行《おこな》う時《とき》には、この四方面《しほうめん》に分《わ》かれて御活動《ごかつどう》あることを指《さ》すのである。以下末《いかまつ》段《だん》までは各方面《かくほうめん》の御分担《ごぶんたん》を明記《めいき》してある。

（七）

「高山《たかやま》の末短山《すゑひきやま》の末《すゑ》より佐久那太理《さくなだり》に落《おち》。多岐《たき》つ速川《はやかは》の瀬《せ》に坐《ま》す瀬織津比売《せおりつひめ》と言《い》ふ神《かみ》。大《おほ》海原《わだのはら》に持出《もちいで》なむ、如此《かく》持出往《もちいでいな》ば。荒塩《あらしほ》の塩《しほ》の八百道《やほぢ》の八塩道《やしほぢ》の塩《しほ》の八百会《やほあひ》に坐《ま》す速秋津《はやあきつ》比売《ひめ》と言《い》ふ神《かみ》。持可々呑《もちかかのみ》てむ、如此可々呑《かくかかのみ》ては。気吹戸《いぶきど》に坐《ま》す気吹戸主《いぶきどぬし》と言《い》ふ神《かみ》。根《ね》の国《くに》底《そこ》の国《くに》に気吹放《いぶきはな》ちてむ、如此気吹放《かくいぶきはな》ちては。根《ね》の国底《くにそこ》の国《くに》に坐《ま》す速佐須良比売《はやさすらひめ》と言《い》ふ神《かみ》。持佐須良比失《もちさすらひうしな》ひてむ、如此失《かくうしな》ひては。現身《うつそみ》の身《み》にも心《こころ》にも罪《つみ》と言《い》ふ罪《つみ》は不在《あらじ》と。祓給《はらひたま》へ清玉《きよめたま》へと申事《まをすこと》を所聞食《きこしめせ》と。恐《かしこ》み恐《かしこ》みも白《まを》す。」

△高山《たかやま》の末《すゑ》短山《ひきやま》の末《すゑ》　高《たか》き山《やま》の頂《いただ》き、低《ひく》き山《やま》の頂《いただ》きからの義《ぎ》。

△佐久那太理《さくなだり》に　佐《さ》久《く》は谷《たに》なり、峡《きょう》なり。那《な》太《だ》理《り》はなだれ落《お》ちる義《ぎ》、山《やま》から水《みず》が急転直下《きゅうてんちょっか》して来《きた》ることの形容《けいよう》である。

△落多岐《おちたき》つ　逆巻《さかま》き、湧《わ》き上《あ》がりつつ落《お》ちること。瀧《たき》、沸《タギ》る等《とう》みな同一語源《どういつごげん》から出《い》ずる。

△速川《はやかは》の瀬《せ》　急流《きゅうりゅう》の意《い》。瀬《せ》は川瀬《かわせ》のことで流《なが》れの浅《あさ》くて早《はや》い川《かわ》。

△瀬織津比売云々《せおりつひめうんぬん》　『古事記《こじき》』の「伊邪那岐命御禊《いざなぎのみことみそぎ》の段《だん》」に、「ここに上《かみ》つ瀬《せ》は瀬速《せはや》し。下《しも》つ瀬《せ》は瀬弱《せよわ》しとのりごちたまひて。初《はじ》めて中《なか》つ瀬《せ》に降《ふ》りかづきて。そそぎたまふ時《とき》に成《な》り坐《ま》せる神《かみ》の名《みな》は八十禍津日神《やそまがつひのかみ》、次《つぎ》に大禍津日神《おほまがつひのかみ》。この二柱《ふたはしら》の神《かみ》は、かの穢《けが》らわ繁国《しきくに》に到《いた》りましし時《とき》の汚垢《けが》れによりて成《な》りませる神《かみ》なり」と出《で》ているが、瀬織津《せおりつ》の織《おり》は借字《かりじ》（＝字義によらず、音または訓の同じものをあてて用いた字。あて字。）にて瀬下津《せおりつ》の義《ぎ》、すなわち於中瀬《なかつせにおいて》降《お》り迦豆伎《かづき》たまうとある意《い》の御名《みな》である。この神《かみ》はすなわち禍津日神《まがつひのかみ》である。世人《せじん》は大概《たいがい》禍津日神《まがつひのかみ》と禍津《まがつ》神《かみ》と混同《こんどう》しているが、実《じつ》は大変《たいへん》な間違《まちが》である。禍津神《まがつかみ》は邪神《じゃしん》であるが、禍津日神《まがつひのかみ》は正《せい》

神界《しんかい》の刑罰係《けいばつかかり》である。現界《げんかい》でいえば判検事《はんけんじ》、警察官《けいさつかん》などの部類《ぶるい》に属《ぞく》す。罪穢《ざいえ》が発生《はっせい》した場合《ばあい》には、常《つね》にこの修祓係《しゅうばつかかり》、刑罰係《けいばつかかり》である禍津日神《まがつひのかみ》の活動《かつどう》を必要《ひつよう》とする。

（『霊界物語』三十九巻「附録 大祓祝詞解」、『古事記言霊解』「言霊解・二」）

○

修祓《しゅうばつ》には大中小《だいちゅうしょう》の区別《くべつ》がある。大《だい》は天上地上《てんじょうちじょう》の潔斎《けっさい》、中《ちゅう》は人道政事《じんどうせいじ》の潔斎《けっさい》、小《しょう》は一身一家《いっしんいっか》の潔斎《けっさい》である。もし地球《ちきゅう》に瀬織津比売《せおりつひめ》の働《はたら》きが無《な》くなれば、万《よろず》の汚穢《おえ》は地上《ちじょう》に堆積《たいせき》して新陳代謝《しんちんたいしゃ》の働《はたら》きが閉塞《へいそく》する。ところが地《ち》の水分《すいぶん》が間断《かんだん》なく蒸発《じょうはつ》して、それが雲《くも》となり、雨《あめ》となり、その結果谷々《けっかたにだに》の小川《おがわ》の水《みず》が流《なが》れ出《で》て末《すえ》は一《ひと》つとなりて大海原《おおうなばら》に持出《もちだ》してくれるから、天然自然《てんねんしぜん》に地《ち》の清潔《せいけつ》が保《たも》たれるのである。現在《げんざい》は地《ち》の表面《ひょうめん》が極度《きょくど》に腐敗《ふはい》し切《き》り汚染《おせん》し切《き》り、邪霊小人時《じゃれいしょうじんとき》を得顔《えがお》に跋扈《ばっこ》している。

『神諭《しんゆ》』に「今《いま》の世界《せかい》は服装《みなり》ばかり立派《りっぱ》に飾《かざ》りて、上《うえ》から見《み》れば結構《けっこう》な人民《じんみん》で、神《かみ》も叶《かな》わぬように見《み》えるなれど、誠《まこと》の神《かみ》の眼《め》から見《み》れば、全部動物霊《さっぱりどうぶつれい》の守護《しゅご》になりておるから、頭《あたま》に角《つの》が生《は》えたり、尻《しり》に尾《お》が出来《でき》たり、無闇《むやみ》に鼻《はな》ばかり高《たか》い化物《ばけもの》の覇張《はば》る、闇雲《やみくも》の世《よ》に成《な》りておるぞよ」「余《あま》り穢《きたの》うて眼《め》を開《あ》けて見《み》られぬぞよ」「ようも爰《ここ》まで汚《けが》したものじゃ。足片足踏《あしかたあしふ》み込《こ》む所《ところ》もない」などと戒《いまし》められている通《とお》りである。

この際是非《さいぜひ》とも必要《ひつよう》なのは、世界《せかい》の大洗濯《おおせんたく》、大清潔法《だいせいけつほう》の執行《しっこう》であらねばならぬ。ここにおいて先《ま》ず瀬織津姫《せおりつひめ》の大活動《だいかつどう》と成《な》って現《あら》われる。七十五日《にち》も降《ふ》りつづく大猛雨《だいもうう》などはこの神《かみ》の分担《ぶんたん》に属《ぞく》する。到底《とうてい》お手柔《てやわ》らかなことでは現世界《げんせかい》の大汚穢《だいおえ》の洗濯《せんたく》は出来《でき》そうもない。『神諭《しんゆ》』にも「罪穢《めぐり》の甚《ひど》い所《ところ》には何《なに》があるやら知《し》れぬぞよ」と繰返《くりかえ》し警告《けいこく》されている。世界《せかい》の表面《ひょうめん》を見《み》れば、そろそろ瀬織津比売《せおりつひめ》の御活動《ごかつどう》が始《はじ》まりつつあるようだ。足下《あしもと》に始《はじ》まらなくては気《き》がつかぬようでは困《こま》ったものだ。

△荒塩《あらしほ》の塩《しほ》の八百道《やほぢ》の云々《うんぬん》　全体《ぜんたい》は荒《あら》き潮《しお》の弥《いや》が上《うえ》に数多《あまた》寄《よ》り合《あ》う所《ところ》の義《ぎ》。八《や》は弥《いや》の意《い》。八百道《やほぢ》は多《おお》くの潮道《しおじ》のこと、八塩道《やしほぢ》は上《うえ》の塩《しお》の八百道《やほぢ》を受《う》け重《かさ》ねているだけである。八《や》百会《ほあひ》は、沢山《たくさん》の塩道《しおじ》の集《あつ》まり合《あ》う所《ところ》。

△速秋津比売《はやあきつひめ》　『古事記《こじき》』に「水戸神《みなとのかみ》、名速秋津日子神《なはやあきつひこのかみ》。次妹秋津比売命《つぎいもあきつひめのみこと》」とあるがごとく、河海《かかい》の要所《ようしょ》を受持《うけも》って働《はたら》く神《かみ》。

△持可々呑《もちかかのみ》てむ　声立《こえた》ててガブガブ呑《の》むの義《ぎ》なり。汚《けが》れた世界《せかい》の表面《ひょうめん》を洗滌《せんじょう》するためには、すでに瀬織津比売《せおりつひめ》の働《はたら》きが起《おこ》り大雨《たいう》などが降《ふ》りしきるが、河海《かかい》の水門《みなと》に本拠《ほんきょ》を有《ゆう》する秋《あき》津比売《つひめ》が、次《つ》ぎに相呼応《あいこおう》して活動《かつどう》を開始《かいし》する。大洪水《だいこうずい》、大海嘯《おおつなみ》（＝津波。昭和初期までは、地震による津波も海嘯（かいしょう）と呼ばれていた。）、大怒涛《だいどとう》、この神《かみ》にガブ呑《の》みされては田園《でんえん》も山野《さんや》も、町村《ちょうそん》もたまったものではない。いわゆる「桑田変《そうでんへん》じて碧海《へきかい》となる」のである。

△気吹戸《いぶきど》　近江《おおみ》の息吹山《いぶきやま》（伊吹山《いぶきやま》）は気象学上《きしょうがくじょう》きわめて重要《じゅうよう》な場所《ばしょ》である。伊吹《いぶき》は息《いき》を吹《ふ》く所《ところ》の義《ぎ》で、地球上《ちきゅうじょう》に息吹戸《いぶきど》は無数《むすう》にあるが、伊吹戸中《いぶきどちゅう》の息吹戸《いぶきど》ともいうべきは近江《おおみ》の息吹山《いぶきやま》である。

○大地《だいち》もやはり大《おお》きく呼吸作用《こきゅうさよう》を行《おこな》っているのであって、地球《ちきゅう》の呼吸《こきゅう》は吸気《きゅうき》が秋《あき》から冬《ふゆ》であり、呼吸《こきゅう》（排気《はいき》？）の時期《じき》が春《はる》から夏《なつ》に当《あた》っているのである。最近《さいきん》（大正《たいしょう》十三年頃《ねんごろ》）伊吹山《いぶきやま》に気象観測所《きしょうかんそくじょ》が公設《こうせつ》されたのは、新聞紙《しんぶんし》の伝《つた》ふるところであるが、大《おほ》本《もと》では十年《ねん》も二十年《ねん》も以前《いぜん》から予知《よち》の事実《じじつ》である。

△気吹戸主《いぶきどぬし》　大雨《たいう》、洪水《こうずい》、津波等《つなみとう》の活動《かつどう》に続《つづ》いて、気象上《きしょうじょう》の大活動《だいかつどう》が伴《ともな》って妖気邪気《ようきじゃき》の掃蕩《そうとう》を行《おこな》わねばならぬ。元寇《げんこう》の役《えき》に吹《ふ》き起《おこ》った神風《かみかぜ》のごときも、無論《むろん》この伊吹戸主《いぶきどぬし》の神《かみ》の御活動《ごかつどう》の一端《いったん》である。

△根《ね》の国底《くにそこ》の国《くに》　地球表面《ちきゅうひょうめん》においては北極《ほっきょく》である。『神諭《しんゆ》』に「今《いま》までは世《よ》の元《もと》の神《かみ》を北《きた》へ北《きた》へと押込《おしこ》めておいて、北《きた》が悪《わる》いと世界《せかい》の人民《じんみん》が申《もう》しておりたが、北《きた》は根《ね》の根《ね》、元《もと》の国《くに》であるから、北《きた》が一番善《ばんよ》くなるぞよ……。人民《じんみん》は北《きた》が光《ひか》ると申《もう》して不思議《ふしぎ》がりて、いろいろ学《がく》や智慧《ちえ》で考《かんが》えておりたが、誠《まこと》の神《かみ》が一所《ひとところ》に集《あつ》まりて、神力《しんりき》の光《ひかり》を現《あら》わしていることを知《し》らなんだぞよ」とあるが、真《まこと》に人間《にんげん》の智慧《ちえ》や学問《がくもん》では解釈《かいしゃく》の出来《でき》ない神秘《しんぴ》は、北《きた》に隠《かく》されている。

北光《ほっこう》、磁力《じりょく》は申《もう》すに及《およ》ばず、気流《きりゅう》や、気象《きしょう》なども北極《ほっきょく》とは密接《みっせつ》な関係《かんけい》がある。すなわち地球《ちきゅう》の罪穢邪気《ざいえじゃき》は、ことごとく一旦北極《いったんほっきょく》に吹《ふ》き放《はな》たれ、ここで遠大《えんだい》なる神力《しんりき》により処分《しょぶん》されるのである。ついでに一言《いちげん》すると、罪《つみ》を犯《おか》した者《もの》が「根《ね》の国《くに》」「底《そこ》の国《くに》」に落《お》ちるのは、これも一《ひと》つの修祓法執行《しゅうばつほうしっこう》の意義《いぎ》である。どこにいても修祓執行中《しゅうばつしっこうちゅう》はそこが「根《ね》の国《くに》」「底《そこ》の国《くに》」である。

△速佐須良比売《はやさすらひめ》　佐須良《さすら》は摩擦《サスル》なり、揉《も》むことなり。空《そら》にあっては雷《かみなり》、地《ち》にあっては地《じ》震《しん》、皆《みな》これ佐須良比売《さすらひめ》の活動《かつどう》である。要《よう》するに全世界《ぜんせかい》の大修祓法《だいしゅうばつほう》は、大雨《おおあめ》で流《なが》し、洪水《こうずい》津波等《つなみとう》で掃《はら》い、大風《おおかぜ》で吹《ふ》き飛《と》ばし、最後《さいご》に地震雷《じしんかみなり》で揺《ゆ》ってゆって揺《ゆ》り滅《ほろ》ぼすのである。それが即《すなわ》ち『神諭《しんゆ》』の世界《せかい》の大洗濯《おおせんたく》、大掃除《おおそうじ》、第二次《だいにじ》の大立替《おおたてかえ》である。「天《てん》の大神様《おほかみさま》がいよいよ諸国《しょこく》の神《かみ》に、命令《めいれい》を降《くだ》しなされたら、艮金神《うしとらのこんじん》・国常立尊《くにとこたちのみこと》が総大将《そうだいしょう》となりて、雨《あめ》の神《かみ》、風《かぜ》の神《かみ》、岩《いわ》の神《かみ》、荒《あれ》の神《かみ》、地震《じしん》の神《かみ》、八百万《やほよろづ》の眷属《けんぞく》を使《つか》ふと一旦《いったん》は激《はげ》しい」とあるのは、祓戸四柱《はらいどよはしら》の神々《かみがみ》の活動《かつどう》を指《さ》すのである。

詳《くわ》しく言《い》えば雨《あめ》、荒《あれ》、風《かぜ》、地震《じしん》の神々《かみがみ》がそれぞれ瀬織津比売《せおりつひめ》(雨《あめ》)、秋津比売《あきつひめ》(荒《あれ》・

流《りゅう》)、気吹戸主《いぶきどぬし》(風《かぜ》)、佐須良比売《さすらひめ》(地震《じしん》)の神々《かみがみ》の働《はたら》きをされるので、岩《いわ》の神《かみ》が統《とう》治《ち》の位置《いち》に立《た》つのである。学問《がくもん》の末《すえ》に囚《とら》われた現代人士《げんだいじんし》は、これらの自然力《しぜんりょく》を科学《かがく》の領分内《りょうぶんない》に入《い》れて解釈《かいしゃく》しょうと試《こころ》みているが、それは駄目《だめ》だ。実《じつ》はみな一定《いってい》の規律《きりつ》と方《ほう》針《しん》の下《もと》に行《おこな》われるところの神力《しんりき》の大発動《だいはつどう》である。

△**所聞食《きこしめせ》と**　八百万《やほよろづ》の神達《かみたち》に宣《の》り上《あ》げる言葉《ことば》である。神々《かみがみ》に向《むか》って活動開始《かつどうかいし》、威力発揮《いりょくはっき》を祈願《きがん》する言葉《ことば》である。すなわち天地《てんち》の神々様《かみがみさま》も、この宣詞《のりと》をしっかり腹《はら》に入《い》れ、四方面《しほうめん》に分《わ》かれて、大修祓《だいしゅうばつ》のために活力《かつりょく》を発揮下《はっきくだ》さいとの意《い》。

祓戸四柱神《はらいどよはしらがみ》の解釈説明《かいしゃくせつめい》を下《くだ》すに当《あた》り、自分《じぶん》は全体《ぜんたい》の統一《とういつ》をはかり、また『大本神《おほもとしん》諭《ゆ》』との一致《いっち》を失《うしな》わぬよう、主《しゅ》として地球全体《ちきゅうぜんたい》、世界全体経綸《せかいぜんたいけいりん》の見地《けんち》から筆《ふで》を下《くだ》した。しかしこれは、より大《おお》きくも、またより小《ちい》さくも解釈《かいしゃく》が出来《でき》ることは、前《まえ》にも述《の》べた通《とお》りである。

宇宙《うちゅう》の神人《しんじん》、万有一切《ばんゆういっさい》のことは皆同一理法《みなどういつりほう》に支配《しはい》せられ、宇宙《うちゅう》に真《しん》なることは地球《ちきゅう》に

も真《しん》なることで、一身一家《いっしんいっか》にもまた真《しん》である。参考《さんこう》のために簡単《かんたん》に他《た》の一二《いちに》の解釈法《かいしゃくほう》を付記《ふき》すると、

個人潔斎《こじんけっさい》から述《の》べると瀬織津比売《せおりつひめ》の働《はたら》きは行水《ぎょうずい》、沐浴等《もくよくとう》のこと、秋津比売《あきつひめ》は口をすすぐ、うがいのこと、伊吹戸主《いぶきどぬし》は深呼吸《しんこきゅう》などのこと、佐須良比売《さすらひめ》は冷水摩擦《れいすいまさつ》、マッサージ等《とう》のことである。

人生生理《じんせいせいり》の上《うえ》から述《の》べると、瀬織津比売《せおりつひめ》は口中《こうちゅう》にて食物咀嚼《しょくもつそしゃく》の機能《きのう》、秋津比売《あきつひめ》は食《しょく》道《どう》から胃腸《いちょう》に食物《しょくもつ》を運《はこ》ぶ機能《きのう》、伊吹戸主《いぶきどぬし》は咀嚼《そしゃく》して出《で》た乳汁《にゅうじゅう》を肺臓《はいぞう》に持《も》ち出《だ》す機能《きのう》、佐須良比売《さすらひめ》は肺臓《はいぞう》にて空気《くうき》に触《ふ》れ、それから心臓《しんぞう》に帰《かえ》り、そして全身《ぜんしん》へ脈管《みゃっかん》で分布《ぶんぷ》する機能《きのう》を指《さ》すのである。かくのごとく「太祓祝詞《おほはらいのりと》」は大小《だいしょう》に拘《かか》わらず、ありとあらゆる有《ゆう》機組織全部《きそしきぜんぶ》に必要《ひつよう》なる新陳代謝《しんちんたいしゃ》の自然法《しぜんほう》を述《の》べたものである。（本書32頁参照。）

【大意《たいい》】祝詞《のりと》の解釈《かいしゃく》はより大《おお》きくも小《ちい》さくも解釈出来《かいしゃくでき》る。宇宙《うちゅう》の神人《しんじん》、万有一切《ばんゆういっさい》のこと

はみな同一《どういつ》の理法《りほう》に支配《しはい》せられ、宇宙《うちゅう》に真《しん》なることは、地球《ちきゅう》にも真《しん》である。地球《ちきゅう》に真《しん》なることは一身一家《いっしんいっか》にもまた真《しん》である。

さて地球《ちきゅう》の表面《ひょうめん》の清潔法施行《せいけつほうしこう》のためには、まず大小《だいしょう》の河川《かせん》を司《つかさ》どる瀬織津姫《せおりつひめ》が御出動《ごしゅつどう》になり、いよいよとなれば大雨《おおあめ》を降《ふ》らして、いやしくも汚《けが》れたものは家庫《いえくら》たると、人畜《じんちく》たるの区別《くべつ》なく大海《たいかい》へ一掃《いっそう》してしまう。これに応《おう》じて速秋津姫《はやあきつひめ》の活動《かつどう》が起《お》こり、必要《ひつよう》あれば逆《ぎゃく》に陸地《りくち》までも押《お》し寄《よ》せ、あらゆる物《もの》を鵜呑《うの》みにする。邪気妖気掃除《じゃきようきそうじ》の目的《もくてき》には伊吹戸主神《いぶきどぬしのかみ》が控《ひか》えており、最後《さいご》の大仕上《おおしあ》げには佐須良姫《さすらひめ》が待《ま》ちかまえて、揉《も》みに揉《も》み砕《くだ》き、揺《ゆ》りに揺《ゆ》り潰《つぶ》す。これでは如何《いか》に山積《さんせき》せる罪穢《ざいえ》も、この世《よ》から一掃《いっそう》されることになる。

従来《じゅうらい》は太祓《おほはらい》の祝詞《のりと》は世《よ》に存在《そんざい》しても、その意義《いぎ》すら分《わ》からず、従《したが》ってその実行《じっこう》が少《すこ》しも出来《でき》ていなかった。その大実行着手《だいじっこうちゃくしゅ》が国祖《こくそ》・国常立尊《くにとこたちのみこと》の御出動《ごしゅつどう》である。神国人《しんこくじん》の責務《せきむ》は重《おも》いが上《うえ》にも重《おも》い。天地《てんち》の神々《かみがみ》の御奮発《ごふんぱつ》と御加勢《ごかせい》とをもって、首尾《しゅび》よくこの大経綸《だいけいりん》の衝《しょう》に当《あた》り神業《しんぎょう》に奉仕《ほうし》するというのが、これが太祓奏上者《おほはらいそうじょうしゃ》の覚悟《かくご》であらねばならぬ。（完）

◆【瑞月宣伝歌　神言】　（『霊界物語』第四十七巻・第十七章「天人歓迎」）

第二天国の入口にて木《こ》の花姫命《はなひめのみこと》より、「霊界の如意宝珠《にょいほっしゅ》は善言美詞《ぜんげんびし》の祝詞の奏上である」ことを教えられた治国別《はるくにわけ》と竜公《たつこう》は、天津祝詞《あまつのりと》につづいて、神言《かみごと》くずしの宣伝歌を歌いながら第二天国を奥深く巡覧《じゅんらん》する。両人は智慧証覚《ちえしょうかく》がさらに向上し第一天国・霊国をも縦《じゅう》覧《らん》し終えて、西王母《せいおうぼ》より「汝《なんじ》ら両人元の肉体に帰り、素盞嗚尊《すさのをのみこと》の神業に参加し得るであろう」と名残りおしく決別を告げられる。

百《もも》の御神《みかみ》の御前《おんまへ》に　神言《かみごと》申《まを》し奉《たてまつ》る　珍《うづ》の御国《みくに》の神《かみ》の国《くに》　高天原《たかあまはら》に八百万《やほよろづ》　尊《たふと》き神《かみ》ぞつまります　この世《よ》をすぶる大御祖《おほみおや》　神漏岐《かむろぎ》神漏美《かむろみ》二柱《ふたはしら》　厳《いづ》の神言《みこと》を畏《かしこ》みて　覚《さと》りの神《かみ》と現《あ》れませる　この世《よ》を思兼《おもひかね》の神《かみ》　百千万《ももちよろづ》の神《かみ》たちを　安《やす》の河原《かはら》に神集《かむつど》ひ　集《つど》ひ給《たま》ひて神議《かむはか》り　議《はか》らせ給《たま》ひ主《す》の神《かみ》は　豊葦原《とよあしはら》の瑞穂国《みづほくに》　いと安国《やすくに》と平《たひ》らけく　しろしめさへと事依《ことよ》さし　固《かた》く任《ま》けさせ給《たま》ひたり　かくも依《よ》させし国《くに》中《なか》に　荒《あら》ぶり猛《たけ》ぶ神《かみ》どもを　神問《かむと》はしに問《と》はしまし　神掃《かむはら》ひに掃《はら》ひまし　語《かた》り問《と》はして岩根《いはね》木根《きね》　立木《たちき》や草《くさ》の片葉《かきは》をも　語《かた》り止《や》めさせいづしくも　天《あめ》の磐座相放《いはくらあひはな》ち　天《あめ》にふさがる八重雲《やへくも》を　伊頭《いづ》の千別《ちわ》きに千別《ちわ》きまし　天《あめ》より降《くだ》り依《よ》さします

神《かみ》の守《まも》りの四方《よも》の国《くに》　その真秀良場《まほらば》と聞《き》こえたる　大日本日高見《おほやまとひたかみ》の国《くに》を　浦安国《うらやすくに》と定《さだ》めまし　下津磐根《したついはね》に宮柱《みやはしら》　いとも太《ふと》しく立《た》て給《たま》ひ　高天原《たかあまはら》に千木《ちぎ》高《たか》く　すみきりませる主《す》の神《かみ》の　美頭《みづ》の御舎仕《みあらかつか》へまし　天津御蔭《あまつみかげ》や日《ひ》のみかげ　被《かうむ》りたりと隠《かく》りまし　心安国《うらやすくに》と平《たひ》らけく　しろしめします国中《くになか》に　生《うま》れ出《い》でたる益人《ますひと》が過《あやま》ち犯《をか》し雑々《くさぐさ》の　作《つく》りし罪《つみ》はすみやかに　宣直《のりなほ》しませ惟神《かむながら》　珍《うづ》の御前《みまへ》に願《ね》ぎまつる　天津罪《あまつつみ》とは畔放《あはな》ち　溝埋《みぞう》め樋放《ひはな》ち頻蒔《しきま》きし　串差《くしさ》し生剥《いけは》ぎ逆剥《さかは》ぎや　屎《くそ》戸《へ》許《こ》々《こ》多《た》久《く》罪科《つみとが》を　詔別《のりわ》けたまふ天津罪《あまつつみ》　国津罪《くにつつみ》とは地《ち》の上《うへ》の　生膚断《いきはだだち》や死膚断《しはだだち》白人胡久美《しらひとこくみ》吾《わ》が母《はは》を　犯《をか》せし罪《つみ》や吾《わ》が子《こ》をば　虐《しひた》げ犯《をか》す百《もも》の罪《つみ》　母子《おやこ》ともども犯《をか》す罪《つみ》　けものを犯《をか》し昆虫《はふむし》の　醜《しこ》の災《わざはひ》天翔《あまかけ》り　国翔《くにかけ》りといふ高神《たかがみ》の　醜《しこ》の災《わざはひ》高《たか》津鳥《つとり》　百《もも》の災禍《わざはひ》獣《けだもの》を　たふし蠱物《まじもの》なせる罪《つみ》　いや許《こ》々《こ》太《た》久《く》の罪《つみ》出《い》でむ　かく数《かず》多《おほ》き罪《つみ》出《い》でば　天津祝詞《あまつのりと》の神言《みこと》もて　天津金木《あまつかなぎ》の本末《もとすゑ》を　打《う》ち切《き》り打《う》ち断《た》ちことごとく　千座《ちくら》の置座《おきくら》におきなして　天津菅曾《あまつすがそ》を本《もと》と末《すゑ》　刈《か》りたち刈《か》り切《き》り八《や》つ針《はり》に　取《と》り裂《さ》きまつり皇神《すめかみ》の　授《さづ》け給《たま》ひし天津国《あまつくに》　みやび言霊《ことたま》の太祝詞《ふとのりと》　完全《うまら》に委《つば》曲《ら》に宣《の》らせませ　かく宣《の》る上《うへ》は天津神《あまつかみ》は　天《あま》の磐戸《いはと》を推《お》しひらき　天《あめ》にふさがる

八《や》重《へ》雲《くも》を　伊《い》頭《づ》の千《ち》別《わ》きに千《ち》別《わ》きつつ　心《こころ》おだひに聞《き》こしめせ　国津御神《くにつみかみ》は高山《たかやま》と　小《ちひ》さき山《やま》の尾《を》に登《のぼ》り　高《たか》き低《ひく》きの山々《やまやま》の　いほりを清《きよ》くかきわけて　百《もも》の願《ねが》ひを聞《き》こしめす　かく聞《き》こしては罪《つみ》といふ　あらゆる罪《つみ》はあらざれと　科戸《しなど》の風《かぜ》の八重雲《やへくも》を　気吹放《いぶきはな》てることのごと　朝《あした》の霧《きり》や夕霧《ゆふぎり》を　科戸《しなど》の風《かぜ》の心地《ここち》よく　気《い》吹《ぶ》き払《はら》ひしことのごと　浪《なみ》うちよする大津辺《おほつべ》に　つなぎし大船《おほふね》小舟《こぶね》をば　舳《へ》を解《と》きはなち艫《とも》解《と》きて　千尋《ちひろ》の深《ふか》き海原《うなばら》に　押《お》し出《だ》し放《はな》つことのごと　彼方《かなた》に繁《しげ》る木《き》の元《もと》を　かぬちの造《つく》る焼鎌《やきかま》や　敏鎌《とがま》を以《もつ》て打《う》ち払《はら》ふ　神事《しんじ》のごとく塵《ちり》ほども　残《のこ》れる罪《つみ》はあらざれと　清《きよ》め払《はら》はせ給《たま》ふことを　高山《たかやま》の末短山《すえひきやま》の　末《すえ》より強《つよ》く佐久《さく》那太理《なだり》　おち滝津瀬《たきつせ》や速川《はやかは》に　まします瀬織津比売《せおりつひめ》の神《かみ》　大海原《おほうなばら》に持《も》ち出《い》でむ　かくも持《も》ち出《い》でましまさば　罪《つみ》も汚《けが》れも荒塩《あらしほ》の　塩《しほ》の八百道《やほぢ》の八塩道《やしほぢ》の　塩《しほ》の八《や》百重《ほへ》にましませる　瀬《せ》も速秋津比売《はやあきつひめ》の神《かみ》　たちまち可々呑《かかの》み給《たま》ひてむ　かくも可々《かか》呑《の》み給《たま》ひなば　気吹《いぶき》の小戸《おど》にましませる　気吹戸主《いぶきどぬし》と申《もう》す神《かみ》　根《ね》の国底《くにそこ》の国《くに》までも　気吹放《いぶきはな》たせ給《たま》ふべし　かくも気吹放《いぶきはな》ち給《たま》ひては　根底《ねそこ》の国《くに》にあれませる　速《はや》佐須良比売《さすらひめ》と申《まを》す神《かみ》　総《すべ》て佐須良比失《さすらひうしな》はむ　かくも失《うしな》ひましまさば　現世《うつしよ》に

在《あ》る吾々《われわれ》が　身魂《みたま》に罪《つみ》とふ罪科《つみとが》は　少《すこ》しもあらじと惟神《かむながら》　払《はら》はせ給《たま》へいと清《きよ》く
あらはせ給《たま》へと大前《おほまへ》に　畏《かしこ》み畏《かしこ》み願《ね》ぎ申《まを》す　あゝ惟神《かむながら》惟神《かむながら》　御霊幸《みたまさち》はへましま
せよ
（『瑞月宣伝歌集』「三七・神言）

惟神《かむながら》霊《たま》幸《ち》倍《はへ》坐《ま》せと大神《おほかみ》を
　祈《いの》ることばのすがすがしかも
かたときも神《かみ》をわすれぬ心《こころ》こそ
　天国《みくに》にいたる栞《しほり》なりけり
惟神《かむながら》みちのおくがにわけ入《い》りて
　万代《よろづよ》散《ち》らぬ花《はな》に逢《あ》ふかな

（『愛善の道』）

「不二山」　　出口王仁三郎染筆

第三編

感謝祈願詞《みやびのことば》

感謝祈願詞

「感謝祈願詞《みやびのことば》」は出口聖師《でぐちせいし》が明治《めいじ》四十一年《ねん》に発表《はっぴょう》され、明治《めいじ》四十五年《ねん》七月《がつ》十五日発行《にちはっこう》の「感謝祈願」が夕拝《ゆうはい》で奏上《そうじょう》されていたものが手元《てもと》にある。当時《とうじ》の祝詞《のりと》は大日本帝国《だいにほんていこく》の時代《じだい》であって、「造化《ぞうか》三神《しん》」に次《つい》いで大八洲《おおやしま》の国《くに》を知食《しろしめ》すのは「現人神天皇《あらひとがみてんのう》」であると記《しる》され、昭和《しょうわ》十年《ねん》十二月《がつ》八日《か》の第《だい》二次大本弾圧事件《じおほもとだんあつじけん》まで使《つか》われていた。

しかし、戦後大日本帝国《せんごだいにほんていこく》の崩壊《ほうかい》により日本《にほん》は民主国家《みんしゅこっか》に立替《たてかわ》り、旧祝詞《きゅうのりと》は廃止《はいし》され、それに代《かわ》って主神《すしん》を中心《ちゅうしん》とする『霊界物語《れいかいものがたり》』第《だい》六十巻《かん》に掲載《けいさい》された「感謝祈願詞《みやびのことば》」そのままの祝詞《のりと》を奏上《そうじょう》するようになった。この「感謝祈願詞《みやびのことば》」は、「感謝《かんしゃ》」三節《せつ》、「祈願《きがん》」一節《せつ》の全《ぜん》四節《せつ》に分《わ》かれており、宇宙《うちゅう》の創造《そうぞう》から森羅万象《しんらばんしょう》の出現《しゅつげん》、生成化育《せいせいかいく》、禊祓《みそぎはら》い、そして救世主《きゅうせいしゅ》が再臨《さいりん》され「神人一致《しんじんいっち》」の根本真理《こんぽんしんり》を明《あき》らかにされる。私達《わたしたち》は神様《かみさま》から附与《ふよ》された一霊四魂《いちれいしこん》、三元八力《さんげんはちりき》を充分《じゅうぶん》に発揮《はっき》し、神《かみ》の経綸《けいりん》に奉仕《ほうし》して愛《あい》と未来《みらい》・希望《きぼう》に満《み》ちる主神《すしん》の御徳《みとく》に感謝《かんしゃ》と祈願《きがん》を申《もう》し上《あ》げる祝詞《のりと》です。

感謝（その一）

至大天球《たかあまはら》の主宰《つかさ》に在坐《ましまし》て。『一霊四魂《ひと》、八力《ふた》、三元《み》、世《よ》、出《いつ》、燃《むゆ》、地成《なな》、弥《や》、凝《ここの》、足《たり》、諸《もも》、血《ち》、夜出《よろづ》の大元霊《もとつみたま》、天之御中主大神《あめのみなかぬしのおほかみ》、霊系祖神高皇産霊大神《たかみむすびのおほかみ》。体系祖神神皇産霊大神《かむみむすびのおほかみ》の大《おほ》稜威《みいづ》を以《もつ》て、無限絶対無始無終《かきはにときは》に天地万有《よろづのもの》を創造賜《つくりたま》ひ。神人《おほみたから》をして斯《かか》る至真至美至善《うるはしき》之神国《みくに》に安住《すまは》せ玉《たま》はむが為《ため》に、太陽太陰大地《ひつきくぬち》を造《つく》り、各自々々《おのもおのも》至粋至醇《きよきみ》之魂《たま》力体を賦与《さづけたま》玉ひ。亦八百万天使《またやほよろづのかみ》を生成給《うみなしたま》ひて万物《すべて》を愛護給《まもりたま》ふ、其広大無辺大恩恵《そのひろきあつきおほみめぐみ》を尊《たふと》み敬《ゐやま》ひ恐《かしこ》み恐《かしこ》み白《まを》す。

△至大天球《たかあまはら》の主宰《つかさ》　全大宇宙《ぜんだいうちゅう》の主宰神《しゅさいしん》。元津御祖皇大神《もとつみおやすめおほかみ》・大天主太神《おほもとすめおほかみ》……真《まこと》の神《かみ》を主《ス》の神《かみ》、言霊学上《ことたまがくじょう》神素盞嗚大神《かむすさのをのおほかみ》と奉称《ほうしょう》する。

（前出6頁、47頁参照。）

△一霊《ひ》四魂《と》・八《ふ》力《た》・三元《み》・世《よ》・出《いつ》・燃《むゆ》・地成《なな》・弥《や》・凝《ここの》・足《たり》・諸《もも》・血《ち》・夜出《よろづ》

「天《あま》の数歌《かずうた》」と称《しょう》して、主《ス》の神《かみ》の宇宙創造《うちゅうそうぞう》から完成《かんせい》へ発展《はってん》してゆく過程《かてい》、日本国《にほんこく》の精《せい》神《しん》、瑞霊立教《ずいれいりっきょう》の趣旨《しゅし》等《とう》が内包《ないほう》される。

○

△一霊《ひ》四魂《と》　霊妙《れいみょう》なものを「ひ」といい「霊《れい》」のこと。「と」とは結《むす》び定《さだ》めるとか、産《う》み出《だ》す、留《とど》まるとの意味《いみ》がある。要《よう》するに宇宙《うちゅう》の本体《ほんたい》は霊妙《れいみょう》にして活気《かっき》に満《み》ち、これを「一霊四魂《いちれいしこん》」「ひと」という。この無色無形無声《むしょくむけいむせい》の「純霊《じゅんれい》」は「霊力《れいりょく》」を産出《さんしゅつ》する。いわば宇宙《うちゅう》の太初《たいしょ》にきわめて不完全《ふかんぜん》な湯気《ゆげ》とも煙《けむり》とも何《なん》とも形容《けいよう》のし難《がた》い「霊物《れいもつ》」が漂《ただよ》うていた。これを宇宙《うちゅう》の「大元霊《だいげんれい》」といい、この霊徳《れいとく》を荒魂《あらみたま》、和魂《にぎみたま》、奇魂《くしみたま》、幸魂《さちみたま》と称《しょう》して一霊即《いちれいすなわ》ち直日《なおひ》の御霊《みたま》に統一《とういつ》される、これを「上帝《じょうてい》の全霊《ぜんれい》」という。しかして上帝《じょうてい》はこの全霊《ぜんれい》を万物《ばんぶつ》に賦与《ふよ》し給《たま》う根源《こんげん》となり「神《かみ》は万物普遍《ばんぶつふへん》の霊《れい》にして……」と聖言《せいげん》にある。

△八《ふ》力《た》　その霊《れい》の発動力《はつどうりょく》たる霊体《れいたい》（幽体《ゆうたい》）が宇宙間《うちゅうかん》に出現《しゅつげん》し、これをチカラと称《とな》える。チ

とは霊《れい》または火《ひ》の意味《いみ》で、カラとは元素《げんそ》（物体《ぶったい》）の意味《いみ》である。

「ふ」は進《すす》み行《ゆ》く、浮出《ふしゅつ》する、沸騰《ふっとう》の義《ぎ》で、「た」は対照力《たいしょうりょく》の意《い》で、「ふた」は宇宙《うちゅう》の本体霊機《ほんたいれいき》の「力《ちから》」によりはじめて開発《かいはつ》される。この力《ちから》を「上帝《じょうてい》の全力《ぜんりょく》」と称《しょう》する。『神典《しんてん》』にては動力《どうりょく》を大戸地《おほとのち》、静力《せいりょく》を大戸辺《おほとのべ》、解力《かいりょく》を宇比地根《うひじね》、凝力《ぎりょく》を須比地根《すひじね》、引力《いんりょく》を生杙《いくぐひ》、ゆるむ力《ちから》を角杙《つぬぐひ》、合力《ごうりょく》を面足《おもたる》、分力《ぶんりょく》を惶根《かしこね》の「八力《はちりき》」をいう。（＝科学では、これを四つの力という。）

△三元《み》　元素《げんそ》に霊気発生《れいきはっせい》して、物体《ぶったい》を形成《けいせい》する。つまり霊気《れいき》の凝固《ぎょうこ》するものを物体《ぶったい》といい、物体《ぶったい》の「み」は「実《み》」とか、「体《み》」（身《み》）とか、「充《みつ》る」の意《い》となる。要《よう》するに「三元《さんげん》」は、「剛体《ごうたい》・柔体《じゅうたい》・流体《りゅうたい》」これを「上帝《じょうてい》の全体《ぜんたい》」という。

●剛体《ごうたい》を玉留魂《たまつめむすび》と称《とな》え「国常立尊《くにとこたちのみこと》」と称《しょう》し鉱物《こうぶつ》の本質《ほんしつ》（元素《げんそ》）となる。

●流体《りゅうたい》を生魂《いくむすび》と称《とな》え「葦芽彦遅命《あしかびひこじのみこと》」と称《しょう》し動物《どうぶつ》の本質《ほんしつ》（＝DNA）となる。

●柔体《じゅうたい》を足魂《たるむすび》ととなえ「豊雲野尊《とよくもぬのみこと》」と称《しょう》し植物《しょくぶつ》の本質《ほんしつ》（＝DNA）となる。

総《すべ》て神《かみ》が一物《いちぶつ》を造《つく》り給《たま》うには、仮令《たとえ》一塊《いっかい》の土《つち》を造《つく》るのにも、三元八力《さんげんはちりき》という諸元素《しょげんそ》、諸霊力《しょれいりょく》による。剛《ごう》・柔《じゅう》・流《りゅう》の三元《さんげん》（鉱物《こうぶつ》、植物《しょくぶつ》、動物《どうぶつ》）、八力《はちりき》（溶《と》かす力《ちから》、和《わ》す力《ちから》、引《ひっ》張《ぱ》る力《ちから》、ゆるむ力《ちから》……等《など》）をもって、一つの物《もの》が造《つく》られる。

人《ひと》の身体《からだ》もその如《ごと》く出来《でき》ている、そこへ一霊四魂《いちれいしこん》即《すなわ》ち「勇《ゆう》・智《ち》・愛《あし》・親《しん》」の働《はたら》く所《ところ》の魂《たましい》を御与《おあた》えになっている。一霊《いちれい》は直日《なおひ》の霊《みたま》である、四魂《しこん》の荒魂《あらみたま》、奇魂《くしみたま》、幸魂《さちみたま》、和魂《にぎみたま》の四つ個々別々《ここべつべつ》にあるのではなく、これは智《ち》である、これは愛《あい》である、これは親《しん》であるなど、その魂《みたま》の働《はたら》きを言《い》い表《あらわ》しただけで、元《もと》は一つである。所謂心境《いわゆるしんきょう》の変化《へんか》で勇《ゆう》となり、愛《あい》となり、親《しん》となるのであって、本当《ほんとう》は一つである。直日《なおひ》の霊《みたま》、これが一つの本当《ほんとう》の心《こころ》である。……「天主一物《てんしゅいちぶつ》を創造《そうぞう》す、悉《ことごと》く力徳《りきとく》による。故《ゆえ》に善悪相混《ぜんあくあいこん》じ、美醜互《びしゅうたが》いに交《まじ》わる。」

（『出口王仁三郎全集』第二巻「皇道大本は宇宙意志の表現」）

◆科学《かがく》ではそれ以上分《いじょうわ》けられない物質《ぶっしつ》、ものを形作《かたちづく》る基本的《きほんてき》な粒《つぶ》である原子《げんし》の種類《しゅるい》を元素《げんそ》という。水素《すいそ》、ヘリウム、酸素《さんそ》、鉄《てつ》など、身《み》の回《まわ》りのものは全《すべ》て元素《げんそ》で出《で》来《き》ている。原子《げんし》の中心《ちゅうしん》には原子核《げんしかく》があり、陽子《ようし》と中性子《ちゅうせいし》という粒《つぶ》で構成《こうせい》される。元素《げんそ》の種類《しゅるい》は電子《でんし》、陽子《ようし》の数《かず》で決《き》まり自然界《しぜんかい》ではウランの元素記号《げんそきごう》92番《ばん》まであるが、それ以上《いじょう》の元素《げんそ》は人工的《じんこうてき》に合成《ごうせい》されたものである。

本年《ほんねん》(2016)一月《がつ》、「113番《ばん》ニホニウム」誕生《たんじょう》が大《おお》きく報道《ほうどう》された。この「ニホニウム」は作《つく》っても瞬時《しゅんじ》に消《き》える。だが原水爆《げんすいばく》や原発《げんぱつ》から出《で》るプルトニウムは、長年《ながねん》消《き》えず、動植物《どうしょくぶつ》のDNAを変質《へんしつ》させる厄介者《やっかいもの》である。時代《じだい》は水素《すいそ》はじめ無《む》公害《こうがい》のエネルギーや物質《ぶっしつ》・極微《きょくび》の量子学《りょうしがく》の研究《けんきゅう》・開発《かいはつ》が急速《きゅうそく》に進《すす》みつつある。

○

△**世**《よ》　この霊《れい》・力《りょく》・体《たい》の三大勢力発揮《さんだいせいりょくはっき》して、無数《むすう》の固形体《こけいたい》やガス体《たい》、液体《えきたい》、電気《でんき》、磁気《じき》が出現《しゅつげん》し、太陽《たいよう》、太陰《たいいん》、大地《だいち》、諸星《しょせい》が発生《はっせい》する。「よ」は寄《よ》り結《むす》ぶという意《い》で、因《よ》る、依《よ》る、世《よ》とかいう意味《いみ》になる。

△**出**《いつ》　神霊活動《しんれいかつどう》して光輝《こうき》を放《はな》ち、動植物《どうしょくぶつ》の種《たね》天地《てんち》の間《あいだ》に出現《しゅつげん》する。「い」は勢《いきお》い、「つ」は強《つよ》くつづくという意《い》で、「いつ」とは出《い》づるとか、稜威《みいづ》との意味《いみ》をもつ。

△燃《むゆ》　宇宙一切《うちゅういっさい》の万物《ばんぶつ》に水火《すいか》の活用《かつよう》が加《くわ》わり、森羅万象《しんらばんしょう》の大根元《だいこんげん》が確立《かくりつ》し萌《も》え上《あが》る。
「む」は結《むす》ぶ、「ゆ」は起《お》こり行《ゆ》くという意《い》で、「むゆ」とは燃《も》ゆる、萌《も》えるとの意味《いみ》がある。

△地成《なな》　天主《てんしゅ》は一大金剛力《だいこんごうりき》を発揮《はっき》して、世界《せかい》を修理固成《しゅうりこせい》され、完全無欠《かんぜんむけつ》の理想世界《りそうせかい》いわゆる五六七《みろく》の神代《かみよ》、松《まつ》の世《よ》が建設《けんせつ》される。
「なな」とは大地《だいち》が成《な》るという意《い》で、成就《じょうじゅ》とか安息《あんそく》を意味《いみ》する。現代社会《げんだいしゃかい》は過渡時代《かとじだい》であり、その前提《ぜんてい》として種々《しゅじゅ》の事変《じへん》が各所《かくしょ》に突発《とっぱつ》するのも神界《しんかい》の摂理上《せつりじょう》やむを得《え》ない。

△弥《や》　地球《ちきゅう》の生成化育《せいせいかいく》、修理固成《しゅうりこせい》の神業《しんぎょう》は、これで終《おわ》りではなく弥々《やや》益々《ますます》栄《さか》えゆく。
「や」は弥々《やや》ますますという意味《いみ》。

△凝《ここの》　「ここ」は子々孫々《ししそんそん》、「の」は伸《の》びる、延《の》びるの意味《いみ》がある。

△足《たり》「た」は多《おお》いとか大《おお》きい、「り」は貫《つらぬ》き極《きわ》まる、億兆《おくちょう》の極《きわ》みという意《い》。「たり」とは足《たり》るとか、完成《かんせい》の意味《いみ》がある。

△諸《もも》「もも」は諸々《もろもろ》のという意《い》。

△血《ち》宇宙造化《うちゅうぞうか》の血《ち》（霊《れい》）という意味《いみ》がある。「諸血《ももち》」と続《つづ》けて多数《たすう》とか、多々増々《たたますます》とかいう意味《いみ》で、宇宙全体《うちゅうぜんたい》に神様《かみさま》の全霊全徳《ぜんれいぜんとく》が満《み》ち溢《あふ》れる。

△夜出《よろづ》「よ」は寄《よ》り結《むす》ぶ、「ろ」は宿《やど》り活《い》かす、「づ」は強《つよ》く続《つづ》くという意《い》で、「よろづ」は永遠《えいえん》に続《つづ》いてゆく。

△大元霊天之御中主大神《もとつみたまあめのみなかぬしのおほかみ》、霊系祖神高皇産霊大神《たかみむすびのおほかみ》、体系祖神神皇産霊大神《かむみむすびのおほかみ》の大稜威《おほみいづ》を以《もっ》て
大元霊《もとつみたま》である天之御中主大神《あめのみなかぬしのおほかみ》が静的状態《せいてきじょうたい》から霊体《れいたい》の産霊《むすび》により動的状態《どうてきじょうたい》（力《ちから》）に移《うつ》られるときの御神名《ごしんめい》で、これを「造化《ぞうか》三神《しん》」といい「三神即一神《しんそくいっしん》」、「三ツの神《かみ》」、「三ツの御魂《みたま》」、「瑞《みづ》の御魂《みたま》」、「顕神幽《けんしんゆう》」、「霊力体《れいりょくたい》」「三十三魂《みづのみたま》」、「天地人《てんちじん》」、「智仁勇《ちじんゆう》」の神《かみ》と称《しょう》し、言霊学上神素盞鳴大神《ことたまがくじょうかむすさのをのおほかみ》と奉称《ほうしょう》する。主《ス》の大神《おほかみ》はこの大稜威《おほみいづ》、御威光《ごいこう》をもって三

千世界《ぜんせかい》の天地万有《よろづのもの》を創造《そうぞう》し活動《かつどう》し給《たま》う。

◆元津御祖皇大神《もとつみおやすめおほかみ》・神漏岐《かむろぎ》（霊系《れいけい》・陽系《ようけい》・火系《かけい》）・神漏美《かむろみ》（体系《たいけい》・陰系《いんけい》・水系《すいけい》）を「造化三神《ぞうかさんしん》」と称《しょう》する。大本皇大神《おほもとすめおほかみ》（大天主太神《おほもとすめおほかみ》）・艮《うしとら》の金神《こんじん》・坤《ひつじさる》の金神《こんじん》、大《おほ》本皇大神《もとすめおほかみ》・国常立命《くにとこたちのみこと》・豊雲野尊《とよくもぬのみこと》、大本皇大神《おほもとすめおほかみ》・厳御霊大神《いづのみたまのおほかみ》・瑞御霊大神《みづのみたまのおほかみ》、天《あめ》之御中主大神《のみなかぬしのおほかみ》・伊邪那岐大神《いざなぎのおほかみ》・伊邪那美大神《いざなみのおほかみ》、真言宗《しんごんしゅう》では大日如来《だいにちにょらい》・金剛界《こんごうかい》・胎蔵界《たいぞうかい》、法華経《ほけきょう》では薬師瑠璃光如来《やくしるりこうにょらい》・多宝塔《たほうとう》の二仏併坐等《にぶつへいざなど》として説《と》かれる宇宙《うちゅう》の根本原理神《こんぽんげんりしん》。主《ス》の神《かみ》を三分《さんぶん》することはならないというのは、宇宙多神《うちゅうたしん》の活動《かつどう》は一《いっ》神《しん》に帰一《きいつ》され、一神《いっしん》は多神《たしん》の活動《かつどう》をなす。高天原《たかあまはら》の教権《きょうけん》は唯我一人《ゆいがいちにん》の相承《そうしょう》の意《い》。

△神人《おほみたから》　青人草《あおひとぐさ》のこと。世間《せけん》では「人《ひと》は天地《てんち》の花《はな》、万物《ばんぶつ》の霊長《れいちょう》」などと称《とな》えているが、「神《かみ》は万物普遍《ばんぶつふへん》の霊《れい》にして、人《ひと》は天地経綸《てんちけいりん》の司宰者《しさいしゃ》なり」と断案《だんあい》される。人《ひと》は神《かみ》の子《こ》、神《かみ》の宮《みや》。また人《ひと》は天人《てんにん》の胞衣《えな》、養成器《ようせいき》、苗代《なわしろ》、霊子《れいし》の温《ぬく》め鳥《どり》、天人《てんにん》の苗《なえ》を育《そだ》てる農夫《のうふ》、天人《てんにん》そのもの、神《かみ》の生宮等《いきみやなど》という。（『霊界物語』第三十八巻・第一章「道すがら」参照）

△各自々《おのもおのも》至粋至醇之魂《きよきみたま》力体を賦与玉《さづけたま》ひ　『道《みち》の大原《たいげん》』に「天主《てんしゅ》一霊《いちれい》四魂《しこん》をもって心《こころ》を造《つく》りこれを活物《かつぶつ》に賦与《ふよ》する、地主《ちしゅ》三元《さんげん》八力《はちりき》をもって体《たい》を造《つく》りこれを万有《ばんゆう》に賦与《ふよ》する。体《たい》を守《まも》るものはその霊《れい》、その霊《れい》を守《まも》るものはその体《たい》。神《かみ》在《あ》りてこれ守《まも》るにあらず」とある。人《ひと》には神様《かみさま》と同《おな》じ形《かたち》の体《たい》が与《あた》えられ、その体《たい》に神様《かみさま》と同《おな》じ至粋至醇《しすいしじゅん》の分霊《ぶんれい》が宿《やど》る。この賦与《ふよ》された「霊《れい》・力《りょく》・体《たい》」により、善《ぜん》を思《おも》い善《ぜん》を行《おこな》い無窮《むきゅう》の天国《てんごく》を建設《けんせつ》するのが人生《じんせい》の目的《もくてき》です。

○宇宙《うちゅう》は億兆《おくちょう》の単元《たんげん》から出来《でき》ており、単元《たんげん》は全体《ぜんたい》の為《ため》に統一《とういつ》される。人《ひと》もその如《ごと》く社《しゃ》会《かい》の単元《たんげん》として生《うま》れ、全体《ぜんたい》のために主神《しゅしん》により統一《とういつ》される。霊主体従《れいしゅたいじゅう》の精神《せいしん》というのは、全《すべ》てのものが益々《ますます》その個性《こせい》（＝霊・力・体、三元八力。）を発揮《はっき》するとともに、固《かた》く元《もと》に帰向《きこう》（＝心がその方に向かうこと。心をよせること。）し、統一《とういつ》される途《みち》である。そこにこそ永遠《えいえん》に栄《さか》えゆく世界《せかい》が開《ひら》かれる。

△また八百万天使《やほよろづのかみ》を生成給《うみなしたま》ひて万物《すべてのもの》を愛護給《まもりたま》ふ　八百万《やおよろず》の天使《てんし》天人《てんにん》がこの地上《ちじょう》に降臨《こうりん》さ

れて万物《ばんぶつ》（＝人間はじめ動植物に至るまで）を御守護下《ごしゅごくだ》さいます。

◆主《す》の大神《おほかみ》は、インドに生《う》まれた月照彦《つきてるひこ》の釈迦《しゃか》、その後《あと》を継《つ》がれた達磨《だるま》、少名彦《すくなひこ》のキリスト、天道別命《あまじわけのみこと》のモーゼ、天真道彦命《あめのまみちひこのみこと》のエリア、豊国姫命《とよくにひめのみこと》の地蔵尊《じぞうそん》、弘子《ひろやす》彦司《ひこのつかさ》の孔子《こうし》、野立彦命《のだちひこのみこと》の分霊《ぶんれい》の老子《ろうし》・孟子《もうし》そしてマホメット……等々《などなど》八百万《やおよろず》の天使天人《てんしてんにん》、所謂宣伝使《いわゆるせんでんし》を降臨《こうりん》なされて。

（『霊界物語』第六巻・第二十三章「諸教同根」）

【大意】至大天球《たかあまはら》の主宰神《しゅさいしん》は、神人《しんじん》を安息《あんそく》させるために大宇宙《だいうちゅう》を創造《そうぞう》し、そして万物《ばんぶつ》を御《ご》守護下《しゅごくだ》さる、その御徳《みとく》に感謝《かんしゃ》を奏上《そうじょう》する祝詞《のりと》です。

主《ス》の神《かみ》は、太初愛善《はじめあいぜん》の御心《みこころ》により大虚空中《だいこくうちゅう》に至粋至純《しすいしじゅん》の「言霊《ことたま》」が生《う》み出《だ》され、万物《ばんぶつ》が発生《はっせい》し生成化育《せいせいかいく》される。宇宙間一切《うちゅうかんいっさい》のものはこの愛善《あいぜん》により左右《さゆう》され、創造《そうぞう》も建設《けんせつ》も破壊《はかい》も滅亡《めつぼう》も混乱《こんらん》も生《しょう》じてくる。いわゆるこの大宇宙《だいうちゅう》の進歩発達《しんぽはったつ》（平和《へいわ》）は、万有《ばんゆう》が益々《ますます》その個性《こせい》を発揮《はっき》することによって得《え》られるのが根本《こんぽん》です。

「幽《ゆう》の幽《ゆう》」である主《ス》の神《かみ》は、一霊四魂《いちれいしこん》、三元《さんげん》、八力《はちりき》により、百千万《ひゃくせんまん》の運化《うんか》を経《へ》て生成化《せいせいか》育《いく》の活動《かつどう》が開始《かいし》される。いわば宇宙《うちゅう》の草創期《そうそうき》には至粋至純《しすいしじゅん》の霊妙《れいみょう》な神霊霊素《しんれいれいそ》・神霊体素《しんれいたいそ》が現《あらわ》れ、霊的《れいてき》な一つの大天空《だいてんくう》と一つの泥海《どろうみ》の大大地《だいだいち》が出現《しゅつげん》する。この霊的大大地《れいてきだいだいち》は霊素体《れいそたい》素《そ》の産霊《むすび》に三元八力《さんげんはちりき》が加《くわ》わり、霊主体従《れいしゅたいじゅう》、進左退右《しんさたいう》、螺旋状《らせんじょう》の運動《うんどう》より日月星辰《じつげつせいしん》が分離《ぶんり》し宇宙《うちゅう》の形《かた》は出来上《できあ》がる。大大地《だいだいち》から最後《さいご》に残《のこ》された泥海《どろうみ》がこの大地《だいち》となって次第《しだい》に凝固《コヲロコヲロ》（＝結晶。）して、地球《ちきゅう》は現在《げんざい》のような海《うみ》と陸《りく》に分離《ぶんり》され山野河海《さんやかかい》が出現《しゅつげん》する。やがて森羅《しんら》万象《ばんしょう》の根元《こんげん》が確立《かくりつ》すると、動植物《どうしょくぶつ》が萌《も》え出《い》でるとともに人類《じんるい》が発生《はっせい》し、次第《しだい》に地球《ちきゅう》の形《けい》態《たい》が整《ととの》いて地成《ちな》る。地上《ちじょう》は増々発展充実安定《ますますはってんじゅうじつあんてい》し、完成《かんせい》の域《いき》に達《たっ》するとともに更《さら》に諸々《もろもろ》の物《もの》が生《うま》れ、天地《てんち》に霊気生命力《れいきせいめいりょく》が益々《ますます》満《み》ちあふれ、永遠《えいえん》に続《つづ》く地球《ちきゅう》へと栄《さか》えてゆく。

ここにおいて善悪美醜《ぜんあくびしゅう》が混合《こんごう》する地球《ちきゅう》は、生成化育《せいせいかいく》のために新陳代謝《しんちんたいしゃ》、修理固成《しゅうりこせい》の「禊祓《みそぎはらい》」が執行《しっこう》されると共《とも》に、天使天人《てんしてんにん》が降臨《こうりん》になり、また立替立直《たてかえたてなお》しが執行《しっこう》された後《のち》、永遠《えいえん》に続《つづ》く万民和楽《ばんみんわらく》の弥勒《みろく》の世《よ》、安息《あんそく》の世《よ》が造《つく》られるという、その広《ひろ》き厚《あつ》きご恩恵《おんけい》を感謝《かんしゃ》申《もう》し上《あ》げます。

◆「天《あま》の数歌《かずうた》」は、「十曜《とよう》の神旗《しんき》」として表現《ひょうげん》される。濫觴《らんしょう》は綾部《あやべ》の「熊野神社《くまのじんじゃ》」の祭礼《さいれい》に掲《かか》げる提灯《ちょうちん》（献灯《けんとう》）を新調《しんちょう》の際《さい》、綾部城主《あやべじょうしゅ》・九鬼家《くきけ》の家紋《かもん》「九曜紋《くようもん》」が偶然《ぐうぜん》に「十曜紋《とようもん》」に出来上《できあ》がったものを開祖出口直《かいそでぐちなお》が開教《かいきょう》の趣旨《しゅし》にのっとり裁定《さいてい》されたといわれる。

◆教学的《きょうがくてき》に神旗《しんき》の義《ぎ》は、上古《じょうこ》には天照大神《あまてらすおほかみ》が天《あま》の岩戸隠《いわとかく》れの際《さい》、天之宇受女命《あめのうづめのみこと》が一《ひと》、二《ふた》、三《み》、四《よ》、五《いつ》、六《むゆ》、七《なな》、八《や》、九《ここの》、十《たり》と歌《うた》われたのが濫觴《らんしょう》とされ、一より十球《じっきゅう》に組織《そしき》して、「十曜《とよう》の神旗《しんき》」を「色別《しきべつ》」（＝愛善苑では識別十曜を神紋として使用）と「数別《すうべつ》」により説明《せつめい》する。（『物語』第十三巻「総説」「神旗の由来」）

◆後世《こうせい》には「鎮魂祭《ちんこんさい》」に、猿女《さるめ》の君《きみ》に擬《ぎ》した巫女《みこ》が受気槽《うけぶね》を伏《ふ》せてその上《うえ》に立《た》ち、鉾《ほこ》を槽《ふね》に衝《つ》き立《た》てこの歌《うた》を謡《うた》い、天皇《てんのう》の御寿命長久《ごじゅみょうちょうきゅう》を祈《いの》りしものと伝《つた》えられる。

◆また、「天《あま》の数歌《かずうた》」は、邇邇藝命《ににぎのみこと》の天孫降臨以前《てんそんこうりんいぜん》に（＝邇邇藝の命の降臨は富士山。）、同《おな》じく天孫《てんそん》である邇藝速日命《にぎはやひのみこと》（天之火明命《あめのほあかりのみこと》）が天照大神《あまてらすおほかみ》より天津瑞《あまつしるし》として「十種神宝《とくさのかんだから》」（言霊《ことたま》）を授《さず》けられて降臨《こうりん》になられる。その御宝《みたから》について『令義解《れいぎげ》』

では、息津鏡《おきつかがみ》、邊津鏡《へつかがみ》、八握剱《やつかのつるぎ》、生玉《いくたま》、足玉《たるたま》、死反玉《まかるかえしのたま》、道反玉《ちかへのたま》、蛇《おろち》の比礼《ひれ》、蜂《はち》の比礼《ひれ》、品々物《くさぐさもの》の比礼《ひれ》を「十種神宝《とくさのかんだから》」と称《しょう》して、「一、二、三、四、……」と称《とな》えて教《おし》え導《みちび》き、大和《やまと》で葛城王朝《かつらぎおうちょう》（仮称《かしょう》）を開《ひら》かれる。しかし、命《みこと》の長男《ちょうなん》神《しん》・宇麻志遅命《うましまじのみこと》（物部連《もののべのむらじ》の祖《おや》）の時代《じだい》になって天津瑞《あまつしるし》を神武天皇《じんむてんのう》に献上《けんじょう》され「天下統治《てんかとうち》の大権《たいけん》」を譲《ゆず》られる。

（『神霊界』大正九年十一月十一日号「皇典と現代（一）」及び「鎮魂と幽斎」）

◆この「天《あま》の数歌《かずうた》」は「幽斎《ゆうさい》」の始《はじ》まりとも伝《つた》えられ、現在神霊《げんざいしんれい》の鎮祭《ちんさい》や御魂鎮《みたましず》め、鎮魂《ちんこん》、病気《びょうき》のお取次《とりつぎ》の際《さい》に奏上《そうじょう》される「言霊《ことたま》」です。

◆「天《あま》の数歌《かずうた》」による「幽《ゆう》の幽神《ゆうしん》」「幽《ゆう》の顕神《けんしん》」「顕《けん》の顕神《けんしん》」「顕《けん》の幽神《ゆうしん》」の神称《しんしょう》を182頁《ページ》に掲載《けいさい》します。

感謝（その二）

掛巻《かけまく》も畏《かしこ》き『大地上《あしはら》の国《くに》を知召《しろしめ》します言霊《ことたま》の天照国《あまてるくに》は千代《ちよ》万代《よろづよ》に動《うご》く事無《ことな》く変《かは》る事無《ことな》く。修理固成給《つくりかためなしたま》ひし、皇大神《すめおほかみ》の敷坐《しきま》す島《しま》の八十島《やそしま》は。天《あめ》の壁立極《かべたつきは》み国《くに》の退立限《そぎたつかぎ》り。青雲《あをくも》の棚引《たなびく》極《きは》み、白雲《しらくも》の堕居向伏限《おりゐむかふすかぎ》り、伊照透《いてりとほ》らす大稜威《おほみいづ》は、日《ひ》の大御守《おほみまもり》と嬉《うれ》しみ尊《たふと》み。常夜照《とこよて》る天《あま》伝《つた》ふ月夜見神《つきよみのかみ》の神光《みひかり》は、夜《よ》の守《まもり》と青人草《あをひとぐさ》を恵《めぐ》み撫《な》で愛《いつく》しみ賜《たま》ひ。殊更《ことさら》に厳《いづ》の御魂天勝国勝《みたまあまかつくにかつ》国之大祖国常立尊《くにのおほみおやくにとこたちのみこと》は、天地初発之時《あめつちなりいでしとき》より独神成坐而隠身賜《すになりましてすみきりたま》ひ。玉留魂《たまつめむすび》の霊徳《みいづ》を以《もつ》て、海《くら》月《げ》如《な》す漂《ただよ》へる国土《くに》を修理固成《つくりかため》て、大地球《くぬち》の水陸《うみくが》を分劃《わか》ち賜《たま》ひ。豊雲野尊《とよくもぬのみこと》は足魂《たるむすび》の霊徳《みいづ》を以《もつ》て植物《きくさ》を生出《なりいで》、葦芽彦遅尊《あしがひひこぢのみこと》は生魂《いくむすび》の霊徳《みいづ》を以《もつ》て動物《いけもの》を愛育《めでそだ》て。大戸地《おほとのぢ》、大戸辺《おほとのべ》、宇比地《うひぢ》根《ね》、須比地根《すひぢね》、生杙《いくぐひ》、角杙《つぬぐひ》、面足《おもたる》、惶根《かしこね》の全力《ちから》を以《もつ》て。万有一切《すべてのもの》に賦《くま》り与《あた》へ、天地《あめつち》の万霊《みたま》をして、惟神《かむながら》の大道《おほぢ》に依《よ》らしめ賜《たま》ひ。神伊邪那岐尊《かむいざなぎのみこと》、神伊邪那美尊《かむいざなみのみこと》は。天津神《あまつかみ》の神勅《みこと》を畏《かしこ》み、天《あま》の瓊矛《ぬほこ》を採持《とりも》ち。豊葦原《とよあしはら》の千五百秋《ちいほあき》の水火国《みづほのくに》を。浦安国《うらやすくに》と、何怜《うまら》に完全具足《つばら》に修《つく》理固成《りかため》し賜《たま》ひて。遠近《おちこち》の国《くに》の悉々《ことごと》、国魂《くにたま》の神《かみ》を生《う》み、産土《うぶすな》の神《かみ》を任《ま》け賜《たま》ひて。青人草《あをひとぐさ》を親《した》しく守《まも》り賜《たま》ふ。其大御恵《そのおほみめぐみ》を仰《あふ》ぎ敬《ゐやま》ひ喜《よろこ》び奉《まつ》らくと白《まを》す。

【大意】宇宙造化《うちゆうぞうか》の大神様《おほかみさま》が、「幽《ゆう》の幽《ゆう》」から「幽《ゆう》の顕《けん》」に移《うつ》られる、いわゆる日地月星《にっちげっせい》辰《しん》が整《ととの》い、理想的地球《りそうてきちきゆう》の建設《けんせつ》に移《うつ》られる過程《かてい》でより創造的《そうぞうてき》な地球《ちきゆう》へと修理固成《しゅうりこせい》の基礎的経《きそてきけい》綸《りん》が進《すす》んで行《ゆ》く。大地《だいち》は神様《かみさま》の稜威《みいづ》により天《てん》は限《かぎ》りなく青《あお》く、白雲《しらくも》は流《なが》れ、日《ひ》の大神《おほかみ》、月《つき》の大神《おほかみ》は威照《いて》り輝《かがや》くまでに出来上《できあ》がり、また国常立尊《くにとこたちのみこと》、豊雲野尊《とよくもぬのみこと》、葦芽彦遅尊《あしがひこぢのみこと》の三元《さんげん》、そして八力《はちりき》の神様《かみさま》の霊徳《れいとく》により漂《ただよ》える国《くに》が撞《つ》き固《かた》められ、動植物《どうしょくぶつ》が萌《も》え出《い》で力徳《りきとく》が益々《ますます》霊妙《れいみょう》に発揮《はっき》される。

伊邪那岐《いざなぎ》・伊邪那美《いざなみ》の二神《にしん》は主神《すしん》の神業《しんぎょう》を受《う》け継《つ》がれてこの大地《だいち》をより完全無欠《かんぜんむけつ》に修理《しゅうり》固成《こせい》されてゆかれる。つまり那岐那美二神《なぎなみにしん》は夫婦《ふうふ》の息《いき》を合《あ》わせて国生《くにう》み神生《かみう》みの神業《しんぎょう》がなされ、禊祓《みそぎはら》いの四柱《よはしら》の神《かみ》、山《やま》の神《かみ》、海《うみ》の神《かみ》、国魂《くにたま》、産土《うぶすな》の神《かみ》、あらゆる万神《ばんしん》が生《うま》れ、そして最後《さいご》に三貴神《さんきしん》（天照大神《あまてらすおほかみ》・月読尊《つきよみのみこと》・素盞嗚尊《すさのをのみこと》）を生《う》み、青人草《あおひとぐさ》をお守《まも》り下《くだ》さる、その「幽《ゆう》の顕神《けんしん》」の大御恵《おほみめぐみ》みを寿《ことほ》ぐ感謝《かんしゃ》の祝詞《のりと》です。

△掛巻《かけまく》も畏《かしこ》き　申《もう》し上《あ》げるのも畏《おそ》れ多《おお》いことですが。言《い》い表《あらわ》しようがなく恐《おそ》れ多《おお》いことですが。

△知召《しろしめ》します　（前出《ぜんしゅつ》あり）知召《しろしめ》すは領有《りょうゆう》なさる。お治《おさ》めになる。単《たん》なる御統治《ごとうち》ではなく、衣食住《いしょくじゅう》の業《わざ》を安全《あんぜん》に示《しめ》し教《おしえ》ること。

△言霊《ことたま》の天照国《あまてるくに》　宇宙太元《うちゅうたいげん》にはスの言霊《ことたま》からウ声《ごえ》（霊素《れいそ》・高皇産霊大神《たかみむすびのおほかみ》から伊邪那岐大神《いざなぎのおほかみ》）、ア声《ごえ》（体素《たいそ》・神皇産霊大神《かむみむすびのおほかみ》から伊邪那美大神《いざなみおほかみ》）、そして五大父音《ごだいふおん》、九大母音《くだいぼおん》が鳴《な》り鳴《な》り、足《た》りないところはそれぞれを補足《ほそく》し七十五声音《せいおん》が成《な》り出《い》でる。地球《ちきゅう》は宇宙《うちゅう》の中心《ちゅうしん》として対空《たいくう》には五大父音《ごだいふおん》、大地《だいち》または地中《ちちゅう》には主《おも》に九大母音《くだいぼおん》が鳴《な》り響《ひび》き、七十五声音《せいおん》となり、それがまた合《がっ》して宇宙《うちゅう》は言霊《ことたま》が鳴《な》り鳴《な》り轟《とどろ》き、神様《かみさま》の稜威《みいづ》が照《て》り輝《かがや》いている。

◆言霊《ことたま》から宇宙《うちゅう》が創造《そうぞう》され万物《ばんぶつ》が出現《しゅつげん》される真相《しんそう》については、巻末掲載《かんまつけいさい》の「言霊《ことたま》の神秘《しんぴ》」を参照下さい。（本書207頁）

△修理固成給《つくりかためなしたま》ひし　未完成《みかんせい》の大地《だいち》をより完全《かんぜん》につき固《かた》めること。地球《ちきゅう》が出来《でき》てより五十六億七千万年《せんまんねん》の星霜《せいそう》を経《へ》て山野《さんや》は青《あお》く、天国浄土《てんごくじょうど》の世界《せかい》へとつき固《かた》められてきた。転《てん》じて国家《こっか》、社会《しゃかい》の立替立直《たてかえたてなお》しをいう場合《ばあい》がある。

◆ただ人心《じんしん》の改造《かいぞう》だけなら容易《ようい》なことである。生《い》きた誠《まこと》の宗教《しゅうきょう》というものは立替《たてかえ》立直《たてなお》しである。しかも立替即《たてかえすなわ》ち破壊《はかい》は悪魔《あくま》がするのだ、大本神《おほもとがみ》の仕事《しごと》は建設《けんせつ》にある。艮《うしとら》の金神《こんじん》は修理固成《しゅうりこせい》の神《かみ》である。大本人《おほもとじん》はその覚悟《かくご》でどこまでも修理固《しゅうりこ》成《せい》の仕事《しごと》に当《あた》らねばならぬ。それには誠《まこと》と人《ひと》の力即《ちからすなわ》ち団結力《だんけつりょく》によらなければならぬ。そのためには是非《ぜひ》とも明《あか》るい「愛善《あいぜん》の心《こころ》」を養《やしな》うことが必要《ひつよう》である。そうでなければ成就《じょうじゅ》しない。

（『玉鏡』「修理固成の仕事」）

△敷坐《しきま》す島《しま》の八十島《やそしま》　敷坐《しきま》すは知食《しろしめ》すこと。八十島《やそしま》は多《おお》くの嶋々《しまじま》の意《い》。

△天《あめ》の壁立極《かべたつきは》み国《くに》の退立限《そぎたつかぎ》り　壁《かべ》は行《ゆ》き当《あた》り、辺際《へぎわ》の意《い》。退立《そぎたつ》は遠《とお》い所《ところ》の意《い》、天《てん》の果《は》てと地《ち》のあらん限《かぎ》りの意《い》。

△青雲《あをくも》の棚引極《たなびくきは》み、白雲《しらくも》の堕居向伏限《おりゐむかふすかぎ》り　天地《てんち》の領分《りょうぶん》は地上《ちじょう》七十八里《り》（＝約312キロ。地上からの高度は対流圏、成層圏（10～50キロ）、大気圏（50～80キロ）、宇宙空間（80～800キロ）等に分類される。）の所《ところ》で境《さかい》されている。青雲《あをくも》は天《てん》の領分《りょうぶん》の高空《こうくう》の雲《くも》、白雲《しらくも》は地《ち》の領分《りょうぶん》の低空《ていくう》の雲《くも》であるから、青雲《あをくも》の方《ほう》は見上《みあ》げた形《かたち》で棚引《たなび》く極《きわ》み、白雲《しらくも》の方《ほう》は見下《みお》ろした形《かたち》になっている。大空《たいくう》の総《すべ》てを指《さ》す。

△伊照透《いてりとほ》らす　勢《いきお》い強《つよ》く照《て》り透《とお》る。

◆上記《じょうき》の文言《もんごん》「敷坐《しきま》す島《しま》の～伊照透《いてりとほ》らす」は、「延喜式祝詞《えんぎしきのりと》」に掲載《けいさい》される。この表現《ひょうげん》は勇壮《ゆうそう》にして闊達《かったつ》なる上古日本人《じょうこにほんじん》の理想《りそう》を代表《だいひょう》する文章《ぶんしょう》である。然《しか》るに日《に》本《ほん》には儒教《じゅきょう》入《い》りて禅譲《ぜんじょう》（＝天皇または支配者がその位を後継者に譲ること。）の風《ふう》を伝《つた》え、老荘《ろうそう》の学来《がくき》たりて許由巣父《きょゆうそうほ》（＝出世や高い地位につくこと、栄貴《えいき》を忌《い》み嫌うたとえの意。）の徒《と》生《しょう》じ、しかして仏教渡《ぶっきょうわた》りて悲観厭世《ひかんえんせい》の俗興《ぞくおこ》り、真面目《しんめんもく》の本性《ほんしょう》を悔蒙《かいもう》すると共《とも》に、勇壮闊達《ゆうそうかったつ》の気象衰《きしょうおとろ》えるに到《いた》る。儒仏《じゅぶつ》により制度文物《せいどぶんぶつ》の美《び》をなしたるは可《か》なり。……しかし上《かみ》は清和天皇《せいわてんのう》の水尾山《みずおさん》に入《い》り給《たま》いたるとき随《したが》わざる者《もの》あるとてこれを果敢《はか》なみて、世《よ》を捨《す》て給《たま》う。また臣下《しんか》に至《いた》りて西行法師《さいぎょうほうし》（＝本名・佐藤義清《さとうよしはる》。平安時

代位の高い北面の武士。）は友《とも》の死《し》に会《あ》い、無常《むじょう》を感《かん》じて生死《せいし》の道《みち》を脱《だつ》せんとして出《しゅっ》家《け》す。彼果《かれはた》して何《なに》を得《え》たるや。

穢《けが》れとは生気《せいき》が枯《か》れる、気《き》が抜《ぬ》けるという意味《いみ》で、「四大綱領《しだいこうりょう》」「四大主義《しだいしゅぎ》」の実《じっ》践《せん》を主張《しゅちょう》される。

（『出口王仁三郎全集』第二巻「宗教の害毒」及び『歴史に隠された躍動の更生時代』参照。）

●みわたせば野《の》にも山《やま》にもすめ神《かみ》の　恵《めぐ》みの花《はな》は咲《さ》きみちにけり
●厭離穢土《えんりえど》などと思《おも》うなうつし世《よ》は　愛善《あいぜん》の神《かみ》まもる楽園《らくえん》

△大稜威《おほみいづ》　大《だい》なる御威勢《ごいせい》。大《だい》なる御威光《ごいこう》。
△日《ひ》の大御守《おほみまもり》　霊《れい》の元祖《がんそ》たる高皇産霊大神《たかみむすびのおほかみ》は一名神伊邪那岐大神《いちめいかむいざなぎのおほかみ》、またの名《な》は日《ひ》の大神《おほかみ》と称《とな》え奉《まつ》る。太陽《たいよう》は国常立尊《くにとこたちのみこと》から生《うま》れ、太陽《たいよう》の霊界《れいかい》は伊邪那岐大神《いざなぎのおほかみ》、現界《げんかい》は天照大神《あまてらすおほかみ》が主宰《しゅさい》される。
△月夜見神《つきよみのかみ》　体《たい》の元祖《がんそ》・神皇産霊大神《かむみむすびのおほかみ》は一名神伊邪那美大神《いちめいかむいざなみのおほかみ》、またの名《な》は月《つき》の大神《おほかみ》と称《とな》え

奉《まつ》る。月《つき》は豊雲野尊《とよくもぬのみこと》（坤《ひつじさる》の金神《こんじん》）から生《うま》れ、太陰《たいいん》の霊界《れいかい》は伊邪那美大神《いざなみのおほかみ》、現界《げんかい》は月夜見神《つきよみのかみ》（月読尊《つきよみのみこと》）が主宰《しゅさい》され、昼《ひる》に対《たい》する夜《よる》を司《つかさ》どる。

△殊更《ことさら》に厳《いづ》の御魂《みたま》天勝国勝国之大祖国常立尊《あまかつくにかつくにのおほみおやくにとこたちのみこと》　天地初発《あめつちしょはつ》の時《とき》より独《ひと》り神《がみ》にして隠《かく》れ身《み》の神《かみ》となり、火水抱合《かすいほうごう》（＝霊系を代表するのは火、体系を代表するのは水。）して一種《いっしゅ》の固形物《こけいぶつ》を発生《はっせい》し、宇宙一切《うちゅういっさい》を修《しゅう》理固成《りこせい》をする根元力《こんげんりょく》となる。これを「常立神《とこたちのかみ》」といい、剛体素《ごうたいそ》を「玉留魂《たまつめむすび》」（＝凝固する霊徳。金銀銅鉄砂土石……所謂元素。）といい、漂《ただよ》える国土《くに》を修理固成《つくりかため》て海陸《うみくが》を分《わ》け、動植物《どうしょくぶつ》の骨《ほね》となる。また、岩《いわ》の神《かみ》、雨《あめ》の神《かみ》、熱《ねつ》を放射《ほうしゃ》して火竜神《かりゅうじん》、八種《やくさ》の雷神《らいじん》、荒《あれ》の神《かみ》、地震《じしん》の神等《かみなど》を生《う》み給《たま》う。

△独《す》神《に》成坐而《なりまして》隠身賜《すみきりたま》ひ　『神典《しんてん》』では「独神《ひとりがみ》になりまして隠神《かくれみ》たまひ」と読《よ》み、出口聖《でぐちせい》師《し》はこれを「すになりましてすみきりたまひ」と読《よ》ませる。「言霊解《げんれいかい》」では住《す》み極《きわ》まる、澄《す》み極《きわ》まる、無限絶対無始無終《かきはにときは》（＝かきは不動。ときは永久に。）に極《きわ》みない。また語源《ごげん》も隠身《かくりみ》の約《つづま》ったもので、神《かみ》の意味《いみ》となる。澄《す》み極《きわ》まった神《かみ》のご神徳《しんとく》の形容《けいよう》。

△豊雲野尊《とよくもぬのみこと》　太初《はじめ》にあたり流《りゅう》・剛《ごう》すなわち生魂《いくむすび》と玉留魂《たまつめむすび》との水火合《すいかがっ》して不完全《ふかんぜん》なる呼吸《こきゅう》

を営《いとな》み、その中《なか》より植物《しょくぶつ》の元質《げんしつ》たる「足魂《たるむすび》」を完成《かんせい》する、これを「豊雲野命《とよくもぬのみこと》」という。いわゆる植物《しょくぶつ》の本質《ほんしつ》（＝DNA）となる。

◆豊雲野命《とよくもぬのみこと》またの御名《みな》豊国姫命《とよくにひめのみこと》。仏者《ぶっしゃ》では地蔵尊《じぞうそん》、無差別救済《むさべつきゅうさい》。この神《かみ》から神格《しんかく》化《か》せるを神素盞嗚尊《かむすさのをのみこと》、またの名《な》国大立命《くにひろたちのみこと》と申上《もうしあ》げ、この神《かみ》の四魂《しこん》が月照彦神《つきてるひこのかみ》（釈迦《しゃか》）から足真彦神《だるまひこのかみ》（達磨《だるま》）、少名彦神《すくなひこのかみ》（キリスト）、弘子彦神《ひろやすひこのかみ》（孔子《こうし》）となり「現幽神《げんゆうしん》」三界《さんかい》にまたがり神業《しんぎょう》に参加《さんか》したまう。

△葦芽彦遅命《あしかひひこじのみこと》　水《みず》の流体《りゅうたい》、これに火《ひ》の霊《れい》を宿《やど》して「生魂《いくむすび》」の霊徳《れいとく》により一切動物《いっさいどうぶつ》の本質《ほんしつ》（＝DNA）となり、これを葦芽彦遅命《あしかひひこじのみこと》という。

△大戸地《おほとのぢ》、大戸辺《おほとのべ》、宇比地根《うひぢね》、須比地根《すひぢね》……の全力《ちから》を以《もつ》て。万有一切《すべてのもの》に賦《くま》り与《あた》へ
神《かみ》は万有一切《すべてのもの》に、八力《はちりき》の全力《ちから》を以《もつ》て、剛《ごう》・柔《じゅう》・流《りゅう》の三元等《さんげんなど》を賦与《ふよ》し給《たま》い。

△天地《あめつち》の万霊《みたま》をして　天地《あめつち》は神《かみ》の意《い》、神《かみ》の全神霊《ぜんしんれい》により。

△惟神《かむながら》の大道《おほぢ》に依《よ》らしめ賜《たま》ひ　万物《ばんぶつ》それぞれが天地経綸《てんちけいりん》の理法《りほう》により本分《ほんぶん》を尽《つく》すことを

天地《てんち》惟神《かむながら》の大道《だいどう》という。

△神伊邪那岐尊《かむいざなぎのみこと》、神伊邪那美尊《かむいざなみのみこと》は天津神《あまつかみ》の神勅《みこと》を畏《かしこ》み　那岐那美二神《なぎなみにしん》は主《ス》の大神《おほかみ》のご神勅《しんちょく》を敬《うやま》い畏《かしこ》みて。

○国治立命《くにはるたちのみこと》（＝大地球上の神霊界を守護される時の御神名。艮の金神・国常立尊。）は、豊雲野命《とよくもぬのみこと》と剛柔《ごうじゅう》相対《あいたい》して地上《ちじょう》に動植《どうしょく》物《ぶつ》を生成化育《せいせいかいく》し、二神《にしん》の水火《いき》より伊邪那岐《いざなぎ》・伊邪那美《いざなみ》の二神《にしん》を生《う》み給《たま》い、日月《じつげつ》を造《つく》りてその「主宰神《しゅさいしん》」たらしめる。

○言霊学《げんれいがく》より伊邪那岐《いざなぎ》・伊邪那美二神《いざなみにしん》の働《はたら》きを解《かい》すれば、伊邪那美命《いざなみのみこと》は鳴《な》り鳴《な》りて鳴《な》り合《あ》わざる声即《こえすなわ》ち「ア」声《ごえ》である。また伊邪那岐命《いざなぎのみこと》は鳴《な》り鳴《な》りて鳴《な》り余《あま》れる声即《こえすなわ》ち「ウ」声《ごえ》である。各々《おのおの》「ア」「ウ」の二声《にせい》を分《わ》けて、一切《いっさい》の声《こえ》を産《う》み出《だ》し給《たま》う。大基《だいき》礎音《そおん》が一度《いちど》増加《ぞうか》して五大声音《だいせいおん》となり、再《ふた》び増加《ぞうか》して五十音《おん》となり、三度《ど》増加《ぞうか》して七十五音声《おんせい》となり、四度《ど》増加《ぞうか》して無量無辺《むりょうむへん》の声音《せいおん》となり、森羅万象一切《しんらばんしょういっさい》は成立《せいりつ》する。

（『神示の宇宙』「大本略義」）

○日本言霊学《にほんげんれいがく》の用《よう》より二神《にしん》を解釈《かいしゃく》すれば、伊邪那岐命《いざなぎのみこと》は万有《ばんゆう》の基礎《きそ》となり土台《どだい》となり、大金剛力《だいこんごうりき》を発揮《はっき》して修理固成《しゅうりこせい》の神業《しんぎょう》を成就《じょうじゅ》し、天津神《あまつかみ》の心《こころ》を奉体《ほうたい》して大地《だいち》を保《たも》ち、万《ばん》能《のう》万徳兼備《ばんとくけんび》し「ス」の根元《こんげん》を定《さだ》め、永遠無窮《えいえんむきゅう》に活《い》き徹《とう》し、天津御祖《あまつみおや》の真《しん》となり、善道《ぜんどう》にいざなう火水様《かみさま》である。つぎに伊邪那美命《いざなみのみこと》は三元《さんげん》（＝剛・柔・流）を統《す》べ体《たい》の根元《こんげん》をなし、身体地球《しんたいちきゅう》の基台《きだい》となり玉《たま》となりて暗黒社会《あんこくしゃかい》を照《て》らしたもう、太陰《たいいん》の活用《かつよう》ある神様《かみさま》であって、月《つき》の大神様《おほかみさま》であり、瑞《みづ》の御霊《みたま》である。

（『古事記言霊解』）

○修理固成《しゅうりこせい》は、那岐那美二柱《なぎなみふたはしら》が息《いき》を合《あ》わせて、神生《かみう》み国生《くにう》み、そして祓戸四柱《はらいどよはしら》の神《かみ》を生《う》み禊祓《みそぎはら》いを執行《しっこう》し万有《ばんゆう》に新陳代謝《しんちんたいしゃ》の生気《せいき》を与《あた》え給《たま》う。また国祖神《こくそしん》が修理固成《しゅうりこせい》を断行《だんこう》されるのも万有《ばんゆう》のために行《おこな》われ、この活動《かつどう》は寸暇《すんか》も休《やす》むことなく永遠《えいえん》に継続《けいぞく》される。現社会《げんしゃかい》では祓戸四柱《はらいどよはしら》の活動《かつどう》を単《たん》なる自然界《しぜんかい》の現象《げんしょう》と解《かい》する者《もの》が多《おお》い。しかし動植物《どうしょくぶつ》一切《いっさい》は降雨《こうう》により生成化育《せいせいかいく》され、適当《てきとう》なお湿《しめ》りと温熱《おんねつ》は地上《ちじょう》のもの一切《いっさい》に恩恵《おんけい》を与《あた》えるが、それに対《たい》する人々《ひとびと》の感謝《かんしゃ》の念《ねん》は亡失《ぼうしつ》されている。

△天《あま》の瓊矛《ぬほこ》　『物語《ものがたり》』第《だい》六巻《かん》・第《だい》十八章《しょう》「天《あま》の瓊矛《ぬほこ》」及《およ》び第《だい》十九章《しょう》「祓戸四柱《はらいどよはしら》」に「大国治立尊《おほくにはるたちのみこと》（＝大宇宙一切を御守護されるときの御神名、宇宙の大元霊。『物語』第一巻「総説」）には、この海月《くらげ》成《な》す漂《ただよ》える国《くに》を修理固成《しゅうりこせい》せしめむとし、日月界《じつげつかい》の主宰神《しゅさいしん》たる那岐那美《なぎなみ》二神《にしん》に命《めい》じ、「天の瓊矛」を賜いて「天《あめ》の浮橋《うきはし》」に立《た》たしめ、地上《ちじょう》の海原《うなばら》を瓊矛《ぬほこ》をもって掻《か》きなさしめ給《たま》いぬ。この「瓊矛《ぬほこ》」というは今《いま》の北斗星《ほくとせい》なり。………「天《あま》の瓊矛《ぬほこ》」の先《さき》より滴《したた》る雫《しずく》凝《こ》りて、一つの島《しま》を成《な》すというは、この北斗星《ほくとせい》の切尖《きっさき》の真下《ました》に当《あた》る国土《こくど》より、修理固成《しゅうりこせい》を執行《しっこう》されたる謂《い》いなり」とある。

◆神代《かみよ》は北斗星《ほくとせい》の尖端《せんたん》が天教山《てんきょうざん》（富士山《ふじさん》）にあたり、修理固成《しゅうりこせい》は日本《にほん》の国《くに》から始《はじ》められたといわれる。また「天《あめ》の浮橋《うきはし》」とは、弥勒大神様《みろくのおほかみさま》こと神素盞嗚大神様《かむすさのをのおほかみさま》の金色《こんじき》の両刃《もろは》の剣《つるぎ》が、際限《さいげん》なきまでに天上《てんじょう》に冲《ちゅう》するときをミロク塔《とう》という。換言《かんげん》すれば、ミロクの神様《かみさま》が、御光《みひかり》を天上《てんじょう》にまで冲《ちゅう》される救《すく》いの聖場《せいじょう》のこと。

（『霊界物語』第五巻・第二十四章「天の浮橋」、第四十八章「弥勒塔」参照）

◆また「天《あめ》の浮橋《うきはし》」とは、幽遠微妙《ゆうえんびみょう》の神理《しんり》と、神界《しんかい》の経綸《けいりん》を一大真人《いちだいしんじん》を通《つう》じて人界《じんかい》へ顕示《けんげん》し給《たま》うその機関《きかん》をいう。(『神霊界』大正九年八月二十一日号「綱領」及び『霊界物語』第六巻・第十六章「大洪水・二」参照)

◆北斗星《ほくとせい》というのは、北極星《ほっきょくせい》に近《ちか》い星《ほし》であって、俗《ぞく》にこれを七剣星《しちけんせい》、または破軍星《はぐんせい》と称《とな》えられる。この七剣星《しちけんせい》を「天《あま》の瓊矛《ぬほこ》」ともいい、那岐那美《なぎなみ》の大神《おほかみ》が「天《あめ》の浮橋《うきはし》」に立《た》って漂《ただよ》える地《ち》の世界《せかい》を塩《しお》コオロコオロにかき鳴《な》らし給《たま》いし宇宙修理《うちゅうしゅうり》固成《こせい》の神器《しんき》である。今日《こんにち》もなお我国《わがくに》より見《み》る大空《おおぞら》の中北部《ちゅうほくぶ》に位置《いち》を占《し》めて、太《たい》古《こ》のまま日地月《にっちげつ》の安定《あんてい》を保《たも》っている。……。

(『霊界物語』第四巻・第四十九章、『神示の宇宙』「その四」)

◆天《あま》の瓊矛《ぬほこ》について『出口王仁三郎全集《でぐちおにさぶろうぜんしゅう》』第五巻《だいかん》「随筆《ずいひつ》一〇」には、「古《いにしえ》の釈迦《しゃか》にしろ、聖徳太子《しょうとくたいし》にしろ、はたまた日蓮《にちれん》にしろ、いずれも皆北斗暦《みなほくとれき》(恒天暦《こうてんれき》)によったものである」と示《しめ》され、天地《てんち》の運行《うんこう》に合致《がっち》する暦《こよみ》は北斗暦《ほくとれき》であると示《しめ》される。

△豊葦原《とよあしはら》の千五百秋《ちいほあき》の水火国《みずほのくに》　豊葦原《とよあしはら》とは全地球上《ぜんちきゅうじょう》のこと。千五百秋《ちいほあき》とは無数《むすう》に秋《あき》の穂《ほ》が繁《しげ》り栄《さか》えているさま。水火国《みづほのくに》とは、この大地《だいち》のこと。

△何怜《うまら》に完全具足《つばら》に　うまい具合《ぐあい》に万物《ばんぶつ》が充分完全《じゅうぶんかんぜん》に備《そな》わるように。

△国魂《くにたま》の神《かみ》を生《う》み　それぞれの国《くに》を守護《しゅご》される神様《かみさま》をお生《う》みになって。

◆大八洲《おほやしま》の国《くに》とは、地球全体《ちきゅうぜんたい》の海陸《うみくが》の総称《そうしょう》なり。伊邪那岐命《いざなぎのみこと》はいよいよ修理固成《しゅうりこせい》の神業《しんぎょう》を着々《ちゃくちゃく》と緒《ちょ》に就《つ》かせられ国魂《くにたま》の神《かみ》を任《にん》じ、永遠《えいえん》に守神《まもりがみ》とし任命《にんめい》されたりける。

（『霊界物語』第六巻・第二十七章「神生み」）

◆伊邪那岐大神《いざなぎのおほかみ》（天の御柱神《あめみはしらのかみ》）、伊邪那美大神《いざなみのおほかみ》（国の御柱神《くにみはしらのかみ》）は、オーストラリア大陸《たいりく》の胞衣《えな》として伊予《いよ》の二名《ふたな》の島《しま》（四国《しこく》、一名竜宮島《いちめいりゅうぐうじま》）を生《う》み給《たま》い真澄姫《ますみひめ》を、アフリカの胞衣《えな》として筑紫《つくし》の国《くに》（九州《きゅうしゅう》）を生《う》み給《たま》い純世姫《すみよひめ》を、北米《ほくべい》の胞衣《えな》として蝦夷《えぞ》の島《しま》（北海道《はっかいどう》）を言霊姫《ことたまひめ》、南米《なんべい》の胞衣《えな》として台湾《たいわん》（高砂島《たかさごじま》）を竜世姫《たつよひめ》、欧《おう》亜大陸《あたいりく》の胞衣《えな》として日本《にほん》の本州《ほんしゅう》を生《う》み高照姫《たかてるひめ》をそれぞれ国魂神《くにたまがみ》たらしめ、永遠《えいえん》に国土《こくど》を守護《しゅご》される。これは霊界《れいかい》における御守護《ごしゅご》にして、現界《げんかい》の守護《しゅご》にあらず。その国々島々《くにぐにしまじま》の身魂《みたま》は、総《すべ》てこの五《いつ》はしらの指揮《しき》に従《したが》い、現《げん》・幽《ゆう》・神《しん》の三界《さんかい》に出《しゅつ》現《げん》するものなり。この五柱《いつはしら》の神《かみ》を総称《そうしょう》して金勝要神《きんかつかねのかみ》という。

（『霊界物語』第六巻・第二十五章「金勝要大神」及び第二十八章「身変定《ミカエル》」参照）

◆世界統治《せかいとうち》の方法《ほうほう》として、国治立命《くにはるたちのみこと》はシオン山《ざん》に鎮祭《ちんさい》されていた十二の玉《たま》を世界《せかい》の各地《かくち》に配置《はいち》し、もって国玉《くにたま》の神《かみ》となし、八頭神《やつがしらがみ》（守護職《しゅごしょく》）十二柱《じゅうにはしら》を任命《にんめい》し、律法宣伝《りっぽうせんでん》の天使《てんし》の中《なか》から十二柱《はしら》を選《えら》んで八王神《やつおうがみ》（主権者《しゅけんしゃ》）として配置《はいち》され、世《せ》界《かい》を十二の地域《ちいき》にわけて治《おさ》められる。

（『霊界物語』第三巻・第一章「神々の任命」、第二章「八王神の守護」）

△産土《うぶすな》の神《かみ》を任《ま》け賜《たま》ひて

産土神《うぶすなのかみ》はその土地《とち》の神様《かみさま》で、その土地《とち》を創造《そうぞう》せられ、その土《とち》に永遠《えいえん》に住《す》まわれ守護《しゅご》される神《かみ》です。

◆雀《すずめ》にも自分《じぶん》の持《も》つ領分地《りょうぶんち》がある。雀《すずめ》ばかりではない、カラスでも、鷹《たか》でも、鳶《とび》でも虎《とら》でも獅子《しし》でも、禽獣虫魚《きんじゅうちゅうぎょ》皆《みな》自分《じぶん》の住《す》む範囲《はんい》、即《すなわ》ち領分《りょうぶん》がある。そして彼《かれ》等《ら》は決《けっ》してその範囲《はんい》の外《そと》には出《で》ないのである。またお互《たが》いが決《けっ》してその範囲《はんい》を犯《おか》さないものである。もし他《た》を犯《おか》す時《とき》はたちまち争闘《そうとう》がはじまる。……斯《か》くの如《ごと》くその領有《りょうゆう》するところが定《さだ》まっておるのであるから、人間《にんげん》もまたその領有《りょうゆう》する所《ところ》がなくてはならぬ訳《わけ》である。だが鳥獣《ちょうじゅう》の類《たぐい》は自分《じぶん》の領有《りょうゆう》を他《た》に賃貸《ちんたい》しても金《きん》銭《せん》を取《と》るというようなことがない、人間《にんげん》もまたそうあらねばならぬ。

（『水鏡』「雀の領分地」）

◆現代《げんだい》では、産土《うぶすな》の神様《かみさま》の知召《しろしめ》す領域《りょういき》が分《わか》らないことが多《おお》い。その場合《ばあい》には、その土地《とち》の名前《なまえ》を付《ふ》して奏上《そうじょう》するとよいと示《しめ》される。

感謝（その三）

現身《うつそみ》の世《よ》の習慣《ならひ》として。枉津神《まがつかみ》の曲事《まがこと》に相交《あひまじ》こり、日《ひ》に夜《よ》に罪悪汚濁《つみけがれ》に沈《しづ》みて。現界《うつしよ》の制度《みのり》に罪《つみ》せられ。幽界《かくりよ》にては神《かみ》の政庁《みかど》の御神制《みさだめ》の随々《まにまに》、根《ね》の国底《くにそこ》の国《くに》に堕行《おちゆか》むとする蒼《あを》生《ひとぐさ》の霊魂《みたま》を隣《あはれ》み賜《たま》ひて。伊都《いづ》の霊《みたま》、美都《みづ》の霊《みたま》の大神《おほかみ》は。綾《あや》に尊《たふと》き豊葦原《とよあしはら》の瑞穂《みづほ》の国《くに》の真《ま》秀良場《ほらば》畳並《たたなは》る、青垣山《あをかきやま》籠《こも》れる下津岩根《したついはね》の高天原《たかあまはら》に、現世幽界《うつつかくりよ》の統治神《すべかみ》として現《あら》はれ給《たま》ひ。教親《をしへみおや》の命《みこと》の手《て》に依《よ》り口《くち》に依《よ》りて、惟神《かむながら》の大本《おほもと》を講《と》き明《あか》し。天《あめ》の下四方《したよも》の国《くに》を平《たひら》けく安《やす》らけく、豊《ゆた》けく治《をさ》め給《たま》はむとして。日毎夜毎《ひごとよごと》に漏《もる》る事無《ことな》く遺《おつ》る事無《ことな》く。最懇切《いとねもごろ》に百姓万民《おほみたから》を教《をし》へ諭《さと》し賜《たま》ふ。神直日《かむなほひ》、大直日《おほなほひ》の深《ふか》き広《ひろ》き限《かぎ》り無《な》き大御恵《おほみめぐみ》を。嬉《うれ》しみ忝《かたじけ》なみ、恐《かしこ》み恐《かしこ》みも称辞《たたへごと》竟《を》へ奉《まつ》らくと白《まを》す。

【大意】「顕《けん》の顕神《けんしん》」としてこの地球上《ちきゅうじょう》の蒼生《そうせい》を救済《きゅうさい》のために綾《あや》に尊《とうと》き豊葦原《とよあしはら》の聖場《せいじょう》に降《こう》臨《りん》になられた伊都《いづ》の霊《みたま》（＝水の洗礼者、体的洗礼、ヨハネの御魂、救世主降臨の予言、警告を発する。）、美都《みづ》の霊《みたま》（＝火の洗礼、霊的洗礼、現幽神三界の救世主。）を讃《たた》える感謝《かんしゃ》の祝詞《のりと》です。

この現界《げんかい》は物質社会《ぶっしつしゃかい》に在《あ》って善悪美醜《ぜんあくびしゅう》が混在《こんざい》する。いみじくも社会《しゃかい》の法律《ほうりつ》に違反《いはん》して処《しょ》罰《ばつ》されることもある。また法律《ほうりつ》に違反《いはん》しなくても、人霊《じんれい》が霊界《れいかい》に行《ゆ》くと天則《てんそく》により中有界《ちゅううかい》に迷《まよ》い、また根《ね》の国《くに》、底《そこ》の国《くに》に自《みずか》ら落《お》ち行《ゆ》く者《もの》もある。そのような青人草《あおひとぐさ》を憐《あわ》れみて、伊《い》都《づ》の霊《みたま》、美《み》都《づ》の霊《みたま》の大神《おほかみ》は現世幽界《うつつかくりよ》の統治神《すべかみ》として、日本《にほん》の国《くに》の真秀良場《まほろば》青垣山《あをかきやま》を巡《めぐ》らせる蓮華台《れんげだい》に再臨《さいりん》になり、惟神《かむながら》の大本《おほもと》を開《ひら》き、世界救世《せかいきゅうせい》の御教《みおしえ》を開示《かいじ》される。その神直日《かむなおひ》、大直日《おほなおひ》の限《かぎ》りなき大御恵《おおみめぐみ》を謹《つつし》んで感謝申上《かんしゃもうしあ》げます。

△現身《うつそみ》の世《よ》　霊身《れいしん》に対《たい》する現身《うつそみ》、肉体《にくたい》の身《み》。物質《ぶっしつ》の世界《せかい》。

△現界《うつしよ》の制度《みのり》　霊界《れいかい》に対《たい》する現実世界《げんじつせかい》の法律《ほうりつ》や制度《せいど》。

△幽界《かくりよ》にては神《かみ》の政庁《みかど》の御神制《みさだめ》の随々《まにまに》　幽界《ゆうかい》にある裁《さば》き所《どころ》、中有界《ちゅううかい》または精霊界《せいれいかい》、六道《ろくどう》の辻《つじ》ともいう。霊界《れいかい》には天界《てんかい》と、地獄界《じごくかい》との二大境域《にだいきょういき》がある。天界《てんかい》は正《ただ》しき神々《かみがみ》や、正《ただ》しき人々《ひとびと》の霊魂《みたま》の安住《あんじゅう》する国《くに》で「天《てん》の神界《しんかい》」と「地《ち》の神界《しんかい》」に別《わか》れる。地獄界《じごくかい》は邪神《じゃしん》の集《あつ》まる国《くに》で、天地《てんち》の経綸《けいりん》に反《はん》した罪悪者《ざいあくしゃ》の自《みずか》ら墜《お》ちてゆく「根《ね》の国《くに》」（悪欲《あくよく》の世界《せかい》）、「底《そこ》の国《くに》」（＝虚偽の世界）がある。大要《たいよう》を略記《りゃっき》すると

霊界
- 天界
  - 天の神界
  - 地の神界

  また神界という。正しき神々や人々の霊魂の安住する国。
- 中有界　浄罪界《じょうざいかい》また（精霊界《せいれいかい》）という。
- 地獄界
  - 根の国
  - 底の国

  また幽界という。邪神の集まる国であり、罪悪者の堕《お》ちてゆく国。

世界《せかい》の人《ひと》は天界《てんかい》の流《ながれ》を受《う》けて善《ぜん》をなし、地獄《じごく》によりて悪《あく》をなす。それ故《ゆえ》すべての事物《じぶつ》は霊界《れいかい》の精霊《せいれい》のなす業《わざ》なれど、人《ひと》はその行為《こうい》を自分《じぶん》の身《み》よりすると信《しん》じる故《ゆえ》に、悪《あく》はみな自有《じゆう》となして心中深《しんちゅうふか》く膠着《こうちゃく》し、悪《あく》と虚偽《きょぎ》との因《たね》となる。悪《あく》と虚偽《きょぎ》とはその人《ひと》の心《こころ》の地獄《じごく》にして、自《みず》ら諸悪《しょあく》の原因《げんいん》を造《つく》り、自《みず》ら地獄《じごく》におもむく次第《しだい》なり。真《しん》の大神《おほかみ》は地獄《じごく》を造《つく》り墜《おと》し苦《くる》しめ処罰《しょばつ》することはない。

●天国《てんごく》は意志想念《いしそうねん》の世界《せかい》なり　ゆえに霊《みたま》は不老不死《ふろうふし》なる
●天国《てんごく》は意志想念《いしそうねん》の世界《せかい》なり　心《こころ》のけがれは地獄《じごく》をつくる
●ことさらに神《かみ》は地獄《じごく》をつくらねど　おのがつくりておのが行《ゆ》くなり
●おほかたの人《ひと》のあはれは死《し》してのち　天国《てんごく》あるをさとらぬことなり
●天国《てんごく》に生《い》くるのぞみのあればこそ　げに人生《じんせい》は楽《たの》しかりけり
（『愛善の道』）

○高天原《たかあまはら》の天国《てんごく》は主《しゅ》の神格《しんかく》によりて所成《しょせい》せられている。ゆえに一霊四魂全徳《いちれいしこんぜんとく》の人間《にんげん》のゆく天国《てんごく》と、三徳《さんとく》、二徳《にとく》、一徳《いっとく》の人間《にんげん》のゆく天国《てんごく》とはおのおの高下《こうげ》の区別《くべつ》がある。また主《しゅ》を見《み》る人々《ひとびと》によって主《しゅ》の神格《しんかく》に相違《そうい》がある。一徳一善《いっとくいちぜん》の記《しる》すべきなきものは、草莽《そうもう》間《かん》に漂浪《ひょうろう》し、または天《あめ》の八衢《やちまた》に彷徨《ほうこう》する。これに反《はん》して悪《あく》の強《つよ》き者《もの》、不信《ふしん》、不愛《ふあい》、不《ふ》徳《とく》の徒《やから》は、その罪業《ざいごう》の軽重《けいちょう》に応《おう》じてそれぞれの地獄《じごく》へ堕《お》ち、罪相当《つみそうとう》の苦悶《くもん》を受《う》くるのである。
（『霊界物語』第十七巻「霊の礎」（三））

△伊都《いづ》の霊《みたま》　伊都《いづ》は厳《いづ》の意《い》。厳《いづ》の御霊《みたま》。

三千大世界《ぜんだいせかい》を創造《そうぞう》し給《たま》いし、大国常立《おほくにとこたち》の大神《おほかみ》はウ声《ごえ》の言霊《ことたま》の御水火《みいき》より天之道立《あめのみちたつ》の神《かみ》を生《う》み給《たま》い、宇宙《うちゅう》の世界《せかい》を教《おし》え導《みちび》き給《たま》いたるが、数百億年《すうひゃくおくねん》の後《のち》に至《いた》りて、稚姫君命《わかひめぎみのみこと》（＝伊邪那岐尊《いざなぎのみこと》から生れた天照大神《あまてらすおほかみ》の妹神《いもとかみ》）の霊性《れいせい》の御霊代《みひしろ》として尊《とうと》き神人《しんじん》（＝開祖出口直。大正七年十一月六日御昇天83歳。）として三千世界《ぜんせかい》の修理固成《しゅうりこせい》を言依《ことよ》さし給《たま》い。……天《てん》の時《とき》ここに到《いた》りて厳《いづ》の御霊稚《みたまわか》姫君命《ひめぎみのみこと》は再《ふたた》び天津御国《あまつみくに》に帰《かえ》り給《たま》い、「厳《いづ》の御霊《みたま》」の神業一切《しんぎょういっさい》を「瑞《みづ》の御霊《みたま》」（＝出口王仁三郎聖師。）に受《う》け継《つ》がせ給《たま》いける。（＝出口聖師は、これをもって「神聖元年」と宣示される。）

「厳《いづ》の御霊《みたま》」は荒魂《あらみたま》の勇《ゆう》と和魂《にぎみたま》の親《しん》を主《しゅ》とし、奇魂《くしみたま》の智《ち》と幸魂《さちみたま》の愛《あい》を従《じゅう》となりて活《はたら》き給《たま》い。（『天祥地瑞』第七十三巻「総説」、本書49頁参照。）

△美都《みづ》の霊《みたま》　美都《みづ》は瑞《みづ》の意《い》。瑞《みづ》の御霊《みたま》。

ア声《ごえ》の言霊《ことたま》より生《な》り出《い》でし太元顕男《おほもとあきつを》の神《かみ》の御霊《みたま》も神人《しんじん》と現《あら》われ共《とも》に神業《みわざ》を励《はげ》み給《たま》いける。

「瑞《みづ》の御霊《みたま》」は奇魂《くしみたま》の智《ち》と幸魂《さちみたま》の愛主《あいしゅ》となり、荒魂《あらみたま》の勇《ゆう》と和魂《にぎみたま》の親《しん》は従《じゅう》となりて世《よ》に現《あらわ》れ、今《いま》や破《やぶ》れんとする天地《てんち》を修理固成《しゅうりこせい》すべく現《あ》れ出《い》でたるなり。しかして「厳《いづ》の御《み》魂《たま》」は経《たて》の神業《みわざ》なれば言行共《げんこうとも》に一々万々確固不易《いちいちばんばんかっこふえき》なるに反《はん》し、「瑞《みづ》の御魂《みたま》」の神業《みわざ》は操《そう》縦与奪《じゅうよだつ》その権我《けんわれ》に在《あ》りの力徳《りきとく》をもって神業《みわざ》に奉仕《ほうし》し給《たま》う神定《かむさだ》めなり。

『神諭《しんゆ》』にも、経《たて》の御用《ごよう》はビクとも動《うご》かれず鵜《う》の毛《け》の露《つゆ》ほども変《か》わらぬが、「瑞《みづ》の御《み》霊《たま》」は緯《よこ》の御用《ごよう》なれば機《はた》の緯糸《よこいと》の如《ごと》く、右《みぎ》に左《ひだり》に千変万化《せんぺんばんか》の活動《かつどう》あることを示《しめ》されたり。然《しか》るに今《いま》や「伊都能売《いづのめ》の御霊《みたま》」と顕現《けんげん》したれば、経緯両方面《たてよこりょうほうめん》を合《あわ》せて神代《かみよ》の顕現《けんげん》に従《じゅう》事《じ》し給《たま》うこととなりたれば、益々《ますます》その行動《こうどう》の変幻出没《へんげんしゅつぼつ》自由《じゆう》自在《じざい》なるは到底凡夫《とうていぼんぷ》の窺知《きち》し得《う》べきものにあらず。斯《か》くして大宇宙《だいうちゅう》の神界治《しんかいおさ》まり、三千世界《ぜんせかい》の更生《こうせい》となりて、全《ぜん》地上《ちじょう》の更生《こうせい》の神業《みわざ》は成就《じょうじゅ》すべきなり。この消息《しょうそく》を知《し》らずして大神業《だいしんぎょう》に奉仕《ほうし》せんとするものは、あたかも木《き》によって魚《うお》を求《もと》むる如《ごと》く、海底《かいてい》に野菜《やさい》を探《さぐ》り、田園《でんえん》にハマグリを漁《あさ》るが如《ごと》し。従来《じゅうらい》の各種《かくしゅ》の宗教《しゅうきょう》や賢哲《けんてつ》の道徳率《どうとくりつ》を標準《ひょうじゅん》としては、「伊都能売神《いづのめのかみ》」の御神業《みみわざ》は知《し》り得《う》べき限《かぎ》りにあらず。

（『天祥地瑞』第七十三巻「総説」）

△豊葦原《とよあしはら》の瑞穂《みづほ》の国《くに》　（前出《ぜんしゅつ》あり）日本《にほん》のこと。

△真秀良場《まほらば》畳並《たたなは》る　真秀良場《まほらば》とは優《すぐ》れたよい所《ところ》。山《やま》などが幾重《いくえ》にも重《かさ》なり合《あ》いつらなっている、秀《ひい》でた国土《こくど》。

△青垣山籠《あをかきやまこも》れる下津岩根《したついはね》の高天原《たかあまはら》　周囲《しゅうい》が山々《やまやま》に囲《かこ》まれ、大地《だいち》が地球《ちきゅう》の岩盤《がんばん》から出来《でき》ている聖場《せいじょう》。

△現世幽界《うつつかくりよ》の統治神《すべかみ》として現《あら》はれ給《たま》ひ

「神素盞嗚尊《かむすさのをのみこと》の聖霊《せいれい》、万有愛護《ばんゆうあいご》のため大八洲彦命《おほやしまひこのみこと》と顕現《けんげん》し（中略）瑞霊化生《ずいれいけしょう》の肉体《にくたい》に宿《やど》り、蜻洲出生《せいしゅうしゅっしょう》の肉体《にくたい》をかりて、高熊山《たかくまやま》に現《あら》はれ、衆生《しゅじょう》を救《すく》う。時《とき》に年歯《ねんし》将《まさ》に二十有《ゆう》八歳《さい》なり。二十九歳《さい》の秋《あき》九月《がつ》八日《か》、さらに聖地《せいち》桶伏山《おけふせやま》に坤《ひつじさるの》金神《こんじん》豊国主命《とよくにぬしのみこと》（＝国祖の補佐神としてのご神名。）と現《あら》はれ、天教山《てんきょうざん》に修《しゅう》して観世音菩薩《かんぜおんぼさつ》木花姫命《このはなひめのみこと》と現《げん》じ、五十二歳《さい》をもって伊《い》都能売魂《づのめのみたま》（弥勒最勝如来《みろくさいしょうにょらい》）となり、普《あまね》く衆生済度《しゅじょうさいど》のため更《さら》に蒙古《もうこ》に降《くだ》り、活仏《かつぶつ》として、万有愛護《ばんゆうあいご》の請願《せいがん》を成就《じょうじゅ》し、五六七《みろく》の神世《かみよ》を建設《けんせつ》す。」

（『霊界物語』「特別篇」第八章「聖雄と英雄」）

◆更生主《こうせいしゅ》出口王仁三郎聖師《でぐちおにさぶろうせいし》、明治《めいじ》四年旧《ねんきゅう》七月《がつ》十二日《にち》（現《げん》）亀岡市曽我部町穴太《かめおかしそがべちょうあなお》に降誕《こうたん》。二十八歳《さい》のとき高熊山《たかくまやま》に降臨《こうりん》。二十九歳《さい》の秋聖地《あきせいち》桶伏山《おけふせやま》に再臨《さいりん》。五十二歳《さい》、仏典《ぶってん》に示《しめ》される月光菩薩《げっこうぼさつ》として『霊界物語《れいかいものがたり》』を口述《こうじゅつ》、衆生《しゅじょう》を救《すく》う。昭和《しょうわ》三年《ねん》三月《がつ》三日《か》、五十六歳《さい》七ヶ月《げつ》、仏典《ぶってん》にある弥勒下生《みろくげしょう》を宣言《せんげん》す。

◆先《さき》の「神言《かみごと》」神声碑《しんせいひ》、教碑《きょうひ》、神声歌碑《しんせいかひ》、新詩《しんし》59頁《ページ》参照《さんしょう》。

○無量無辺《むりょうむへん》の声音《せいおん》の変化《へんか》は、窮極《きゅうきょく》するところを知《し》らないが、これを還源《かんげん》すればただ一《いち》音《おん》の「ス」に帰一《きいつ》する。天之御中主大神《あめのみなかぬしのおほかみ》が万有《ばんゆう》を巻《ま》き収《おさ》めて帰一《きいつ》せる絶対一元《ぜったいいちげん》の静《せい》的状態《てきじょうたい》が即《すなわ》ち「ス」である。宇宙根源《うちゅうこんげん》の「ス」は人間《にんげん》では経験《けいけん》する事《こと》は出来《でき》ないが、小規模《しょうきぼ》の「ス」は間断《かんだん》なく体験《たいけん》できる。天地間《てんちかん》、寂《じゃく》たる境地《きょうち》は「ス」である。安眠静《あんみんせい》臥《が》、黙座鎮魂《もくざちんこん》の状態《じょうたい》も同《おな》じく、「ス」である。「ス」は絶対《ぜったい》であり、中和《ちゅうわ》であり、統一《とういつ》であり、また潜勢力《せんせいりょく》（＝内部にひそんで表面に現れない勢力。）である。有《ゆう》にあらず、また無《む》にあらず、有《う》無《む》を超越《ちょうえつ》したる一切《いっさい》の極元《きょくげん》である。「ス」は統《す》べる、皇《すめらぎ》、住《す》む、澄《す》む、済《す》む等《など》の

「ス」は、悉《ことごと》く同一根源《どういつこんげん》から出発《しゅっぱつ》した言霊《ことたま》の活用《かつよう》である。

既《すで》に宇宙間《うちゅうかん》に八百万《やほよろず》の神々《かみがみ》が顕現《けんげん》された以上《いじょう》は、是非《ぜひ》とも宇宙《うちゅう》の大元霊天之御中主《だいげんれいあめのみなかぬし》大神《おほかみ》の極仁《きょくじん》、極徳《きょくとく》、極智《きょくち》、極真《きょくしん》、極威《きょくい》、極神霊《ごくしんれい》を代表《だいひょう》して、これを統一主宰《とういつしゅさい》する一神《いっしん》がなければならぬ。換言《かんげん》すれば「ス」の言霊《ことたま》の表現神《ひょうげんしん》がなければならぬ。

神典《しんてん》『古事記《こじき》』には明瞭《めいりょう》にこの間《かん》の神秘《しんぴ》を漏《も》らしている。「三貴神《さんきしん》」の御出生《ごしゅっしょう》の物《もの》語《がたり》が、即《すなわ》ちそれである。伊邪那岐命《いざなぎのみこと》の左《ひだり》の御目《おんめ》から御出生《ごしゅっしょう》になられたのが、天照大《あまてらすおほ》御神《みかみ》である。左《ひだり》は即《すなわ》ち「火垂《ひたり》」で霊系《れいけい》を代表《だいひょう》される。右《みぎ》の御目《おんめ》から御出生《ごしゅっしょう》になられたのが月読命《つきよみのみこと》である。右《みぎ》は即《すなわ》ち「水極《みぎ》」で体系《たいけい》を代表《だいひょう》される。御鼻《みはな》を洗《あら》われる時《とき》に御出生《ごしゅっしょう》になられたのが、建速須佐野男命《たけはやすさのをのみこと》（＝神素盞鳴大神。）である。鼻《はな》は即《すなわ》ち顔《かお》の正中《せいちゅう》に位《くらい》し、氣息《いき》の根《ね》を司《つかさど》り、左右《さゆう》の鼻孔《びこう》は、霊体二系《れいたいにけい》の何《いず》れをも備《そな》えている。即《すなわ》ち統治《とうち》の位置《いち》にある。………。

（『神示の宇宙』「大本略儀」）

△**教親《おしえみおや》** 伊都《いづ》の魂《みたま》（厳《いづ》の御魂《みたま》・ヨハネの御魂《みたま》、水《みづ》の洗礼者《せんれいしゃ》。）出口直開祖《でぐちなほかいそ》と、美都《みづ》の霊《みたま》

（瑞《みづ》の御魂《みたま》の救世主《きゅうせいしゅ》、火《ひ》の洗礼者《せんれいしゃ》。）出口王仁三郎《でぐちおにさぶろう》聖師《せいし》の二柱《ふたはしら》。または厳霊《げんれい》を包含統一《ほうがんとういつ》する瑞霊真如伊都能売魂《いづのめのみたま》の教え主《おしぬし》、一柱《ひとはしら》とする二説《せつ》がある。

○しかし、現界人《げんかいじん》にして心身内《しんしんない》に天国《てんごく》を建《た》てておかねば、死後身外《しごしんがい》の天国《てんごく》を摂受《せつじゅ》することは到底不可能《とうていふかのう》である。死後天国《しごてんごく》の歓喜《かんき》を摂受《せつじゅ》し、かつ現実界《げんじつかい》の歓喜生活《かんきせいかつ》を送《おく》らんと思《おも》うものは、「瑞《みづ》の御霊《みたま》」の守《まも》りを受《う》けねばならぬ。要《よう》するに生命《いのち》の清水《しみず》を汲《く》みとり、飢《う》え渇《かわ》ける心霊《しんれい》を霑《うるお》しておかねばならぬのである。「瑞《みづ》の御魂《みたま》」の手《て》を通《とお》して示《しめ》されたる言霊《ことたま》、すなわち生命《いのち》の清水《しみず》である『霊界物語《れいかいものがたり》』によって人《ひと》は心身《しんしん》ともに歓喜《かんき》にむせび、永遠《えいえん》の生命《せいめい》を保《たも》ち、死後《しご》の歓楽境《かんらくきょう》を築《きず》き得《う》るものである。

（『霊界物語』第十七巻「霊の礎」）

●父母《ちちはは》はからたまの親《おや》　主《す》の神《かみ》はわが玉《たま》の緒《お》の命《いのち》の親《おや》なり

△惟神《かむながら》の大本《おほもと》　皇道《こうどう》の大本《たいほん》。神習《かむながら》の大本《おほもと》。生成化育《せいせいかいく》、愛善《あいぜん》の大道《だいどう》。

△最懇切《いとねもごろ》に百姓万民《おほみたから》を教《をし》へ諭《さと》し賜《たま》ふ

大正初期《たいしょうしょき》のどぶろく時代《じだい》を経《へ》て、大正《たいしょう》十（1921）年《ねん》には『霊界物語《れいかいものがたり》』の口述清酒《こうじゅつせいしゅ》が醸《かも》し出《だ》される。そして、大正《たいしょう》十三（1924）年《ねん》の入蒙《にゅうもう》以来《いらい》、出口聖師《でぐちせいし》を救世主《きゅうせいしゅ》と仰《あお》ぐ人々《ひとびと》が世界各国《せかいかっこく》に信者会員賛同者《しんじゃかいいんさんどうしゃ》八〇〇万人《まんにん》を数《かぞ》える。樺太《からふと》、台湾《たいわん》、朝鮮《ちょうせん》、中国《ちゅうごく》、インド、パキスタン、アフガニスタン、オーストラリア、ニュージーランド、中東《ちゅうとう》、ヨーロッパ、アフリカ、ロシア、中南北《ちゅうなんぼく》アメリカなど、五十数《すう》ケ国《こく》に現地人《げんちじん》の信者支持者《しんじゃしじしゃ》により大小《だいしょう》の支部《しぶ》が設立《せつりつ》される。パリでの大量出版物《たいりょうしゅっぱんぶつ》、ウクライナのキエフ図書館《としょかん》には全書籍《ぜんしょせき》が収蔵《しゅうぞう》される等大活動《とうだいかつどう》が展開《てんかい》されていた。しかし昭和《しょうわ》十（1935）年《ねん》の第二次《だいにじ》大本弾圧事件《おほもとだんあつじけん》により崩壊《ほうかい》する。

△神直日《かむなほひ》、大直日《おほなほひ》　神直日《かむなおひ》は宇宙主宰《うちゅうしゅさい》の神《かみ》の直霊魂《なほひのみたま》、大直日《おおなおひ》は天帝《てんてい》の分霊《ぶんれい》たる個人《こじん》に賦《ふ》与《よ》された霊魂《みたま》。

祈願（その四）

天地初発《あめつちなりいで》之時《しとき》より。『隠身《すみきり》賜《たま》ひし国《くに》の太《おほみ》（大）祖大国常立大神《おやおほくにとこたちのおほかみ》の御前《みまへ》に白《まを》さく。天《あめ》の下《した》四方《よも》の国《くに》に生出《なりいで》し青人草等《あをひとぐさら》の身魂《みたま》に。天津神《あまつかみ》より授《さづ》け給《たま》へる直霊魂《なほひのみたま》をして。益々《ますます》光華《ひかり》明《う》彩至善至《るはしき》直伊都能売魂《いづのめのみたま》と成《な》さしめ賜《たま》へ。邂逅《わくらは》に過《あやま》ちて枉津神《まがつかみ》の為《ため》に汚《けが》し破《やぶ》らるる事《こと》なく。四魂五情《たまとこころ》の全《まつた》き活動《はたらき》に由《より》て大御神《おほみかみ》の天業《みわざ》に仕《つか》へ奉《まつ》るべく。忍耐勉強以《よくたへしのびもつ》て尊《たふと》き品位《しな》を保《たも》ち、玉《たま》の緒《を》の生命《いのち》長《なが》く。家門《いへかど》高《たか》く富栄《とみさか》えて、甘《うま》し天地《あめつち》の花《はな》と成《な》り光《ひかり》と成《な》り。大神《おほかみ》の神子《みこ》たる身《み》の本能《さが》を発《ひら》き揚《あげ》しめ賜《たま》へ。仰《あふ》ぎ願《ねが》はくは大御神《おほみかみ》の大御心《おほみこころ》に叶《かな》ひ奉《まつ》りて、身《み》にも心《こころ》にも罪汚《つみけが》穢過失《れあやまち》在《あ》らしめず。天授之至霊《もとつみたま》を守《まも》らせ給《たま》へ、凡百《すべて》の事業《なりはひ》を為《な》すにも。大御神《おほみかみ》の恩頼《みたまのふゆ》を幸《さきは》へ給《たま》ひて、善事正行《よごとまさわざ》には荒魂《あらみたま》の勇《いさ》みを振起《ふりおこ》し、倍々向進発展完成《ますますすすみひらきまつたき》の域《さかひ》に立到《たちいた》らしめ給《たま》へ。朝《あさ》な夕《ゆふ》な神祇《かみたち》を敬《ゐやま》ひ。誠《まこと》の道《みち》に違《たが》ふ事《こと》無《な》く、天地《あめつち》の御魂《みたま》たる義理責任《つとめ》を全《まつと》うし。普《あまね》く世《よ》の人《ひと》と親《した》しみ交《まじ》こり、人慾《わたくし》の為《ため》に争《あらそ》ふ事《こと》を恥《はぢ》らひ。和魂《にぎみたま》の親《したし》みに由《より》て人々《ひとびと》を悪《にく》まず、改《あや》言改過《まちをくひ》、悪言暴語《ののしること》無《な》く、善言美詞《みやび》の神嘉言《かむよごと》を以《もつ》て神人《かみがみ》を和《なご》め。天地《あめつち》に代《かは》るの勲功《いさをし》を堅磐《かきは》に常磐《ときは》に建《た》て。幸魂《さちみたま》の愛深《めぐみふか》く。天地《あめつち》の間《うち》に生《いき》とし生《い》ける万物《もの》を損《そこな》ひ破《やぶ》る事無《ことな》く。生成化育《かむながら》の大道《おほみち》を畏《かしこ》み、奇魂《くしみたま》の智《ひかり》に由《より》て。異端邪説《まがのをしへ》の真理《ことわり》に狂《くる》へる事《こと》を覚悟《さとる》可《べ》く。直日《なほひ》の御霊《みたま》に由《より》て正邪理非直曲《ことのよしあし》を省《かへり》み。以《もつ》て真誠《まこと》の信仰《あななひ》を励《はげ》み、言霊《ことたま》の助《たすけ》に依《よ》りて大神《おほかみ》の御心《みこころ》を直覚《さと》り。鎮魂帰神《みたましづめ》の神術《みわざ》に由《より》て村肝《むらきも》の心《こころ》を練《ね》り鍛《きた》へしめ賜《たま》ひて。身《み》に触《ふる》る八十《やそ》の汚穢《けがれ》も心《こころ》に思《おも》ふ千々《ちぢ》の迷《まよひ》も。祓《はら》ひに祓《はら》ひ、退《やら》ひに退《やら》ひ、須弥仙《みせん》の神山《みやま》の静《しづ》けきが如《ごと》く。五十鈴川《わちがは》の流《なが》れの清《きよ》きが如《ごと》く。動《うご》く事無《ことな》く変《かは》る事無《ことな》く。息長《おきなが》く偉大《たくまし》く在《あ》らしめ賜《たま》ひ。世《よ》の長人《ながひと》、世《よ》の遠人《とほひと》と健全《まめまめ》しく。親子夫婦同胞朋友《おやこめをとはらからともがき》相睦《あひむつ》びつつ。天《あめ》の下公共《したおほやけ》の為《ため》、美《うる》はしき人《ひと》の鏡《かがみ》として。太《いみ》じき功績《いさを》を顕《あら》はし、天地《すめかみ》の神子《みこ》と生《うま》れ出《いで》たる其本分《そのつとめ》を尽《つく》さしめ賜《たま》へ。総《すべて》の感謝《ゐやひ》と祈願《いのり》は千座《ちくら》の置戸《おきど》を負《おひ》て、玉垣《たまがき》の内津御国《うちつみくに》の秀津間《ほつま》の国《くに》の海中《わだなか》の沓嶋《おもと》神嶋《うらと》の無人島《しまじま》に神退《かむやら》ひに退《やら》はれ。天津罪《あまつつみ》、国津罪《くにつつみ》、許々多久《ここたく》の罪科《つみ》を祓《はら》ひ（償《あがな》ひ）給《たま》ひし、現世幽界《うつつかくりよ》の守神《まもりがみ》なる、国《くに》の御太《おほみ》祖国常立大神《おやくにとこたちのおほかみ》、豊雲野大神《とよくもぬのおほかみ》。亦《また》伊都《いづ》の御魂《みたま》美都《みづ》の御魂《みたま》の御名《みな》に幸《さちは》へ給《たま》ひて聞食《きこしめ》し、相宇《あひう》豆《づ》那《な》比《ひ》給《たま》ひ。夜《よ》の守《まもり》日《ひ》の守《まもり》に守《まもり》幸《さちは》へ給《たま》へと。鹿児自物《かごじもの》膝《ひざ》折《をり》伏《ふ》せ宇自物《うじもの》頸根《うなね》突抜《つきぬけ》て。恐《かしこ》み恐《かしこ》みも祈願奉《こひのみまつ》（乞祈奉）らくと白《まを》す。

【大意】主《す》の神大国常立大神様《かみおほくにとこたちのおほかみ》に祈願《きがん》を奏上《そうじょう》する祝詞《のりと》。青人草《あおひとくさ》が現界幽界《げんかいゆうかい》の天人《てんにん》となって活躍出来《かつやくでき》ますように、そして私達に与えられた直霊魂《なおひのみたま》を益々《ますます》光華《ひかり》うるわしき伊都能売魂《いづのめのみたま》となさしめ下《くだ》さい。魂《たましい》が枉津神《まがつかみ》に汚《けが》されることのないように、四魂五情《たまとこころ》の全《まった》き活動《かつどう》により皇神《すめかみ》の経綸《けいりん》に仕《つか》えることが出来《でき》ますように忍耐勉強《にんたいべんきょう》につとめ、命長《いのちなが》く、家門高《いえかどたか》く富《とみ》み栄《さか》えて、天地《てんち》の花《はな》となり光《ひか》りとなって神《かみ》の御子《みこ》たる身《み》の本能《さが》を開《ひら》かせ下《くだ》さい。大神様《おほかみさま》の御心《みこころ》に叶《かな》い奉《まつ》りて身《み》にも心《こころ》にも罪汚穢《つみけが》れ過失《あやまち》なく、天授《てんじゅ》の霊《みたま》を守《まも》らせ下《くだ》さい。

全《すべ》ての事業《なりわい》を為《な》すにも恩頼《みたまのふゆ》を幸《さちは》い善事正行《よごとまさわざ》には、荒魂《あらみたま》、和魂《にぎみたま》、幸魂《さちみたま》、奇魂《くしみたま》を発揮《はっき》し、曲事《まがこと》には反省《はんせい》し、真《まこと》の信仰《しんこう》に励《はげ》み、そして正《ただ》しい言霊《ことたま》、救世主《きゅうせいしゅ》により示《しめ》された『霊界物語《れいかいものがたり》』による御教《みおしえ》から神様《かみさま》の御心《みこころ》を覚《さと》り、鎮魂帰神《ちんこんきしん》の神術《みわざ》により心《こころ》の底《そこ》から練《ね》り鍛《きた》えて下《くだ》さい。そして汚穢《けがれ》も千々《ちぢ》の迷《まよ》いも祓《はら》いに祓《はら》い退《やら》い退《やら》い給《たま》いて、須弥仙《みせん》の山《やま》のごとく静《しず》かで、五十鈴川《わちがわ》の流《なが》れのように清《きよ》く、変《かわ》ることなく長命《ちょうめい》でたくましく世《よ》の長人《ながひと》と在《あ》らしめ下《くだ》さい。そして公共《おおやけ》のために、また人《ひと》の鏡《かがみ》として、太《いみ》じき功績《いさお》を顕《あら》わし、神《かみ》の御子《みこ》たる本分《つとめ》を尽《つく》さしめ下《くだ》さい。総《すべ》ての感謝《いやい》と祈願《いのり》はこの世《よ》の贖《あがな》い主《ぬし》として許々多久《ここたく》の罪《つみ》を祓《はら》い給《たま》いし、現世《うつしよ》、幽世《かくりよ》の守《まも》り神《がみ》であられる。国常立大神《くにとこたちのおほかみ》、豊雲野大神《とよくもぬのおほかみ》、また伊都《いづ》の御魂《みたま》、美都《みづ》の御魂《みたま》の御名《みな》に幸《さちは》い下《くだ》さいまして聞食《きこしめ》して下《くだ》さい。と主《す》の大神様《おほかみさま》に祈願《きがん》する祝詞《のりと》です。

また、この祝詞《のりと》の中《なか》には厳瑞二霊《げんづいにれい》の大神格《だいしんかく》を一身《いっしん》にあつめ、神政復古《しんせいふっこ》、万有愛《ばんゆうあい》の実行《じっこう》につかせ給《たま》う伊都能売神柱《いづのめのかんばしら》、大救世主《だいきゅうせいしゅ》の神格《しんかく》に帰依《きえ》する意《い》が包含《ほうがん》され、天国《てんごく》へ昇《のぼ》るための重要《じゅうよう》な霊界観《れいかいかん》へと続《つづ》きます。

△天地初発之時より《あめつちなりいでしとき》　天《あめ》は顕芽《あめ》、地《つち》は強続《つち》で宇宙全体《うちゅうぜんたい》のこと。成《な》り出《いで》しとは宇宙創造《うちゅうそうぞう》の際《さい》、七十五声《せい》が鳴《な》り出《だ》したことにより、初《はじ》めて天地《てんち》が成《な》り立《た》つことの意《い》。

△隠身賜《すみきりたま》ひし　（前出《ぜんしゅつ》あり。）一般的《いっぱんてき》にはかくれみと読《よ》み、霊的存在《れいてきそんざい》の意味《いみ》とする。ここでは、無限絶対無始無終《かきはにときは》に澄《す》み極《きわ》みない。住《す》むと同意義《どういぎ》。主神《すしん》のご神徳《しんとく》を形容《けいよう》したもの。

△太祖大国常立大神《おほみおやおほくにとこたちのおほかみ》　大宇宙《だいうちゅう》の元《もと》つ御祖《みおや》。天地万有《よろづのもの》の総統権《そうとうけん》を具足《ぐそく》して神臨《しんりん》したまう宇《う》宙《ちゅう》の造物主《ぞうぶつしゅ》。弥勒神政《みろくしんせい》の太柱《ふとばしら》。無限絶対無始無終《むげんぜったいむしむしゅう》の宇宙《うちゅう》の主《ぬし》。

△青人草等《あをひとぐさら》の身魂《みたま》　人《ひと》の体《たい》と魂《たましい》。人《ひと》は神《かみ》の子神《こかみ》の宮《みや》、神《かみ》の生《い》き宮《みや》。

△天津神《あまつかみ》より授《さづ》け給《たま》へる直霊魂《なほひのみたま》　上帝《じょうてい》より賦与《ふよ》された「一霊四魂《いちれいしこん》」を「直霊《なほひ》」という。

△伊都能売魂《いづのめのみたま》　伊都《いづ》は厳《いづ》にして火《ひ》なり、能売《のめ》は水力《すいりょく》、水《みづ》の力《ちから》なり、水《みづ》はまた瑞《みづ》の活用《はたらき》を起《おこ》して「瑞の御霊《みづのみたま》」となり給《たま》う。（本書214頁参照。）

○第《だい》一神王《しんのう》伊都能売《いづのめ》の大神《おほかみ》の大威徳《だいいとく》と大光明《だいこうみょう》は最尊最貴《さいそんさいき》にして諸神《しょしん》の光明《こうみょう》の及《およ》ぶところにあらず。あるいは神光《しんこう》の百神《ひゃくしん》の世界《せかい》、あるいは万神《ばんしん》の世界《せかい》を照明《しょうめい》するあり。東方日《とうほうひの》出《で》の神域《しんいき》を照《て》らし、南西北《なんざいほく》、四維上下《しいゆいじょうげ》もまた斯《か》くの如《ごと》し。ア、盛《さか》んなるかな、伊都能《いづの》売《め》と顕現《けんげん》したまふ厳瑞二霊《げんづいにれい》の大霊光《だいれいこう》、この故《ゆえ》に天之御中主大神《あめのみなかぬしのおほかみ》、大国常立大神《おほくにとこたちのおほかみ》、天《あま》照皇大御神《てらすすめおほみかみ》、伊都能売《いづのめ》の大神《おほかみ》、弥勒大聖御稜威《みろくだいせいみいづ》の神《かみ》、阿弥陀仏《あみだぶつ》、無碍光如来《むげこうにょらい》、超日《ちょうにち》月光仏《がっこうぶつ》と尊称《そんしょう》し奉《まつ》る。………。

（『霊界物語』第六十七巻・第五章「浪の鼓」）

○「天主一霊四魂《てんしゅいちれいしこん》をもって心《こころ》を造《つく》りこれを活物《かつぶつ》に賦与《ふよ》す。地主三元八力《ちしゅさんげんはちりき》をもって体《たい》を造《つく》りこれを万有《ばんゆう》に与《あた》ふ。………。」とは『道《みち》の大原《たいげん》』の教《おし》えるところにして、皇道大本《こうどうおほもと》の霊学観《れいがくかん》なり。しかして一霊《いちれい》とは直霊《なおひ》なり。四魂《しこん》とは荒魂《あらみたま》、和魂《にぎみたま》、奇魂《くしみたま》、幸魂《さちみたま》なり。荒魂《あらみたま》は真勇《しんゆう》なり。和魂《にぎみたま》は真親《しんしん》なり。いわゆる経魂《けいこん》にして「厳《いづ》の霊《みたま》」なれば一々万々確《いちいちばんばんかっ》固不易《こふえき》の霊能《れいのう》あり。奇魂《くしみたま》は真智《しんち》なり。幸魂《さちみたま》は真愛《しんあい》なり。いわゆる緯魂《いこん》にして「瑞《みづ》の霊《みたま》」なり。操縦与奪自在《そうじゅうよだつじざい》の霊能《れいのう》あり。しかして天下一般《てんかいっぱん》の活物皆《かつぶつみな》この四魂《しこん》を多少《たしょう》なりとも具備《ぐび》せざるは無《な》し。荒和二魂《こうわにこん》の活動完全《かつどうかんぜん》なる霊魂《みたま》を称《しょう》して「厳《いづ》の御霊《みたま》」といい、奇幸二魂《きこうにこん》の活動完全《かつどうかんぜん》なる霊魂《みたま》を称《しょう》して「瑞《みづ》の御霊《みたま》」という。

　しかして直霊《なおひ》よく四魂《しこん》を主宰《しゅさい》し、完全《かんぜん》なる活動《かつどう》をなさしめる場合《ばあい》を称《しょう》して、「伊都《いづ》能売霊魂《のめのみたま》」という。祝詞《のりと》に曰《いわ》く「直霊魂《なほひのみたま》をして益々光《ますますひか》り美《うる》はしき伊都能売《いづのめ》の霊魂《みたま》となさしめ玉《たま》へ」とあるは、各人四魂《かくじんしこん》を研《みが》き神《かみ》に等《ひと》しき活動《かつどう》をなすべき、「伊都能売《いづのめ》の御魂《みたま》」とならん事《こと》を祈《いの》るにあり。然《しか》れば「厳《いづ》の御魂《みたま》」は教祖《きょうそ》（＝出口直）に限定《げんてい》し「瑞《みづ》の御魂《みたま》」は教主輔《きょうしゅほ》（＝出口聖師）に限定《げんてい》せるが如《ごと》く、思考《しこう》するは大《だい》なる誤解《ごかい》なり。各人皆《かくじんみな》進《すす》んで「厳《いづ》の魂《みたま》」、「瑞《みづ》の魂《みたま》」」は愚《おろ》か「伊都能売御魂《いづのめのみたま》」の活用《かつよう》が出来《でき》るところまで、磨《みが》きあげ神業《しんぎょう》を補佐《ほさ》されんことを希望《きぼう》する次第《しだい》であります。

（『神霊界』大正九年八月二十一日号「厳霊瑞霊に就きて」王仁）

△邂逅《わくらは》に過《あやま》ちて　たまたま、偶然《ぐうぜん》に誤《あやま》って。

△四魂五情《たまとこころ》　四魂《しこん》は一霊四魂《いちれいしこん》、五情《ごじょう》とは省《かえり》みる、恥《は》じる、悔《く》いる、畏《おそ》れる、覚《さと》るのこと。一霊《いちれい》・直日《なおひ》とは省《かえり》みる力《ちから》が甚《はなは》だ強《つよ》く、荒魂《あらみたま》は恥《は》じることを失《うしな》うと争《あらそ》いとなる、和魂《にぎみたま》は悔《く》いることを失《うしな》えば悪《あく》となる、幸魂《さちみたま》は畏《おそ》れることを失《うしな》えば逆《ぎゃく》となる、奇魂《くしみたま》は覚《さと》るを失《うしな》えば狂《きょう》となる。

●五倫五常《ごりんごじやう》の道《みち》は人間特有《にんげんとくいう》の生《うま》れしまゝの慣習《ならはし》なりけり
●良《よ》からざる慣習日々《ならはしひび》に重《かさ》なりて生《うま》れながらの天真《まこと》うしなふ
（『愛善の道』）

△大御神《おほみかみ》の天業《みわざ》に仕《つか》へ奉《まつ》るべく　大神《おほかみ》の経綸《けいりん》、みろくの世建設《よけんせつ》に仕《つか》え奉《まつ》るべく。

△忍耐《よくたへ》勉強《しのび》以《もつ》て尊《たふと》き品位《しな》を保《たも》ち

現代教育《げんだいきよういく》は真《まこと》の神《かみ》を抜《ぬ》きにした教育《きよういく》であるがために、天地《かみ》と人《ひと》との関係《かんけい》、人生《じんせい》の目的《もくてき》などに多々欠点《たたけってん》がある。

●耐《た》え忍《しの》びつとめはげみて勇《いさ》ましく　進《すす》むは人《ひと》の荒魂《あらみたま》かも
●教《おしへ》とは人《ひと》の覚《さと》りのおよばざる　天地《てんち》の神《かみ》の言葉《ことば》なりけり
（『愛善の道』）

「他神有《たしんあ》りてこれを守《まも》るに非《あら》ず。これ即《すなわ》ち上帝《じょうてい》の命《めい》ずる所《ところ》の真理《しんり》である」、神様《かみさま》は実在《じつざい》する、しかして神《かみ》から賦与《ふよ》された一霊四魂《いちれいしこん》、五情《ごじょう》、智慧証覚《ちえしょうかく》をもって、忍耐強《にんたいつよ》く努力《どりょく》し社会《しやかい》に対処《たいしょ》するのが御教《みおしえ》です。人《ひと》は天帝《てんてい》の「霊《れい》・力《りょく》・体《たい》」、の働《はたら》きをよく思考《しこう》、観察《かんさつ》、判断《はんだん》し、忍耐強《にんたいつよ》く真《まこと》の教《おしえ》（＝瑞霊の御教。）を学《まな》び、そして身魂《みたま》をみがき品位《ひんい》を保《たも》つこと。

△玉《たま》の緒《を》の生命《いのち》長《なが》く　玉《たま》の緒《お》は魂《たま》しいに通《つう》じ、霊魂《みたま》が身《み》から離《はな》れないように繋《つな》ぎ止《と》めておく紐《ひも》の意《い》が転《てん》じて、生命《いのち》、寿命《じゅみょう》が長《なが》く続《つづ》くこと。霊線《れいせん》、魂線《こんせん》ともいう。

△大御神《おほみかみ》の恩頼《みたまのふゆ》　神様《かみさま》のご恩恵《おんけい》。ミタマは霊魂《れいこん》、フユは触《ふ》る、振《ふ》り、増殖《ふゆ》、殖《ふ》えるの語《ご》源《げん》から来《き》たもので、霊魂《みたま》が向上《こうじょう》しますように。

△善事正行《よごとまさわざ》には荒魂《あらみたま》の勇《いさ》みを振起《ふりおこ》し、倍々《ますます》向進《すすみ》発展《ひらき》完成《まったき》の域《さかひ》に立到《たちいた》らしめ給《たま》へ

荒魂《あらみたま》の本体《ほんたい》は「勇《ゆう》」であり、用《よう》（働《はたら》き）には、「進《しん》・果《か》・奮《ふん》・勉《べん》・克《こく》」がある。勇気《ゆうき》を振《ふ》り起《お》こして進《すす》み、果敢《かかん》に実行《じっこう》し、困難《こんなん》に遭《あ》うも奮《ふる》い立《た》ち、しかも常《つね》に勉強努力《べんきょうどりょく》を怠《おこた》らず、悪《あく》にも打《う》ち克《か》ち成功《せいこう》を修《おさ》めることに努《つと》めること。

△朝《あさ》な夕《ゆふ》な神祇《かみたち》を敬《ゐやま》ひ。誠《まこと》の道《みち》に違《たが》ふ事無《ことな》く

朝《あさ》に夕《ゆう》に「祭政一致《さいせいいっち》」の神祇《しんぎ》を尊《とうと》み、誠《まこと》の道《みち》『霊界物語《れいかいものがたり》』の正《ただ》しい御教《みおしえ》に従《したが》って違《たが》うことのないように。

●すめ神《かみ》の恩頼《みたまのふゆ》にむくいむと　真《ま》ごころかけて斎《いつ》く斎庭《いみには》
●むらきもの心清《こころきよ》めて大前《おほまへ》に　祈《いの》る誠《まこと》を神《かみ》は受《う》けなむ
●すめ神《かみ》のみ前《まへ》にもうす言《こと》の葉《は》は　清《きよ》くうつしく称《とな》へまつらな
●一日《いちにち》の業《わざ》を終《をは》りしたそがれに　み前《まへ》に祈《いの》る心《こころ》たのしさ
●愛善《あいぜん》の神《かみ》の光《ひかり》に照《て》らされて　こころの月《つき》もかがやきにけり

△天地《あめつち》の御魂《みたま》たる義理責任《つとめ》を全《まつと》うし

神様《かみさま》から与《あた》えられた御魂《みたま》を曇《くも》らせることなく、世間的義理《せけんてきぎり》や責任《せきにん》を全《まつと》うすること。出《で》口聖師《ぐちせいし》は、戦前《せんぜん》には法律《ほうりつ》を守《まも》り教《おしえ》の真実《しんじつ》を述《の》べ、また戦後《せんご》の法律《ほうりつ》ではそれに従《したが》い救《すく》いの道《みち》を説《と》かれる。皇道大本時代《こうどうおほもとじだい》宗教法人《しゅうきょうほうじん》には加入《かにゅう》せず一般人《いっぱんじん》と同様《どうよう》に税金《ぜいきん》を納《おさ》め、自家《じか》の生活《せいかつ》は天産自給《てんさんじきゅう》自《みずか》ら農地《のうち》を耕《たがや》し、著作《ちょさく》に励《はげ》んでおられる。

△和魂《にぎみたま》の親《したし》みに由《より》て人々《ひとびと》を悪《にく》まず、改言改過《あやまちをくひ》、悪言暴語無《ののしることな》く、善言美詞《みやび》の神嘉言《かむよごと》を以《もつ》て神人《かみがみ》を和《なご》め。天地《あめつち》に代《かは》るの勲功《いさをし》を堅磐《かきは》に常磐《ときは》に建《た》て。

和魂《にぎみたま》の本体《ほんたい》は「**親**《しん》」であり、その用《よう》には「**平**《へい》・**修**《しゅう》・**斉**《さい》・**治**《ち》・**交**《こう》」がある。平和《へいわ》のため、身《み》を治《おさ》め、一家《いっか》を斉《ととの》え、国《くに》を治《おさ》め（知食《しろしめ》す）、人《ひと》また国々《くにぐに》と親《した》しく交《まじ》わり貢献《こうけん》すること。暴言暴語《ぼうげんぼうご》の言霊《ことたま》に留意《りゅうい》し常《つね》に感謝《かんしゃ》の善言美詞《ぜんげんびし》、神嘉言《かむよごと》により、人々《ひとびと》を和《なご》め、神《かみ》に代《かわ》って勲功《いさお》をしっかり建《た》てること。

●千早振《ちはやふ》る神《かみ》と人《ひと》とにやわらぎて　むつび交《まじ》はる和魂《にぎみたま》かも

●平和《へいわ》なる人《ひと》の家庭《かてい》は現世《うつしよ》の　まま天国《てんごく》の姿《すがた》なりけり

△幸魂《さちみたま》の愛深《めぐみふか》く。天地《あめつち》の間《うち》に生《いき》とし生《い》ける万物《もの》を損《そこな》ひ破《やぶ》る事無《ことな》く。生成化育《かむながら》の大道《おほみち》を畏《かしこ》み

幸魂《さちみたま》の本体《ほんたい》は「**愛**《あい》」、その用《よう》は「**益**《えき》・**造**《ぞう》・**生**《せい》・**化**《か》・**育**《いく》」がある。百姓《ひゃくしょう》さんが畑《はたけ》を耕《たがや》し種《たね》を撒《ま》き、雑草《ざっそう》や病虫害《びょうちゅうがい》を除《のぞ》き、夏《なつ》の暑《あつ》さ冬《ふゆ》の寒《さむ》さから作物《さくもつ》を守《まも》り育《そだ》て人々《ひとびと》のために益《えき》をなす。また両親《りょうしん》が子供《こども》を産《う》み育《そだ》て、人《ひと》としての学業《がくぎょう》を修《おさ》め社会《しゃかい》を益《えき》する成人《せいじん》に育《そだ》てて ゆく、生成化育《せいせいかいく》の働《はたら》きが「惟神《かむながら》の道《みち》」であり天国《てんごく》を拓《ひら》く基《もとい》となる。

これを天地間《てんちかん》に拡大《かくだい》し、生成化育《せいせいかいく》の大道《だいどう》を余《あま》すことなく天《あめ》の御蔭《みかげ》、日《ひ》の御蔭《みかげ》に万物《ばんぶつ》を育《はぐく》み給《たま》うのが神様《かみさま》の愛善《あいぜん》の徳《とく》であり、雄大《ゆうだい》なご神格《しんかく》を敬《うやま》い申《もう》し上《あ》げます。

●幸魂《さちみたま》めぐみのつゆの深《ふか》くして　草《くさ》のかきはも栄《さか》へざるなし

●一切《いっさい》のものを大事《だいじ》にするという　心《こころ》は愛《あい》の本源《ほんげん》なりけり

△奇魂《くしみたま》の智《ひかり》に由《より》て。異端邪説《まがのをしへ》の真理《ことわり》に狂《くる》へる事《こと》を覚悟《さとる》可《べ》く

奇魂《くしみたま》の本体《ほんたい》は「智《ち》」であり、その用《よう》は「功《こう》・感《かん》・察《さつ》・覚《かく》・悟《ご》」がある。この智慧《ちえ》証覚《しょうかく》の働《はたら》きにより物事《ものごと》をなすのに巧《たく》みであり、感覚《かんかく》、観察《かんさつ》が鋭《するど》く、広《ひろ》く、深《ふか》く、そして神《かみ》を悟《さと》り、社会《しゃかい》の異端邪説《いたんじゃせつ》を看破《かんぱ》する覚悟《かくご》をすること。

●奇魂智慧《くしみたまちえ》のひかりは村肝《むらきも》の　心《こころ》の暗《やみ》を照《て》り明《あ》かすなり

●惟神神《かむながらかみ》にまかせば先見《せんけん》の　明智《めいち》おのづからそなわるものなり

△言霊《ことたま》の助《たすけ》に依《よ》りて　言霊《ことたま》は神言《かみごと》。出口聖師《でぐちせいし》の御教《みおしえ》に依《よ》りて。

●瑞《みづ》の御魂《みたま》の苦《くる》しみを　心《こころ》を潜《ひそ》めて悟《さと》りなば

これの教《おしえ》は明《あき》らかに　手《て》に取《と》るごとく悟《さと》り得《え》む

（『霊界物語』第六十一巻・第十五章「神前」）

△直日《なほひ》の御霊《みたま》に由《より》て正邪理非直曲《ことのよしあし》を省《かへり》み。以《もっ》て真誠《まこと》の信仰《あななひ》を励《はげ》み

四魂《しこん》を統一《とういつ》するのが直日《なおひ》の御霊《みたま》であり、省《かえり》みる力《ちから》が最《もっと》も強《つよ》い。この省《かえり》みる力《ちから》を中心《ちゅうしん》に、荒魂《あらみたま》は恥《は》じることを失《うしな》うと忽《たちま》ち争魂《そうこん》となる、和魂《にぎみたま》は悔《く》いるを失《うしな》うと悪魂《あくこん》となる、幸魂《さちみたま》は畏《おそ》れることを失《うしな》うと逆魂《ぎゃくこん》となる、奇魂《くしみたま》は覚《さと》ることを失《うしな》うと狂魂《きょうこん》に変《へん》じる。

この四魂《しこん》を補足《ほそく》するものに「義《ぎ》」がある。「義《ぎ》」は正義《せいぎ》という意味《いみ》で「裁《さい》・制《せい》・断《だん》・割《かつ》」を司《つかさ》どり、これを四魂《しこん》に配《はい》すると

○奇魂《くしみたま》は「智慧《ちえ》」を主《しゅ》となして、「弥《び》・縫《ぼう》・補《ほ》・綴《てつ》」の意《い》を兼《か》ね、いやますますにいたらぬところを補《おぎな》いてそして物事《ものごと》を正《ただ》しく完成《かんせい》させる。

（裁）奇魂智《くしみたまさとり》の道《みち》のほどほどに　世《よ》の物事《ものごと》を義《ただ》しく裁《さば》くも

○和魂《にぎみたま》は「親《しん》」を主《しゅ》となして「制度《せいど》」を整《ととの》える。そのために「政《せい》・令《れい》・法《はつ》・度《と》」の意《い》を兼《か》ね、政《せい》は正《せい》なり、令《れい》は理《り》なり、法《ほう》は公《こう》なり、度《ど》は同《どう》と示《しめ》される。

親愛《しんあい》は道理《どうり》にかなない、政治民事上《せいじみんじじょう》の法令《ほうれい》を公平《こうへい》に整《ととの》える。

(制) 大君《おほぎみ》の御政事《みまつりごと》も平穏《おだやか》に　制義《おきてただ》しくすすむ御代《みよ》かな

○荒魂《あらみたま》は「勇気《ゆうき》」を主《しゅ》となして「決断《けつだん》」する。そのために「果《か》・毅《き》・敢《かん》・為《い》」の意《い》を兼《か》ね、物事《ものごと》の実行《じっこう》、忍耐《にんたい》するにあたり意志《いし》を強《つよ》く、反対《はんたい》や障害《しょうがい》に屈《くっ》することなく果敢《かかん》に対処《たいしょ》すること。

(断) ためらいの心《こころ》打《う》ち捨《す》て勇《いさ》ましく　思《おも》いし善事《よごと》遂《と》ぐるは義《ただ》し

○幸魂《さちみたま》は「愛《あい》」を主《しゅ》となすところの「割愛《かつあい》」で、「忘《ぼう》・身《しん》・殉《じゅん》・難《なん》」の意《い》を兼《か》ねる。生成《せいせい》化育《かいく》にあたり、自分《じぶん》を忘《わす》れ「我《われ》、我《われ》を忘《わす》れる」の境地《きょうち》から、困難《こんなん》にも殉《じゅん》ずる、身《み》を犠《ぎ》牲《せい》にすることを恐《おそ》れない。

(割) 国人《くにびと》を幸《さちは》ふために身《み》を忘《わす》れ　難《なや》みに殉《とな》う心《こころ》は義《ただ》し

△鎮魂帰神《みたましづめ》の神術《みわざ》に由《より》て

霊界《れいかい》に通《つう》ずる唯一《ゆいつ》の方法《ほうほう》として「鎮魂帰神《ちんこんきしん》」がある。人間《にんげん》の精霊《せいれい》が直接《ちょくせつ》大元神《だいげんしん》・主《ス》の神《かみ》に向《むか》って神格《しんかく》の内流《ないりゅう》を受《う》け、大神《おほかみ》と和合《わごう》する状態《じょうたい》を「帰神《きしん》」（直接内流《ちょくせつないりゅう》）という。大神《おほかみ》の神格《しんかく》に照《て》らされ智慧証覚《ちえしょうかく》を得《え》、霊国《れいごく》にあってエンゼルの地位《ちい》に進《すす》んだ天人《てんにん》が、人間《にんげん》の「精霊《せいれい》」に降《くだ》り来《きた》り、神界《しんかい》の消息《しょうそく》をある程度《ていど》まで人間界《にんげんかい》に伝達《でんたつ》するのを「神懸《しんけん》」（間接内流《かんせつないりゅう》）という。外部《がいぶ》より人間《にんげん》の肉体《にくたい》に侵入《しんにゅう》し、罪悪《ざいあく》と虚偽《きょぎ》を行《おこな》う邪霊《じゃれい》がある。これを悪霊《あくれい》または副守護神《ふくしゅごじん》といいこの状態《じょうたい》を「神憑《しんぴょう》」という。……。

「開祖《かいそ》に直接帰神《ちょくせつかむがかり》したまうたのは、大元神《だいげんしん》・大国治立尊様《おほくにはるたちのみことさま》で、その精霊《せいれい》は、稚姫君命《わかひめぎみのみこと》と国武彦命《くにたけひこのみこと》であった」と示《しめ》される。従《したが》って開祖《かいそ》の精霊《せいれい》は稚姫君命《わかひめぎみのみこと》、国武彦命《くにたけひこのみこと》で「神懸《しんけん》」となる。『神諭《しんゆ》』の各所《かくしょ》に「……この世《よ》の先祖《せんぞ》の大神《おほかみ》が国武彦命《くにたけひこのみこと》と現《あら》はれて……とかまた稚姫君《わかひめぎみ》の身魂《みたま》と一つになりて……」と記《き》され、大元神《だいげんしん》が直接《ちょくせつ》に開祖《かいそ》ではなく

「精霊《せいれい》」を通《つう》じて懸《か》かられたことになる。（『霊界物語』第四十八巻・第一章「聖言」）

○鎮魂《ちんこん》は、要《よう》するに吾人《ごじん》の霊魂《みたま》も肉体《にくたい》も、天地《てんち》の神《かみ》から応分《おうぶん》に賦与《ふよ》されたもので、開祖《かいそ》の『神諭《しんゆ》』に示《しめ》される通《とお》り、生《うま》れ赤子《あかご》の心《こころ》に帰《かえ》ればそれで真《しん》の「神人合一《しんじんごういつ》」「霊肉一致《れいにくいっち》」「精神統一《せいしんとういつ》」である。一升《いっしょう》のマスに一升《いっしょう》の酒《さけ》が入《い》れてあればそれでよい。肉体《にくたい》は一升《いっしょう》のマスでも霊魂《みたま》が五六合《ごろくごう》しかない。後《あと》の四五合《しごごう》は不純物《ふじゅんぶつ》や異物《いぶつ》が補充《ほじゅう》しているとすれば、清《きよ》らかな酒《さけ》の味《あじ》も力《ちから》も香《かお》りもないように、邪霊《じゃれい》という異物《いぶつ》が混入《こんにゅう》している霊体《れいたい》は人《ひと》としての味《あじ》も力《ちから》も香《かおり》も、徳《とく》もない。これを「体主霊従《たいしゅれいじゅう》」「悪《あく》の宿《やど》」という。この悪霊《あくれい》の宿《やど》を清《きよ》めて大神《おほかみ》の御在所《ございしょ》と改造《かいぞう》するのが鎮魂《ちんこん》の大目的《だいもくてき》である。生《うま》れ赤子《あかご》という意味《いみ》は今《いま》と云《い》う瞬間《しゅんかん》のことより何《なに》も考《かんが》えず、過去《かこ》を恨《くや》まず畏《おそ》れず、未来《みらい》を遠慮《えんりょ》せず、今《いま》という瞬間《しゅんかん》に自己《じこ》の使命《しめい》を惟神《かむながら》に遂行《すいこう》して行《ゆ》くのである。人間《にんげん》は各自《かくじ》一定《いってい》の目的《もくてき》がある以上《いじょう》は、「士農工商《しのうこうしょう》」いずれにしても一度《いちど》その目的《もくてき》に向《むか》って進《すす》む以上《いじょう》は、過去《かこ》を思《おも》わず未来《みらい》を遠慮《えんりょ》せず、その目的《もくてき》に向《むか》って最善《さいぜん》を思惟《しい》する所《ところ》を、時間《じかん》神《かみ》と共《とも》に水《みず》の流《なが》れにまかす如《ごと》く、易々《いい》として進《すす》めばよいのである。今《いま》という瞬間《しゅんかん》には神《かみ》も悪魔《あくま》も在《あ》って善悪正邪《ぜんあくせいじゃ》の分水嶺《ぶんすいれい》にある。その刻々《こっこく》に善《ぜん》を思《おも》い、善《ぜん》を行《おこな》い、過去《かこ》と未《み》来《らい》を超越《ちょうえつ》するのである。「鎮魂帰神法《ちんこんきしんほう》」で無理《むり》に精神《せいしん》の統一《とういつ》をなさんと思《おも》う心《こころ》が、既《すで》に統一《とういつ》を欠《か》いでいる。

○

神政成就《しんせいじょうじゅ》のために心身《しんしん》を投《とう》じている人《ひと》は皆《みな》ミロクの神《かみ》の活動者《かつどうしゃ》である。また国常《くにとこ》立尊《たちのみこと》と申《もう》しても、国家《こっか》を永遠《えいえん》に安心立命《あんしんりつめい》せしめたまう神《かみ》という意義《いぎ》で、その活動《かつどう》をなさる人《ひと》は即《すなわ》ち国常立尊《くにとこたちのみこと》である。神界《しんかい》で指揮命令《しきめいれい》を下《くだ》すために、開祖《かいそ》に神《かみ》がかりあらせられた生神《いきがみ》を、特《とく》に大国常立尊《おほくにとこたちのみこと》と奉称《ほうしょう》するのである。……人《ひと》は神《かみ》と合一《ごういつ》して、神《かみ》の宮《みや》となって、神《かみ》と同一《どういつ》の活動《かつどう》をするのであるから、人《ひと》は神界《しんかい》の表現《ひょうげん》であるから神《かみ》か人《ひと》か、人《ひと》か神《かみ》か、何《いず》れも同一《どういつ》の境地《きょうち》に入《はい》る。故《ゆえ》に外教《がいきょう》の如《ごと》く、神《かみ》は一神《いっしん》というのは誤《あやまり》で、八百万《やほよろず》の神《かみ》が存在《そんざい》する訳《わけ》である。

○

鎮魂帰神《ちんこんきしん》は決《けっ》して神《かみ》がかりになるというのが目的《もくてき》ではない。元来《がんらい》は至純至粋《しじゅんしすい》の真霊《しんれい》魂《こん》が臍下丹田《さいかたんでん》に隠《かく》れてしまい、他《た》の憑依物《ひょういぶつ》が肉体及《にくたいおよ》び良心《りょうしん》を犯《おか》してしまっておるのを駆除払拭《くじょふっしょく》して、清純無垢《せいじゅんむく》の大本《たいほん》の神霊《しんれい》（＝所謂本守護神。）の進路《しんろ》を開拓《かいたく》し、各人天賦《かくじんてんぷ》の使命《しめい》を自覚遂行《じかくすいこう》せしむるのが大目的《だいもくてき》である。病気直《びょうきなお》しや神占《しんせん》を執行《しっこう》するのが目的《もくてき》ではない。……高級《こうきゅう》な神《かみ》、真正《しんせい》の神《かみ》は左様《さよう》な事《こと》をなさることはない。……また数《すう》ケ月間《げつかん》の修業《しゅぎょう》の結果《けっか》、天津神《あまつかみ》や大国常立尊《おほくにとこたちのみこと》がかかられたりすることは絶対《ぜったい》にないと云《い》うても差支《さしつか》えない。……「帰神《きしん》」ということは天賦《てんぷ》の本霊《ほんれい》に帰復《きふく》することであります。」

（『全集』第五巻「随筆」（二））

○『令《れい》の義解《ぎげ》』に「鎮《ちん》は安《あん》なり。人《ひと》の陽気《ようき》を魂《こん》という。離遊《りゆう》の運魂《うんこん》を招《まね》き身体《しんたい》の中府《ちゅうふ》に止《とど》む。故《ゆえ》にこれを鎮魂《ちんこん》という」と記載《きさい》しあるをみても、心《こころ》を一にするということがわかる。

（『本教創世記』）

●うかれゆく魂《たま》をまねきて丹田《くになか》に　おさめ生《い》かすを鎮魂《たましずめ》とう　（『愛善の道』）

△**村肝《むらきも》の心《こころ》を練《ね》り鍛《きた》へしめ賜《たま》ひて**　村《むら》とは群《むら》がるの意《い》、腹《はら》の中《なか》に群《むら》がっている肝《きも》、転《てん》じて心《こころ》の底《そこ》から練《ね》り鍛《きた》えて……。

△**須弥仙《みせん》の神山《みやま》**　仏者《ぶっしゃ》のいわゆる須弥仙山《すみせんざん》で、宇宙《うちゅう》の中心《ちゅうしん》に無辺《むへん》の高《たか》さをもって屹立《きつりつ》している。それは肉眼《にくがん》にて見《み》ることの出来《でき》ない現実的《げんじつてき》の山《やま》ではなくして、全《まった》く霊界《れいかい》の山《やま》であること。ここでは霊界《れいかい》の移写《いしゃ》として、丹波《たんば》の弥仙山《みせんざん》、富士山《ふじさん》、綾部《あやべ》の蓮華台桶伏山《れんげだいおけふせやま》（本《ほん》宮山《ぐうやま》）とを重《かさ》ねている。須弥仙《みせん》の様《よう》に静《しず》けきが如《ごと》く。

△**五十鈴《わちが》川《は》の流《なが》れの清《きよ》きが如《ごと》く**　綾部《あやべ》に流《なが》れる和知川《わちがわ》（＝由良川）のこと。また三重県伊勢《みえけんいせ》市《し》の五十鈴川《いすずがわ》の、清《きよ》き流《なが》れのように。

△**世《よ》の長人《ながひと》、世《よ》の遠人《とほひと》と健全《まめまめ》しく**　『古事記《こじき》』に世《よ》の那賀比登《ながひと》とある。長命《ちょうめい》な人《ひと》、長寿《ちょうじゅ》する人《ひと》、名《な》が長《なが》くまで残《のこ》るような人《ひと》と称《たた》えられるように、また健康《けんこう》でありますように……。

先《さき》の息長《おきなが》く偉大《たくま》しくに続《つづ》く言葉《ことば》。

●名位寿富《めいいじゅふう》これぞ神賦《しんぶ》の正欲《せいよく》ぞ　働《はたら》かざれば名《な》も富《とみ》もなし
●名《な》も位《くら》も富《とみ》も寿《いのち》も千早振《ちはやふる》　神《かみ》の賜《たま》ひし宝《たから》なりけり　（『愛善の道』）

（名）久方《ひさかた》の雲井《くもい》に高《たか》く名《な》を揚《あ》げて　世人《よびと》を救《すく》ふ人《ひと》は神《かみ》なり
（位）雲井《くもい》なす高《たか》き位《くらい》に上《のぼ》るとも　下慈《しもいつく》しむ道《みち》を忘《わす》れな
（寿）玉来《たまきた》る人《ひと》の命《いのち》は限《かぎ》りあれど　一日《ひとひ》もがもと祈《いの》る真心《まごころ》
（富）望月《もちづき》の欠《かき》たる事《こと》の無《な》き人《ひと》は　その日送《ひおく》れぬ人《ひと》を救《すく》へよ　（『伊都能売道歌』）

△親子夫婦同胞朋友相睦《おやこめをとはらからともがきあひむつ》びつつ……。　親子《おやこ》、夫婦《ふうふ》、兄弟《きょうだい》、姉妹《しまい》、友人等《ゆうじんら》と互《たが》いに睦《むつ》びつつ……。

△千座《ちくら》の置戸《おきど》を負《おひ》て　千座《ちくら》は千位《ちくら》のこと。一天万乗《いってんばんじょう》の位《くらい》で、群臣《ぐんしん》、百僚《ひゃくりょう》、百官《ひゃっかん》の上《うえ》に立《た》つ高御座《たかみくら》を負《お》わせ、即《すなわ》ち放棄《ほうき》させてという意《い》。所謂千万《いわゆるちよろづ》の神《かみ》の上位《じょうい》に立《た》つ千位《ちくら》の権威《けんい》を捨《す》てることを「千座《ちくら》の置戸《おきど》を負《お》いて」という。万神万有《ばんしんばんゆう》の一切《いっさい》の罪科《ざいか》を贖《あがな》うこと。世界《せかい》

一切《いっさい》の万類《ばんるい》を救《すく》うため身《み》を犠牲《ぎせい》に供《きょう》すること。……現今《げんこん》のごとく罪穢《つみけがれ》に充《み》ち、腐敗《ふはい》の極《きょく》に達《たっ》せる地上《ちじょう》も、至仁至愛《しじんしあい》なる三千世界《さんぜんせかい》の救《すく》いの神《かみ》の贖罪《しょくざい》あるために、大難《だいなん》も小難《しょうなん》となり、小難《しょうなん》も消失《しょうしつ》する。

（『古事記・言霊解』「大気津姫の段」「言霊解一」参照。本書「神言」（90頁）に「千座の置座云々」があり。）

○千座の置戸とは、瑞の御魂の天賦的神業たること。

（『霊界物語』第三巻「序文」）

○天地《てんち》の経綸《けいりん》に反《はん》して罪穢《つみけがれ》が発生《はっせい》すると、「罪《つみ》」を清算《せいさん》しなければならない。そのために万民《ばんみん》の罪穢《つみけがれ》を贖《あがな》って下《くだ》さるのが三千《ぜん》世界《せかい》の大救世主《だいきゅうせいしゅ》です。

（『霊界物語』第六十四巻上・第二章「宣伝使」）

△玉垣《たまがき》の内津御国《うちつみくに》の秀津間《ほつま》の国《くに》の海中《わだなか》の沓嶋《おもと》神嶋《うらと》の無人島《しまじま》に神退《かむやら》ひに退《やら》はれ。

「玉垣《たまがき》の内津御国《うちつみくに》の秀津間《ほつま》の国《くに》」は玉垣《たまがき》に囲《かこ》まれた日本《にほん》の国《くに》の美称《びしょう》。「沓嶋《めしま》」は国祖《こくそ》・艮《うしとら》の金神《こんじん》が隠退《いんたい》された丹後沖合《たんごおきあい》の無人島《むじんとう》。「神嶋《かみしま》」は坤《ひつじさる》の金神《こんじん》が隠退《いんたい》された瀬戸内海《せとないかい》の高砂沖合《たかさごおきあい》に浮《う》かぶ無人島《むじんとう》。「神退《かむやら》いに退《やら》はれ」万民《ばんみん》に代《かわ》って罪《つみ》を贖《あがな》って隠退《いんたい》されたもの。

△天津罪《あまつつみ》、国津罪《くにつつみ》、許々多久《ここたく》の罪科《つみ》を祓《はら》ひ給《たま》ひし、「神言《かみごと》」参照《さんしょう》。許々多久《ここたく》とは、多《おお》くの、沢山《たくさん》の意《い》。

△現世幽界《うつつかくりよ》の守神《まもりがみ》なる　この現界《げんかい》と幽界《ゆうかい》、いわゆる地獄界《じごくかい》までもお守《まも》りになられる。

△国《くに》の御太祖国常立大神《おほみおやくにとこたちのおほかみ》、豊雲野大神《とよくもぬのおほかみ》。国《くに》の太祖神《おほみおや》であられる霊系《れいけい》の祖神《そしん》・国常立大《くにとこたちのおほ》神及《かみおよ》び体系《たいけい》の祖神《そしん》・豊雲野大神《とよくもぬのおほかみ》。厳瑞二霊《げんづいにれい》。

△また伊都《いづ》の御魂美都《みたまみづ》の御魂《みたま》の御名《みな》に幸《さちは》へ給《たま》ひて聞食《きこしめ》し　前項《ぜんこう》49～60頁、148～149頁参照《さんしょう》。

……御名《みな》に幸《さちは》い給《たま》いて聞食《きこしめ》し下《くだ》さい。

【ヨリコ姫の誓言】

◆ハルの湖《みずうみ》を航行《こうこう》する波切丸《なみきりまる》は、海賊《かいぞく》の難《なん》をのがれんと迂回《うかい》をすると船《ふね》はたちまち暗礁《あんしょう》に乗《の》り上《あ》げる。梅公宣伝使《うめこうせんでんし》は、天《あま》の数歌《かずうた》を奏上《そうじょう》すると、船《ふね》はたちまち暗礁《あんしょう》を離《はな》れて危難《きなん》を救《すく》う。同乗《どうじょう》していたヨリコ姫《ひめ》は言霊《ことたま》の神徳《しんとく》に感動《かんどう》し、天地《てんち》に向《むか》って誓《ちかい》を立《た》てる。

その一、愛善《あいぜん》の徳《とく》と信真《しんしん》の光《ひかり》に充《み》ち智慧証覚《ちえしょうかく》の源泉《げんせん》に坐《ま》す、天地《てんち》の太祖《たいそ》・大国常《おほくにとこ》

立大神《たちのおほかみ》の御神格《ごしんかく》に帰依《きえ》し奉《まつ》り、天下《てんか》の蒼生《そうせい》と共《とも》に無上惟神《むじょうかむながら》の大道《だいどう》を歩《あゆ》まむことを祈願《きがん》し奉《まつ》る。

その一、天下《てんか》の蒼生《そうせい》を愛撫《あいぶ》し、神業《しんぎょう》を完成《かんせい》し、厳瑞二霊《げんづいにれい》の大神格《だいしんかく》を一身《いっしん》にあつめ、神世復古万有愛《しんせいふっこばんゆうあい》の実行《じっこう》に就《つ》かせ給《たま》う伊都能売神柱《いづのめのかむばしら》の神格《しんかく》に帰依《きえ》し、絶対的《ぜったいてき》服従《ふくじゅう》の至誠《しせい》をもって神業《しんぎょう》に参加《さんか》し、大神《おほかみ》の聖慮《せいりょ》に叶《かな》い奉《まつ》り、一切無碍《いっさいむげ》の神教《しんきょう》を普《あまね》く四海《しかい》に宣伝《せんでん》し、斯道《しどう》の大本《たいほん》をもって暗黒無明《あんこくむみょう》の現代《げんだい》を照暉《しょうき》し、神《かみ》の御子《みこ》たるの本分《ほんぶん》を尽《つく》し奉《まつ》らむ事《こと》を誓《ちか》い奉《まつ》り、……、神業《しんぎょう》の一端《いったん》に使役《しえき》されむことを祈願《きがん》し奉《まつ》る

（『霊界物語』第六十七巻・第四章「笑いの座」）

◆現界《げんかい》では二柱《ふたはしら》の神《かみ》、また八百万《やおよろず》の神柱《かんばしら》を敬《うやま》うことは大切《たいせつ》です。しかし、霊界観《れいかいかん》では、これが違《ちが》ってくる。例《たと》えば現界人《げんかいじん》は陰陽《いんよう》の両親《りょうしん》から小供《こども》は生《うま》れる。しかし霊《れい》界《かい》は厳瑞《げんづい》、伊都能売一柱《いづのめひとはしら》の神《かみ》により成立《せいりつ》する。従《したが》って霊界《れいかい》は多神即一神《たしんそくいっしん》に帰一《きいつ》し守護《しゅご》される。そして天国《てんごく》では、『霊界物語《れいかいものがたり》』による智慧証覚《ちえしょうかく》の向上《こうじょう》、つまり主《す》の神《かみ》の神格《しんかく》を悟《さと》る度合《どあい》いにより上下《じょうげ》の差《さ》が生《うま》れる。霊界《れいかい》ではこの一柱《ひとはしら》の主神《すしん》の神格《しんかく》に近《ちか》づくか離《はな》れるかの情動《じょうどう》により、近《ちか》づけば近《ちか》づく程明《ほどあか》るく高《たか》い天国《てんごく》へ、

また離《はな》れる程《ほど》より暗《くら》い世界《せかい》へとおもむくことになる。

それ故《ゆえ》、『霊界物語《れいかいものがたり》』は出口聖師《でぐちせいし》の「肉身《にくしん》であり、霊魂《れいこん》であり、表現《ひょうげん》である」、また「最後《さいご》の審判書《しんぱんしょ》」、「善悪《ぜんあく》の標準書《ひょうじゅんしょ》」、「救《すく》いの御舟《みふね》」、「過《か》・現《げん》・未《み》三界《かい》を通《つう》じて、大生命《だいせいめい》を保《たも》つ宇宙《うちゅう》の宝典《ほうてん》」……と称《しょう》される。天国《てんごく》へ昇《のぼ》る神霊《みたま》は、『霊界物《れいかいもの》語《がたり》』第《だい》四十七・八巻《かん》の治国別《はるくにわけ》、竜公《たつこう》の「天国巡覧《てんごくじゅんらん》」を参照下《さんしょうくだ》さい。

△相宇豆那比給《あひうづなひたま》ひ　鵜《う》の鳥《とり》が首《くび》を上下《じょうげ》に動《うご》かしうなずくように、御承知願《ごしょうちねが》います。

△鹿児自物膝折伏《かごじものひざをりふ》せ宇自物頸根突抜《うじものうなねつきぬけ》て　鹿児自物《かごじもの》云々《うんぬん》は子鹿《こじか》の如《ごと》く膝折《ひざお》り伏《ふ》せて。宇自物《うじもの》云々《うんぬん》は鵜《う》の如《ごと》く頸根《くびね》を突《つ》き貫《ぬ》きての意《い》。神前《しんぜん》に拝伏《はいふく》する形容《けいよう》である。

（『善言美詞』祝詞解説終り）

●生死《しやうじ》の苦海《くかい》は極《きは》みなし　久永《とは》に沈《しづ》める蒼生《さうせい》は　伊都能売主神《いづのめすしん》の御船《みふね》のみ
吾《われ》らを乗《の》せて永遠《とことは》の　天津御苑《あまつみその》へ渡《わた》すなり。

（『霊界物語』第六十七巻・第五章「浪の鼓」）

第四編　『善言美詞』補足事項

一、主神の神格（全智全能の真神）

- 上帝
  - 霊（一霊四魂）
    - 直霊
      - 荒魂……神勇
      - 和魂……神親
      - 奇魂……神智
      - 幸魂……神愛
  - 体（三元）
    - 剛……（古称）常立……鉱物
    - 柔……（古称）豊雲野……植物
    - 流……（古称）葦芽彦遅……動物
  - 力（八力）
    - 動力……（古称）大戸乃地
    - 静力……（古称）大戸乃辺
    - 解力……（古称）宇比地根
    - 凝力……（古称）須比地根

- 力（八力）
  - 引力……（古称）活久比
  - 弛力……（古称）角久比
  - 合力……（古称）面足
  - 分力……（古称）惶根

- 省
  - 恥　悔　覚　畏

- 欲
  - 位、高　富、大　名、美　寿、長

- 義
  - 断　制　裁　割

- 神祇官所祭
  - 玉留魂　足魂　生魂

〔霊界物語　第13巻　総説（二）「霊・力・体」〕

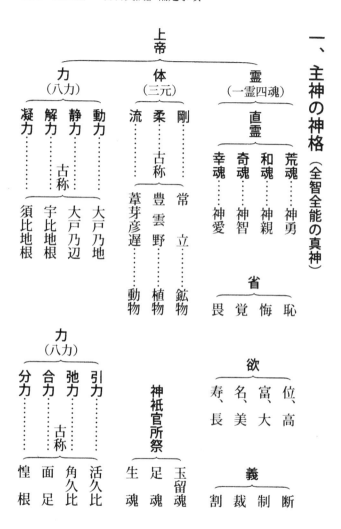

二、天の数歌と顕幽の呼称

天《あま》の数歌《かずうた》は、宇宙進化《うちゅうしんか》の理法《りほう》より神《かみ》の呼称《こしょう》に左《さ》の四大別《たいべつ》がある。

第《だい》一段《だん》（幽《ゆう》の幽神《ゆうしん》）霊《ひと》（卵色《たまごいろ》）・力《ふた》（白色《しろいろ》）・体《み》（黒色《くろいろ》）

無限絶対無始無終《むげんぜったいむしむしゅう》の宇宙《うちゅう》の大元霊《だいげんれい》、『皇典《こうてん》』でいえば天之御中主神《あめのみなかぬしのかみ》と奉称《ほうしょう》し、高皇産霊神《たかみむすびのかみ》・神皇産霊神《かむみむすびのかみ》の二霊《れい》を合一《ごういつ》し、「三神即一神《さんしんそくいっしん》」の幽神《ゆうしん》です。この神様《かみさま》は宇宙《うちゅう》の大本元《だいほんげん》、大極《たいきょく》、真如《しんにょ》、ゴッド、ゼウス、天帝《てんてい》、上帝《じょうてい》ともいい、至真《ししん》、至善《しぜん》、至美《しび》、円満具足《えんまんぐそく》の神《かみ》の意《い》で、無声無形《むせいむけい》の「幽《ゆう》の幽《ゆう》」にます神様《かみさま》の意《い》となる。

第《だい》二段《だん》（幽《ゆう》の顕神《けんしん》）世《よ》（赤《あか》）・出《いつ》（橙《だいだい》）・燃《むゆ》（黄《き》）

理想的世界《りそうてきせかい》、所謂天界《いわゆるてんかい》の経営《けいえい》で、主《しゅ》として伊邪那岐《いざなぎ》（霊系《れいけい》の祖神《そしん》）・伊邪那美《いざなみ》（体系《たいけい》の祖神《そしん》）二神《しん》が顕現《けんげん》され、その活動《かつどう》により三貴神《さんきしん》である天照大神《あまてらすおほかみ》（天上界《てんじょうかい》の主宰神《しゅさいしん》。）・月読尊《つきよみのみこと》（月界《げっかい》の主宰神《しゅさいしん》。）・素盞嗚尊《すさのをのみこと》（地上《ちじょう》の主権《しゅけん》を保有《ほゆう》。）の御顕現《おんけんげん》に至《いた》り、ここに神界経綸《しんかいけいりん》の端緒《たんしょ》が開《ひら》かれ、一先《ひとま》ず大成《たいせい》する。

第《だい》三段《だん》（顕《けん》の幽神《ゆうしん》）地成《なな》（緑《みどり》）・弥《や》（青《あお》）・凝《ここの》（藍《あい》）

地球成就《ちきゅうじょうじゅ》のために顕現《けんげん》され、国土《こくど》を修理固成《しゅうりこせい》し、神人安住《しんじんあんじゅう》の基礎《きそ》を定《さだ》めて、地上《ちじょう》の幽界《ゆうかい》を守《まも》り給《たま》う神霊《しんれい》で、国祖《こくそ》・国常立尊《くにとこたちのみこと》、豊雲野尊《とよくもぬのみこと》、また一度《ど》現世《げんせ》にその肉体《にくたい》を表現《ひょうげん》された神様《かみさま》。

要《よう》するに「幽《ゆう》の顕神《けんしん》」は天上《てんじょう》の神霊界《しんれいかい》を主宰《しゅさい》し、「顕《けん》の幽神《ゆうしん》」は地上《ちじょう》の幽界《ゆうかい》を主宰《しゅさい》し給《たま》う神々《かみがみ》のこと。

第《だい》四段《だん》（顕《けん》の顕神《けんしん》）足《たり》（紫《むらさき》）・諸地《ももち》・夜出《よろず》

天《てん》まず定《さだ》まり、地成《ちな》った後《のち》、現実世界《げんじつせかい》たる地球人間界《ちきゅうにんげんかい》の経営《けいえい》。

この四階段《かいだん》は、時代《じだい》の区分《くぶん》ではなく、むしろ方面《ほうめん》の区別《くべつ》で、換言《かんげん》すれば第《だい》一段《だん》が全部《ぜんぶ》済《す》みて第《だい》二段《だん》の経営《けいえい》に成《な》ったのではなく四階段同時《かいだんどうじ》の活動《かつどう》であり、経営《けいえい》である。このことが充分了解《じゅうぶんりょうかい》しておらないと「天地経綸《てんちけいりん》の真相《しんそう》」は到底《とうてい》会《え》得《とく》出来《でき》ない。現代活動《げんだいかつどう》をなされている神々《かみがみ》を、歴史的遺物《れきしてきいぶつ》として遇《ぐう》するは大過誤《だいかご》に陥《おちい》ってしまう。

（『出口王仁三郎全集』第一巻・第三章「皇国伝来の神法」及び『神示の宇宙』（九）、『霊界物語』第十三巻「総説」「神旗の由来」参照）

三、三千世界の救世主・神素盞鳴大神の「山上の神訓」

玉国別一行《たまくにわけいっこう》はスダルマ山《さん》（妙法山《みょうほうざん》）から炎天《えんてん》の急坂《きゅうはん》を汗《あせ》を絞《しぼ》りながら、眺《なが》めも飽《あ》かぬ山《やま》の頂上《ちょうじょう》にやって来《き》た。黄昏近《たそがれちか》き夕《ゆう》の空《そら》の下《した》、蓑《みの》を敷《し》き雑談《ざつだん》にふける。玉国《たまくに》別《わけ》は治道居士《ちどうこじ》を哀《あわ》れみて精神《せいしん》に異常《いじょう》をきたすその理由《りゆう》の数々《かずかず》を説示《せつじ》し寝《しん》に就《つ》く。一行《いっこう》は闇夜《やみよ》に襲《おそ》ってきたバラモンのベル、バットを言向和《ことむけやわ》すと、そこへ三千世《ぜんせ》界《かい》の救世主《きゅうせいしゅ》・神素盞鳴大神様《かむすさのをのおほかみさま》が降臨《こうりん》になられて「神訓《しんくん》」が垂示《すいじ》される。

一、無限絶対無始無終《むげんぜったいむしむしゅう》に坐《ま》しまして霊《れい》・力《りょく》・体《たい》の大元霊《だいげんれい》と現《あらわ》れたまう真《まこと》の神《かみ》は、ただ一柱《ひとはしら》おわすのみ。これを真《まこと》の神《かみ》または宇宙《うちゅう》の主神《すしん》という。汝《なんじ》ら、この大神《おほかみ》を真《まこと》の父《ちち》となし母《はは》となして敬愛《けいあい》し奉《たてまつ》るべし。天之御中主大神《あめのみなかぬしのおほかみ》と奉称《ほうしょう》し、また大国常立大神《おほくにとこたちのおほかみ》と奉称《ほうしょう》する。

二、厳《いづ》の御霊《みたま》「日《ひ》の大神《おほかみ》」、瑞《みづ》の御霊《みたま》「月《つき》の大神《おほかみ》」は、主《す》の神《かみ》即《すなわ》ち大国常立大神《おほくにとこたちのおほかみ》の神霊《しんれい》の御顕現《ごけんげん》にして、高天原《たかあまはら》の天国《てんごく》にては「日《ひ》の大神《おほかみ》」と顕《あらわ》れ給《たま》い、高天原《たかあまはら》の霊国《れいごく》にては「月《つき》の大神《おほかみ》」と顕《あらわ》れ給《たま》う。

三、愛善《あいぜん》の徳《とく》に住《じゅう》するものは天国《てんごく》に昇《のぼ》り、信真《しんしん》の光徳《こうとく》に住《じゅう》するものは霊国《れいごく》に昇《のぼ》るものぞ。

四、このほか天津神八百万《あまつかみやほよろず》坐《ま》しませども、皆天使《みなてんし》と知《し》るべし。真《まこと》の神《かみ》は大国常立大神《おほくにとこたちのおほかみ》、またの名《な》・天照皇大神《あまてらすめおほかみ》、ただ一柱《ひとはしら》坐《ま》しますのみぞ。

五、真《まこと》の神《かみ》は、天之御中主大神《あめのみなかぬしのおほかみ》ただ一柱《ひとはしら》のみ。故《ゆえ》に「幽《ゆう》の幽《ゆう》」と称《たた》え奉《まつ》る。

六、国津神《くにつかみ》八百万《やほよろず》坐《ま》しませども皆現界《みなげんかい》における宣伝使《せんでんし》や正《ただ》しき誠《まこと》の司《つかさ》と知《し》るべし。

七、真《まこと》の神《かみ》の変現《へんげん》したまいし神《かみ》を、「幽《ゆう》の顕《けん》」と称《たた》え奉《まつ》る、天国《てんごく》における「日《ひ》の大神《おほかみ》」、霊《れい》国《ごく》における「月《つき》の大神《おほかみ》」は何《いず》れも「幽《ゆう》の顕神《けんしん》」なり。

八、一旦人《いったんひと》の肉体《にくたい》を保《たも》ちて霊界《れいかい》に入《い》り給《たま》いし神《かみ》を、「顕《けん》の幽《ゆう》」と称《とな》え奉《たてまつ》る。大国主之大神《おほくにぬしのおほかみ》及《およ》び諸々《もろもろ》の天使《てんし》及《およ》び天人《てんにん》の類《るい》をいう。

九、顕界《けんかい》に肉体《にくたい》を保《たも》ちて、神《かみ》の大道《だいどう》を伝《つた》え、また現界諸種《げんかいしょしゅ》の事業《じぎょう》を司宰《しさい》する人間《にんげん》を称《しょう》して、「顕《けん》の顕神《けんしん》」と称《とな》え奉《まつ》る。而《しか》して真《しん》に敬愛《けいあい》し尊敬《そんけい》し依信《いしん》すべき根本《こんぽん》の大神《おほかみ》は、「幽《ゆう》の幽《ゆう》」に坐《ま》します一柱《ひとはしら》の大神《おほかみ》のみ。その他《た》の八百万《やほよろず》の神々《かみがみ》は、主神《すしん》の命《めい》に依《よ》りて各《おのおの》その神務《しんむ》を分掌《ぶんしょう》し給《たま》うものぞ。

十、愛善《あいぜん》の徳《とく》に住《じゅう》し信真《しんしん》の光《ひかり》に住《じゅう》し、神《かみ》を愛《あい》し神《かみ》を信《しん》じ神《かみ》の為《ため》に尽《つく》すものは天界《てんかい》の住民《じゅうみん》となり、悪《あく》と虚偽《きょぎ》とに浸《ひた》りて魂《たましい》を曇《くも》らすものは地獄《じごく》に自《みずか》ら堕落《だらく》するものぞ。

○素盞嗚《すさのを》の瑞《みづ》の御霊《みたま》の御恵《みめぐ》みに　教《おしえ》の泉《いずみ》湧《わ》き出《い》でにけり
○昔《むかし》よりためしも聞《き》かぬ御教《みをしへ》を　居《ゐ》ながらに聞《き》く事《こと》の尊《たふと》さ
（『霊界物語』第六十三巻・第四章「山上訓」）

四、愛善と実際

地上《ちじょう》に天国《てんごく》を樹立《じゅりつ》するということは、神仏《しんぶつ》の大本願《だいほんがん》、全人類《ぜんじんるい》の最高理想《さいこうりそう》であり、目的《もくてき》です。そのためには、「愛善《あいぜん》」の活動《かつどう》によってのみ成《な》し得《え》らるゝ御教《みおしえ》です。

しかし「愛善《あいぜん》」は、人生《じんせい》に即《そく》した常道《じょうどう》であるとはいえ天地《てんち》に遍満流通《へんまんりゅうつう》せる大精神《だいせいしん》であるからこれを国家社会《こっかしゃかい》に、一身一家《いっしんいっか》に実行《じっこう》する上《うえ》において最《もっと》も必要《ひつよう》なことは、正《ただ》しき方針《ほうしん》となる「経緯《けいい》」を明《あき》らかにする必要《ひつよう》があります。

それ故《ゆえ》、「教旨《きょうし》」と「綱領《こうりょう》」と「主義《しゅぎ》」が神示《しんじ》され、そして思索考慮《しさくこうりょ》の基調《きちょう》として「三《さん》大学則《だいがくそく》」（＝「神の黙示」、「法三章」。）が設けてあります。これによって、客観的《きゃっかんてき》に正《ただ》しく感情《かんじょう》に照《て》らし合《あわ》せ、「神《かみ》」及《およ》び「惟神《かむながら》の大道《だいどう》」「愛善主義《あいぜんしゅぎ》」を悟《さと》ることが出来《でき》ます。

（以下『皇道大本の信仰』より）

（一）、三大学則……神の黙示

この「三大学則《さんだいがくそく》」は、宇宙万有結成《うちゅうばんゆうけっせい》の源基《げんき》である「霊《れい》・力《りょく》・体《たい》」を悟《さと》る心得《こころえ》であり、神《かみ》に近《ちか》づき道《みち》を悟《さと》る基調《きちょう》となります。神様《かみさま》の神徳《しんとく》の広大無辺《こうだいむへん》なることは容易《ようい》に窺《うかが》い知《し》るべきところではありませんが、この三つの黙示《もくじ》によって、神《かみ》が厳《げん》として照臨《しょうりん》し給《たま》うこと、また宇宙《うちゅう》に遍満《へんまん》しているその「霊《れい》・力《りょく》・体《たい》」の運用妙機《うんようみょうき》を覚《さと》ることが出来《でき》るのです。かく達観《たっかん》すれば、森羅万象悉《しんらばんしょうことごと》く神《かみ》の黙示《もくじ》であり、天啓《てんけい》であって、この黙示天啓《もくじてんけい》を知《し》ることが真《しん》の学問《がくもん》である、と示《しめ》されます。

神《かみ》の黙示《もくじ》は即吾俯仰観察《そくわがふぎょうかんさつ》する宇宙《うちゅう》の霊《れい》・力《りょく》・体《たい》の三大《だい》を以《もっ》てす
一、天地《てんち》の真象《しんしょう》を観察《かんさつ》して真神《しんしん》の体《たい》を思考《しこう》すべし
一、万有《ばんゆう》の運化《うんか》の毫差無《ごうさな》きを視《み》て真神《しんしん》の力《ちから》を思考《しこう》すべし
一、活物《かうぶつ》の心性《しんせい》を覚悟《かくご》して真神《しんしん》の霊魂《れいこん》を思考《しこう》すべし
以上《いじょう》の活経典《かつけいてん》あり、真神《しんしん》の真神《しんしん》たる故由《こゆう》を知《し》る、何《なん》ぞ人為《じんい》の書巻《しょかん》を学習《がくしゅう》するを要《よう》せむや、唯不変不易《ただふへんふえき》たる真鑑実理《しんかんじつり》あるのみ

右《みぎ》の神《かみ》の黙示《もくじ》によりて万有《ばんゆう》に遍在《へんざい》する「霊《れい》・力《りょく》・体《たい》」の運用妙機《うんようみょうき》を悟《さと》り、これを基礎《きそ》として「教旨《きょうし》」、「四大綱領《しだいこうりょう》」、「四大主義《しだいしゅぎ》」を立《た》てる。

(二)、教旨

神《かみ》は万物普遍《ばんぶつふへん》の霊《れい》にして
人《ひと》は天地経綸《てんちけいりん》の司宰者也《しさいしゃなり》
神人合一《しんじんごういつ》して茲《ここ》に無限《むげん》の神徳《しんとく》を発揮《はっき》す

この教《おしえ》の根本真髄《こんぽんしんずい》は右《みぎ》の簡単《かんたん》な字句《じく》に悉《ことごと》く含《ふく》まれ、その意味《いみ》は無限《むげん》に深《ふか》く広《ひろ》きものがあります。「教旨《きょうし》」には、一、神《かみ》に関《かん》する説明《せつめい》、二、人《ひと》における一切《いっさい》の解説《かいせつ》、三、神《かみ》と人《ひと》との関係《かんけい》を神示《しんじ》されたもので「惟神《かむながら》の大道《だいどう》」「愛善主義《あいぜんしゅぎ》」の真髄《しんずい》です。以下《いか》概要《がいよう》を述《の》べると

①、神は万物普遍の霊

神《かみ》に対《たい》する確固《かっこ》たる定義《ていぎ》を与《あた》えたもので、これによって要項《ようこう》が分明《ぶんめい》します。
主《す》の神《かみ》は万物《ばんぶつ》に普遍《ふへん》の霊《れい》を賦与《ふよ》し給《たま》うもので、①万物《ばんぶつ》には神《かみ》が普《あまね》く遍在《へんざい》すること。②神《かみ》

は霊《れい》、隠身《かくれみ》にして肉眼《にくがん》では見《み》えないこと。③神《かみ》は本来一神《ほんらいいっしん》なれど、顕現《けんげん》の順序《じゅんじょ》（縦《たて》）と分掌的活動《ぶんしょうてきかつどう》（横《よこ》）によって八百万《やほよろず》の多神《たしん》となること。④神《かみ》には超人格的神《ちょうじんかくてきかみ》と、人格《じんかく》の神《かみ》との区別《くべつ》があること。

小天地《しょうてんち》たる人間《にんげん》の精神肉体両方面《せいしんにくたいりょうほうめん》の力《ちから》、即《すなわ》ち人格的活力《じんかくてきかつりょく》が、人身構成《じんしんこうせい》の単位《たんい》たる細胞《さいぼう》一つ一つに遍在《へんざい》していると同様《どうよう》、神格《しんかく》は万物《ばんぶつ》に至《いた》らぬことなく普及《ふきゅう》して、万物《ばんぶつ》の生成化育《せいせいかいく》、営為《えいい》し給《たま》うのです。それで万物《ばんぶつ》を結成《けっせい》している「霊《れい》・力《りょく》・体《たい》」は、即《すなわ》ち「神《かみ》の分霊《ぶんれい》、分力《ぶんりょく》、分体《ぶんたい》」であるから**「宇宙《うちゅう》の本源《ほんげん》は活動力《かつどうりょく》にして即《すなわ》ち神《かみ》なり、万物《ばんぶつ》は活動力《かつどうりょく》の発現《はつげん》にして神《かみ》の断片《だんぺん》なり」**と示《しめ》してあるのです。

この大活動力《だいかつどうりょく》が宇宙《うちゅう》の独一真神《どくいつしんしん》即《すなわ》ち大元霊《だいげんれい》、言霊学上《ことたまがくじょう》・神素盞嗚大神様《かむすさのをのおほかみさま》であり、日本《にほん》では天之御中主神《あめのみなかぬしのかみ》と称《とな》え、また大天主太神《おほもとすめおほみかみ》、大本皇大御神《おほもとすめおほみかみ》、造物主《ぞうぶつしゅ》、太極《たいきょく》、真如《しんにょ》、天帝《てんてい》、ゴッド、また単《たん》に神《かみ》などと称《とな》えているのです。

神《かみ》の原動《げんどう》は、一霊《いちれい》（直霊《なおひ》）四魂《しこん》（荒魂《あらみたま》、和魂《にぎみたま》、奇魂《くしみたま》、幸魂《さちみたま》）、八力《はちりき》（動《どう》、静《せい》、解《かい》、凝《ぎょ》、

引《いん》、弛《ち》、合《ごう》、分《ぶん》）、三元《さんげん》（剛体《ごうたい》、柔体《じゅうたい》、流体《りゅうたい》）として発揮《はっき》されているので、これに『神《しん》典《てん》』では神名《しんめい》が付《ふ》されているのです。いずれも神《かみ》の顕現《けんげん》の第《だい》一段階《だんかい》（幽《ゆう》の幽神《ゆうしん》）に属《ぞく》するもので、聖眼《せいがん》これを見《み》るを得《え》ず、賢口《けんこう》これを語《かた》るを得《え》ず、という超人格《ちょうじんかく》の神《かみ》です。ただ大《だい》自然力《しぜんりょく》と宇宙美観《うちゅうびかん》より思考《しこう》してその力徳《りきとく》の一端《いったん》を窺知《きち》するに過《す》ぎないのです。

神《かみ》の第《だい》一段《だん》の御活動《ごかつどう》により、天地剖判《てんちぼうはん》して日月地霊《にちげつちれい》の出現《しゅつげん》となり、神《かみ》の統制《とうせい》は基礎的《きそてき》（霊的《れいてき》）には一通《ひととお》り成立《せいりつ》します。これが神《かみ》の第《だい》二段《だん》（幽《ゆう》の顕神《けんしん》）の顕現《けんげん》であって、ここに偉大《いだい》なる霊身《れいしん》を持《も》った類人格的《るいじんかくてき》の神々《かみがみ》を地上《ちじょう》に見《み》ることになるのです。第《だい》二段《だん》の成立《せいりつ》に次《つ》いで海陸《かいりく》の完成《かんせい》、動植物《どうしょくぶつ》の発生《はっせい》となり、ここに第《だい》三段《だん》、顕《けん》の顕神《けんしん》、即《すなわ》ち人《ひと》の顕現《けんげん》（＝「誓約」による三女神、五男神の出生。）となったのです。それで人《ひと》は肉体《にくたい》をもった神《かみ》として、神《かみ》の働《はたら》きを分掌実行《ぶんしょうじっこう》するのが本来《ほんらい》です。それ故《ゆえ》、本分使命《ほんぶんしめい》を果《はた》した人《ひと》の死後《しご》は、第《だい》四段《だん》（顕《けん》の幽神《ゆうしん》）の神《かみ》、即《すなわ》ち天使天人《てんしてんにん》となって霊的活動《れいてきかつどう》を続《つづ》けることゝなるのです。この四段階《だんかい》の顕現活動《けんげんかつどう》は、相関連《あいかんれん》して永久《えいきゅう》に活動《かつどう》を休止《きゅうし》しないのです。それ故《ゆえ》、宇宙《うちゅう》は大元霊《だいげんれい》たる一神《いっしん》に帰《き》し、開《ひら》けば多神《たしん》を強《きょう》調《ちょう》するのです。

②、人は天地経綸の司宰者

昔《むかし》から人《ひと》は小宇宙《しょううちゅう》、天地《てんち》の縮図《しゅくず》といわれます。人《ひと》という文字《もじ》を象形《しょうけい》の上《うえ》から見《み》ると、天《てん》と地《ち》、陰《いん》と陽《よう》、自分《じぶん》と他人《たにん》などの相対《そうたい》の結成《けっせい》を示《しめ》しております。これを言霊《ことたま》の上《うえ》からいえば、ヒトは霊止《ヒト》であって、神霊《しんれい》の止《とど》まり給《たま》う究極点《きゅうきょくてん》ということになります。

それで「人《ひと》は神《かみ》の子《こ》、神《かみ》の宮《みや》」といってあるのもこのためで、人《ひと》を結成《けっせい》している「霊《れい》・力《りょく》・体《たい》」を見《み》ると、真《しん》に万物《ばんぶつ》の霊長《れいちょう》として神《かみ》と性情《せいじょう》を同《おな》じくする霊魂《みたま》を享受《きょうじゅ》しており、神《かみ》の代行者《だいこうしゃ》として活動《かつどう》し得《う》る能力《のうりょく》を蔵《ぞう》しております。人《ひと》の姿《すがた》は神《かみ》の理想《りそう》の結晶《けっしょう》であるから、人《ひと》の姿《すがた》は神《かみ》の姿《すがた》です。

「人《ひと》は天地経綸《てんちけいりん》の司宰者《しさいしゃ》」と定義《ていぎ》してあるのは、元来人《がんらいひと》の生《うま》れて来《く》るということは、現《げん》界《かい》の基礎《きそ》をなしている世界的《せかいてき》、即《すなわ》ち霊界《れいかい》において活動《かつどう》する天使天人《てんしてんにん》を養成《ようせい》するためで、肉《にく》体《たい》は天使天人《てんしてんにん》の鋳型《ちゅうけい》であり苗代《なわしろ》です。

人《ひと》には、霊子《れいし》というものが胎内《たいない》に宿《やど》り、十月十日間《とつきとうかかん》かけて胎児《たいじ》より出生《しゅっしょう》へと発育《はついく》を続《つづ》けて神《かみ》の姿《すがた》を完成《かんせい》し、霊魂《みたま》もまたこれに伴《ともな》って発育《はついく》を遂《と》げ、神《かみ》に代《か》わる力徳《りきとく》を得《え》て、ここに天使天人《てんしてんにん》の相応者《そうおうしゃ》となるのです。これが人生本来《じんせいほんらい》の道程《どうてい》であり、目的《もくてき》ですが、これについての必要条件《ひつようじょうけん》は、神《かみ》に帰依《きえ》して心《こころ》の修養《しゅうよう》、即《すなわ》ち霊的生涯《れいてきしょうがい》を完《まっと》うすると同時《どうじ》に、世間《せけん》的生涯《てきしょうがい》を完《まっと》うすることです。世間的生涯《せけんてきしょうがい》とは、国家社会《こっかしゃかい》の一員《いん》として各々《おのおの》の職業《しょくぎょう》を正《ただ》しく勤《つと》めることであって、これを外《ほか》にして天使天人《てんしてんにん》の資格《しかく》を得《う》ることは出来《でき》ないのです。

職業《しょくぎょう》を正《ただ》しく勤《つと》めるには霊魂《みたま》の正《ただ》しき発育《はついく》が原動力《げんどうりょく》となるので、修養《しゅうよう》と実行《じっこう》が両々《りょうりょう》相《あい》まって「人生《じんせい》の本分《ほんぶん》」を完《まっと》うすることが出来《でき》るのです。そして地上《ちじょう》の経綸《けいりん》に奉仕《ほうし》した人《ひと》は、死後直《しごただ》ちに天界《てんかい》に復活《ふっかつ》し天使天人《てんしてんにん》として霊的経綸《れいてきけいりん》に奉仕《ほうし》する不老不死《ふろうふし》の生涯《しょうがい》に入《はい》るのです。

霊界《れいかい》と現界《げんかい》とは、物質《ぶっしつ》の立場《たちば》から見《み》ると全《まった》く別《べつ》な世界《せかい》ですが、霊的見地《れいてきけんち》からいえば交通《こうつう》自在《じざい》というよりも、むしろ不可分《ふかぶん》の関係《かんけい》にあるから、達観《たっかん》すれば霊界《れいかい》も現界《げんかい》も同《おな》じ世界《せかい》であるといって差支《さしつか》えないのです。

③、神人合一

人《ひと》は神《かみ》の子《こ》、神《かみ》の宮《みや》であるから「神人合一《しんじんごういつ》」するのがむしろ当然《とうぜん》であり、また「神人合一《しんじんごういつ》」の境地《きょうち》にならねばならない約束《やくそく》の下《もと》に生《うま》れています。

「神人合一《しんじんごういつ》」というのは、世間《せけん》で普通《ふつう》いうところの無念無想《むねんむそう》の境《きょう》とか、あるいは無我《むが》の境《きょう》とかいうのではないのです。「神《かみ》と人《ひと》と和合《わごう》し合体《がったい》すること」であって、完全《かんぜん》に人《ひと》が神《かみ》の子《こ》として神《かみ》の生宮《いきみや》として不離《ふり》の境《きょう》に到《いた》ることです。

この「神人合一《しんじんごういつ》」の境《きょう》に到《いた》るのには、常《つね》に主神《すしん》の神格《しんかく》を享受《きょうじゅ》して霊魂《みたま》の向上発達《こうじょうはったつ》を努《つと》めるにあります。神格《しんかく》を享受《きょうじゅ》するには神《かみ》への絶対信仰《ぜったいしんこう》が最《もっと》も必要《ひつよう》であることは無論《むろん》であり、その享受《きょうじゅ》の様式《ようしき》を内流《ないりゅう》といいます。

内流《ないりゅう》とは、その人《ひと》の霊魂《みたま》が神《かみ》の霊性《れいせい》と一致《ち》または相似《そうじ》の状態《じょうたい》となった場合《ばあい》、神格《しんかく》が水《みず》の低《ひく》きに流《なが》れる様《よう》に流入《りゅうにゅう》して来《く》るのをいうのであって、電波《でんぱ》の波長《はちょう》が一致《ち》した場合《ばあい》に時空《じくう》を超越《ちょうえつ》して通《つう》じ合《あ》うのと同様《どうよう》です。

内流《ないりゅう》には、直《ただ》ちに真神《しんしん》より来《きた》る「直接内流《ちょくせつないりゅう》」と、天使天人《てんしてんにん》や真人《しんじん》または神書《しんしょ》を介《かい》して来《く》る場合《ばあい》「間接内流《かんせつないりゅう》」とがあるが、「間接内流《かんせつないりゅう》」が普通《ふつう》です。

「神人合一《しんじんごういつ》」の境地《きょうち》には、神《かみ》がかりといって、「帰神《きしん》」と「神懸《かむがかり》」の二様式《ようしき》があります。

「帰神《きしん》」は神《かみ》がかりと訓《くん》じますが、不断《ふだん》の内流《ないりゅう》を受《う》けて神《かみ》の霊性《れいせい》と同《どう》一状態《じょうたい》に向上《こうじょう》した場合《ばあい》をいうので完全《かんぜん》なる「神人合一《しんじんごういつ》」の境地《きょうち》であって、見《み》たところ常人《じょうにん》と何等《なんら》異《こと》なることなき状態《じょうたい》でありながら、思《おも》うこと言《い》うこと行《おこな》うこと総《すべ》て神《かみ》のご意志《いし》に合致《がっち》するのです。

「神懸《かむがかり》」とは天使天人《かみがみ》によって一時《じ》肉体《にくたい》を使役《しえき》される場合《ばあい》をいい、「帰神《きしん》」とは相違《そうい》があります。「帰神《きしん》」も「神懸《かむがかり》」も尊重《そんちょう》すべき神的現象《しんてきげんしょう》であり、そこに初《はじ》めて本来《ほんらい》の「神《かみ》の目的《もくてき》」と「人《ひと》の目的《もくてき》」とが相《あい》一致《ち》するので、ここに霊界現界《れいかいげんかい》を通《つう》じて無限《むげん》の権力《けんりょく》、神徳《しんとく》を発《はっ》揮《き》するのです。

これに反《はん》して肉体《にくたい》は一人前《いちにんまえ》であっても霊魂《みたま》が未完成《みかんせい》ないし邪悪《じゃあく》であれば、同程度《どうていど》の霊界《れいかい》、即《すなわ》ち「中有界《ちゅううかい》」ないし「幽界《ゆうかい》」（地獄《じごく》）と感合《かんごう》して、迷《まよ》いと不安《ふあん》の境涯《きょうがい》ないし虚偽罪悪《きょぎざいあく》を行《おこな》う人間《にんげん》となるのです。か丶る場合《ばあい》には低級霊《ていきゅうれい》または悪霊《あくれい》に憑依《ひょうい》されて肉体《にくたい》を使役《しえき》され易《やす》くなります。これを「神憑《しんぴょう》」といって、この種《しゅ》の霊的現象《れいてきげんしょう》には深《ふか》く反省《はんせい》すべきです。

○真神《しんしん》は万物普遍《ばんぶつふへん》の霊《れい》にして人《ひと》は天地《てんち》の経綸者《けいりんしゃ》なる

○千早振《ちはやふ》る神《かみ》の霊魂《みたま》をわかたれし人《ひと》は神《かみ》の子神《こかみ》の宮《みや》かも

○皇神《すめかみ》の御姿《みすがた》のままに生《う》まれ出《い》でし人《ひと》は神《かみ》の子神《こかみ》の宮居《みやい》ぞ

○すみきりし人《ひと》の身魂《みたま》に天地《あめつち》のまことの神《かみ》は宿《やど》らせたまはん

○人生《じんせい》の真目的《しんもくてき》は地《ち》の上《うへ》に無窮《むきゅう》の天国《てんごく》たつるにありけり

(三)、四大綱領……祭(政)・教・慣・造

①祭(政)……惟神の大道(祭政一致の大道)

祭《さい》は天上《てんじょう》(天界《てんかい》)の儀《ぎ》と地上《ちじょう》(現界《げんかい》)の儀《ぎ》とを一致《いっち》させる方法です。いわゆる天国《てんごく》の姿《すがた》を地《ち》に移写《いしゃ》する方法《ほうほう》です。元来《がんらい》「まつり」という意義《いぎ》は真釣《まつ》り合《あわ》せる、調和《ちょうわ》させる、合一《ごういつ》するということで、一切《いっさい》の相対《そうたい》に対《たい》して行《おこな》われるもので、中《なか》にも神《かみ》と人《ひと》、天界《てんかい》と現《げん》界《かい》との相対《そうたい》の真釣《まつ》り合《あわ》せが一切《いっさい》の根本《こんぽん》です。真釣《まつ》り合《あわ》せということは、神《かみ》の御心《みこころ》を拝察《はいさつ》し、天界《てんかい》の真相《しんそう》を了解《りょうかい》され、これを自己《じこ》に人《ひと》に社会《しゃかい》に移写《いしゃ》することが政《まつりごと》であるから、「祭《まつり》」と「政《まつりごと》」は引《ひ》き離《はな》すことも出来《でき》ず、また矛盾《むじゅん》があってはならないのです。これが「祭政《さいせい》一致《ち》」であって日本《にほん》は神代《かみよ》の昔《むかし》より最大最貴《さいだいさいき》の行事《ぎょうじ》として行《おこな》われて来《き》た敬神崇祖《けいしんすうそ》の国風《こくふう》です。祭祀《さいし》は「感謝《かんしゃ》と祈願《きがん》」の精神《せいしん》と、「顕斎《けんさい》」と「幽斎《ゆうさい》」の方法《ほうほう》によって完《まっと》うされます。

そして神《かみ》の祭祀《さいし》と共《とも》に祖先《そせん》を祭《まつ》ることは大切《たいせつ》です。

②、教……天授の真理

今《いま》までの教《おしえ》は、処世上《しょせいじょう》の便宜《べんぎ》のため永《なが》い間《あいだ》の経験《けいけん》によって立《た》てられた教《おしえ》であって、一見《いっけん》どんなに立派《りっぱ》に見《み》えても、それが人間《にんげん》の頭脳《ずのう》の産物《さんぶつ》である以上《いじょう》は決《けっ》して真《しん》の教《おしえ》ということは出来《でき》ないのです。どうしても真神《しんしん》の御神格《ごしんかく》を直接《ちょくせつ》または間接《かんせつ》に享受《きょうじゅ》して、これを伝達《でんたつ》したものでなくてはならないのです。各宗《かくしゅう》の宗祖《しゅうそ》はこうした関係《かんけい》の下《もと》に教《おしえ》を説《と》かれたのでしょうが、その教典《きょうてん》は大抵《たいてい》弟子《でし》達《たち》が「如是我聞《にょぜがもん》」の下《もと》に綴《つづ》ったもので、神《かみ》の伝達者《でんたつしゃ》たる宗祖《しゅうそ》の真意《しんい》を誤《あやま》り伝《つた》えた場合《ばあい》が少《すく》なくないのです。

真《しん》の教《おしえ》というものは古今《ここん》に通《つう》じて誤《あやま》らず世界《せかい》に施《ほどこ》しても道理《どうり》に反《はん》しないもので、時代《じだい》時《じ》代《だい》に応《おう》じたもの、即《すなわ》ち精神文明《せいしんぶんめい》や物質文明《ぶっしつぶんめい》の成長《せいちょう》に一致《いっち》したもので、常《つね》に時代《じだい》に先《さき》だって指導《しどう》するという権威《けんい》があるのです。

何故《なぜ》なら真《しん》の教《おしえ》は「惟神《かむながら》の大道《だいどう》」の伝達《でんたつ》であるから、物質文明《ぶっしつぶんめい》にせよ精神文明《せいしんぶんめい》にせよ正《ただ》しき進展《しんてん》は「惟神《かむながら》の発揮《はっき》」に副《そ》うからです。また不良《ふりょう》なる社会相《しゃかいそう》は「惟神《かむながら》に違反《いはん》」した結《けっ》果《か》であるからです。また真《しん》の教《おしえ》として徹底的《てっていてき》に「神《かみ》の愛善《あいぜん》」を説《と》くのであって、徒《いたず》らに罪《ざい》悪《あく》を説《と》き戒律《かいりつ》を厳《きび》しくしたり、また難行苦行《なんぎょうくぎょう》に重《おも》きを置《お》くのは間違《まちが》いです。

③、慣……天人道の常

慣性《かんせい》はものゝ性質《せいしつ》のことで、性質《せいしつ》に適《てき》した役目《やくめ》、または本分《ほんぶん》に順応《じゅんのう》する天賦的《てんぷてき》の意志《いし》という意味《いみ》があります。それで「慣《かん》」は「天道人道《てんどうじんどう》の常経《じょうけい》（＝常に変わらぬ法則。）」であって、天道《てんどう》は神《かみ》の力徳《りきとく》の発動《はつどう》であり、人道《じんどう》というのは天道《てんどう》が人《ひと》によって行《おこな》われることです。

一例《いちれい》をあげると、山野《さんや》に樹木《じゅもく》が生成《せいせい》し、かつその幹《みき》が丸《まる》く成長《せいちょう》するのは天道《てんどう》です。これを人《ひと》によりて伐採《ばっさい》し四角《しかく》い柱《はしら》となし、平《たい》らな板《いた》となし、或《ある》いは種々《しゅじゅ》の製品《せいひん》となすのが人道《じんどう》です。

慣性《かんせい》は、動植物《どうしょくぶつ》にも皆《みな》あるのです。人間《にんげん》でいえば、「五倫五常《ごりんごじょう》の道《みち》」という様《よう》な、持《も》って生《う》まれた神性《しんせい》であり守《まも》らなければならない道《みち》です。そしてこの道徳習慣《どうとくしゅうかん》などは、その時代《じだい》や地方《ちほう》や民族等《みんぞくなど》により多少異《たしょうこと》なっても根本的《こんぽんてき》に差異《さい》があるのではなく、自然《しぜん》の慣性《かんせい》は永久不変《えいきゅうふへん》の性質《せいしつ》のもので、常《つね》に人間《にんげん》の内面的生涯《ないめんてきしょうがい》を左右《さゆう》するものです。

すべての慣性《かんせい》を明《あき》らかにし、これを助長《じょちょう》し善導《ぜんどう》して行《ゆ》くことによって人生《じんせい》の本分《ほんぶん》を尽《つく》させるのが、宗教家《しゅうきょうか》や教育家《きょういくか》の職責《しょくせき》です。

④、造……適宜の事務

造《ぞう》は適宜《てきぎ》（＝丁度よく適している。）の事務《じむ》であって実業家《じつぎょうか》の職責《しょくせき》です。人《ひと》には各自《かくじ》それぞれの天職《てんしょく》使命《しめい》をもって生《う》まれているので、総《すべ》ての人《ひと》に共通《きょうつう》しております。人《ひと》の職業《しょくぎょう》は、天地経綸《てんちけいりん》の司宰者《しさいしゃ》（担当者《たんとうしゃ》）としての仕事《しごと》であり、利用厚生《りようこうせい》、生成化育《せいせいかいく》の道《みち》に従《したが》いながら生活《せいかつ》のためにする仕事《しごと》です。

要《よう》するに「造《ぞう》」は慣性《かんせい》の活用《かつよう》であって、人間《にんげん》の外面的生涯《がいめんてきしょうがい》を完《まっと》うするための手段方法《しゅだんほうほう》として、所謂《いわゆる》「士《し》・農《のう》・工《こう》・商《しょう》」に従事《じゅうじ》することですから、これを正《ただ》しく勤《つと》めることは間《かん》接的《せってき》に天職《てんしょく》を尽《つく》すことになるのです。それで欲《よく》を離《はな》れた別天地《べってんち》に住《す》み、あるいは世間的《せけんてき》業務《ぎょうむ》を退《しりぞ》ける隠遁生活《いんとんせいかつ》は、神様《かみさま》の道《みち》より見《み》れば決《けっ》してよいことではないのです。

(四)、四大主義……清・楽・進・統

「四大主義《しだいしゅぎ》」は実践躬行《じっせんきゅうこう》の心得《こころえ》であり、真神《しんしん》に絶対帰依《ぜったいきえ》して「四大綱領《しだいこうりょう》」の中《なか》に安住《あんじゅう》し、「四大主義《しだいしゅぎ》」によって行動《こうどう》することが、天界《てんかい》の不文律《ふぶんりつ》であると神示《しんじ》されます。

①清潔主義……心身修祓の大道（美曽岐の大道）

身《み》も魂《たましい》も常《つね》に清浄潔白《しょうじょうけっぱく》に努《つと》めること。清潔《せいけつ》とは神《かみ》を対照《たいしょう》として身《み》の垢《あか》や心《こころ》の汚《よご》れを祓《はら》い清《きよ》めることです。身《み》の垢《あか》は湯水《ゆみず》などで清《きよ》めるのですが、心《こころ》の汚《よご》れは神《かみ》の光《ひかり》（真《しん》）と熱《ねつ》

（愛《あい》）による外《ほか》に清《きよ》める方法《ほうほう》はないのです。

新陳代謝《しんちんたいしゃ》は天地《てんち》の自然現象《しぜんげんしょう》であって、清潔《せいけつ》の大法則《だいほうそく》です。即《すなわ》ち日月《にちげつ》の光熱《こうねつ》や雨《あめ》などによって大気《たいき》や土地《とち》は絶《た》えず清潔《せいけつ》にされていますが、宇宙意志《うちゅういし》の発現《はつげん》としてこれを「祓戸四柱《はらいどよはしら》の神《かみ》」の働《はたら》きというのです。

小宇宙《しょううちゅう》たる人間《にんげん》の肉体《にくたい》も同様《どうよう》のはたらきの下《もと》に、呼吸《こきゅう》により血行《けっこう》により、また排泄《はいせつ》によって新鮮《しんせん》の養分《ようぶん》を採《と》り入《い》れると同時《どうじ》に、陳旧《ちんきゅう》（＝古いもの。）の汚物《おぶつ》を排除《はいじょ》しているのですが、霊体不可分《れいたいふかぶん》であるから心《こころ》もまた同様《どうよう》の働《はたら》きの下《もと》に清潔《せいけつ》がおこなわれるのです。湯上《ゆあ》りにサッパリした気分《きぶん》になり、善《よ》いことをした時《とき》には愉快《ゆかい》になるのは常《つね》に経験《けいけん》するところです。

それで「清潔主義《せいけつしゅぎ》」は、神《かみ》を対照《たいしょう》として一身一家《いっしんいっか》の「小潔斎《しょうけっさい》」から、一地方《ちほう》一国《こく》の「中潔斎《ちゅうけっさい》」に及《およ》ぼすことが、世界宇宙《せかいうちゅう》の「大潔斎《だいけっさい》」に資《し》することになるのです。人《ひと》が「天地経綸《てんちけいりん》の司宰者《しさいしゃ》」である以上《いじょう》、祓《はら》いの言霊《ことたま》によりこの覚悟《かくご》をもってもらいたいのです。

②、楽天主義……天地惟神の大道（国民特有の大道）

陽気《ようき》な心《こころ》で楽《たの》しんで暮《くら》すこと、刹那刹那《せつなせつな》に最善《さいぜん》を選《えら》んで行動《こうどう》する主義《しゅぎ》です。過去《かこ》のことを悔《く》やみ、過越《すぎこ》し苦労《くろう》と、分《わか》りもしない未来《みらい》について無用《むよう》の心配《しんぱい》をする取越《とりこ》し苦労《くろう》をしない主義《しゅぎ》です。

どうすれば「楽天主義《らくてんしゅぎ》」になれるかといえば、一切万事《いっさいばんじ》を神《かみ》に任《まか》せて進《すす》むことによりこの境地《きょうち》に入《い》ることが出来《でき》るのです。元来《がんらい》この世《よ》の中《なか》は「言霊《ことたま》の天照《あまて》る国《くに》、言霊《ことたま》の幸《さち》はう国《くに》」といって、喜《よろこ》べば喜《よろこ》びごとが出来《でき》、悲《かな》しめば悲《かな》しいことを招来《しょうらい》するように造《つく》られております。それでもって愛善《あいぜん》の神性《しんせい》を助長《じょちょう》して笑《わら》いの門《かど》を開《ひら》き喜《よろこ》びの道《みち》をつくり、万事《ばんじ》を善《よ》い方《ほう》へ見直《みなお》し聞直《ききなお》し、詔《の》り直《なお》すのが「惟神の道《かむながらのみち》」です。ですから「楽天主義《らくてんしゅぎ》」は神《かみ》に絶対信仰《たいしんこう》しなくては出来得《できえ》ない。普通見《ふつうみ》るところの呑気者《のんきもの》や、享楽主義《きょうらくしゅぎ》、刹那主義《せつなしゅぎ》などとは根本《こんぽん》から相違《そうい》しているのです。

この世《よ》を苦界《くかい》とか、厭離穢土《えんりえど》とけなし、罪悪《ざいあく》とか懺悔《ざんげ》とかを説《と》いて、人心《じんしん》を恐喝《きょうかつ》し神性《しんせい》を委縮《いしゅく》させていては何時《いつ》までも地獄相《じごくそう》を脱《だつ》することは出来《でき》ません。

③、進展主義……社会改造の大道（国家開発の大道）

積極的《せっきょくてき》な進歩発展《しんぽはってん》の主義《しゅぎ》です。自然現象《しぜんげんしょう》の活動《かつどう》を見《み》ても分《わ》かるように宇宙間《うちゅうかん》には毫《ごう》も逆転退歩《ぎゃくてんたいほ》ということが無《な》い。生成化育《せいせいかいく》、進歩発展《しんぽはってん》は神《かみ》の御心《みこころ》です。それで人《ひと》は神《かみ》の御心《みこころ》に神習《かむなら》って国家《こっか》の発展《はってん》、社会《しゃかい》の進歩《しんぽ》のために間断《かんだん》なく邁進《まんしん》することが必要《ひつよう》です。草木《そうもく》が光明《こうみょう》に向《むか》った方《ほう》の枝葉《しよう》が繁茂《はんも》しているのと同様《どうよう》、人《ひと》は神《かみ》に向《むか》うことによって加護《かご》をいただくのです。そしてこの方針《ほうしん》で万事《ばんじ》を進展的《しんてんてき》にやれば、たとえ一時失敗《いちじしっぱい》したようであっても、やがてそれが幾倍《いくばい》の景気《けいき》をもって好転《こうてん》して来《く》るものです。

④、統一主義……上下一致の大道

統一主義《とういつしゅぎ》は上下一致《しょうかいっち》の大道《だいどう》です。上下一致《しょうかいっち》ということは決《けっ》して無差別平等《むさべつびょうどう》を意味《いみ》したものではないのです。すべて物《もの》には中心《ちゅうしん》があって全体《ぜんたい》を統《とう》一している個々《こご》の部分《ぶぶん》は、それぞれ働《はたら》きが異《こと》なっているから一々《いちいち》差《さ》別《べつ》階級《かいきゅう》があるので、中心《ちゅうしん》に統一《とういつ》される上《うえ》においては、全部《ぜんぶ》が一致《いっち》して中心《ちゅうしん》に帰向《きこう》しているのです。それで「統一主義《とういつしゅぎ》」はまた「中心帰向《ちゅうしんきこう》主義《しゅぎ》」となるのです。

「統一主義《とういつしゅぎ》」は真理《しんり》のあらわれであるから、日月星辰《じつげつせいしん》のように極大世界《きょくだいせかい》においても、極《きょく》小世界《しょうせかい》における細胞《さいぼう》や電子《でんし》などの如《ごと》きも、それぞれ中心《ちゅうしん》に統一《とういつ》され、更《さら》に大《だい》なる中心《ちゅうしん》に統一《とういつ》されているのであって各星座《かくせいざ》も電子《でんし》も究極《きゅうきょく》は宇宙意志《うちゅういし》即《すなわ》ち「真神《しんしん》に統一《とういつ》」されているのです。まして人類《じんるい》は「真神《しんしん》に帰向《きこう》すべき」は勿論《もちろん》ですが、一面《いちめん》において「上下一致《しょうかいっち》」してそれぞれ国家《こっか》に帰向《きこう》し、家族《かぞく》は一致《いっち》して家長《かちょう》に帰向《きこう》するなど、秩序《ちつじょ》を経《へ》てこそ初《はじ》めて「真《しん》の統一和合《とういつわごう》」が成立《せいりつ》するのです。ただこの際《さい》どこまでも一貫《いっかん》した肝要事《かんようじ》は、統一《とういつ》する人《ひと》も統《とう》一される人々《ひとびと》も必《かなら》「真神《しんしん》」に帰向《きこう》する心《こころ》をもってすることです。

五、言霊の神秘

老樹《ろうじゅ》うっそうたる「祠《ほこら》の森《もり》」に進《すす》み入《はい》った治国別《はるくにわけ》一行《いっこう》はこの闇《やみ》を晴《は》らさんと言霊《ことたま》を競《きそ》ってみたが効果《こうか》なく、いたって陰《いん》うつの気《き》が漂《ただよ》うて来《き》た。治国別宣伝使《はるくにわけせんでんし》は神《かみ》に願《ねが》いをかけウヤウヤしく拍手《はくしゅ》をなし、臍下丹田《さいかたんでん》に水火《いき》をつめ無我無心《むがむしん》の境《きょう》に入《い》り「天津祝詞《あまつのりと》」を奏上《そうじょう》し終《お》わって、

「面影《おもかげ》も見分《みわ》けかねたる暗《やみ》の森《もり》、晴《は》らさせ玉《たま》へ天地《あめつち》の神《かみ》」

と詠《うた》い終《おわ》るや、その言霊《ことたま》の神力《しんりき》は言下《げんか》に現《あらわ》れて来《き》た。治国別《はるくにわけ》は、「初《はじ》めに道《ことば》あり、道《ことば》は神也《かみなり》、神《かみ》は道《ことば》と共《とも》にあり、万《よろず》の物《もの》これによって造《つく》らる云々《うんぬん》」という、この不可思議《ふかしぎ》な言霊《ことたま》の力《ちから》を歌《うた》もて説示《せつじ》する。

高天原《たかあまはら》の天国《てんごく》に　住《す》む天人《てんにん》は人《ひと》のごと
智性《ちせい》と意志《いし》とを皆有《みないう》す　智性的生涯《ちせいてきしやうがい》を作《つく》り出《だ》す

ものは天界《てんかい》の光《ひかり》なり
中《うち》より出《い》づる神智《しんち》ぞや
ものは天界《てんかい》の熱《ねつ》と知《し》れ
これより神愛《しんあい》出《い》づるなり

そはこの光《ひかり》は神真《しんしん》の
その意志的生涯《いしてきしやうがい》作《つく》り出《だ》す
そもこの熱《ねつ》は神《かみ》の善《ぜん》

○

さて天人《てんにん》の生命《せいめい》は
生命《いのち》の熱《ねつ》より来《く》ることは
亡《ほろ》ぶを見《み》ても明《あき》らけし
これまた生命亡《せいめいほろ》ぶべし
善《ぜん》は愛善《あいぜん》の熱《ねつ》ぞかし
熱《ねつ》と光《ひかり》に相応《さうおう》する
地上《ちじやう》を守《まも》る熱《ねつ》または

神《かみ》の善《ぜん》なる熱《ねつ》よりす
熱《ねつ》なきものは生命《せいめい》の
無愛《むあい》の真《しん》と無善真《むぜんしん》
真《しん》は信真《しんしん》の光《ひかり》にて
これらの事物《じぶつ》は神界《しんかい》の
一定不変《いつていふへん》の力《ちから》なり
光《ひかり》を見《み》れば明瞭《めいれう》に

これらの道理《だうり》を覚《さと》り得《え》む
地上《ちじやう》の万物《ばんぶつ》を啓発《けいはつ》し
熱《ねつ》と光《くわう》とが相和《あひわ》すは
熱《ねつ》なき光《ひかり》は万物《ばんぶつ》を
かへって死滅《しめつ》に到《いた》らしむ
光《ひかり》のみにて熱《ねつ》はなし
楽園《らくえん》なりと唱《とな》うるは
真《しん》と善《ぜん》とが相合《あひがつ》し
地上《ちじやう》の春期《しゆんき》に当《あた》るとき

○

天地《てんち》の太初《はじめ》に道《ことば》あり
道《ことば》は即《すなは》ち神《かみ》なるぞ

世間《せけん》の熱《ねつ》は光《ひかり》と和《わ》し
残《のこ》る隅《くま》なく成育《せいいく》す
春夏《しゆんか》の両期《りやうき》に在《あ》るものぞ
活動《くわつどう》せしむることを得《え》ず
冬期《とうき》は熱《ねつ》と光《くわう》との和合《わがふ》なく
高天原《たかあまはら》の天界《てんかい》を
熱光《ねつくわう》の相応《さうおう》あればなり
信《しん》と愛《あい》との合《がつ》するは
光熱《くわうねつ》和合《わがふ》する如《ごと》し

道《ことば》は神《かみ》と共《とも》にあり
万物《ばんぶつ》これにて造《つく》らるる

造《つく》られたるもの一《いつ》として　之《これ》に由《よ》らずして造《つく》られし
ものは尠《すこ》しもあらじかし　之《これ》には清《きよ》き生命《いのち》あり
生命《いのち》は人《ひと》の光《ひかり》なり　かれ世《よ》に在《い》まし世《よ》は彼《かれ》に
全《まつた》く造《つく》り上《あ》げられぬ　けだし道《ことば》は肉体《にくたい》と
なりて吾曹《われら》の間《あひ》に宿《やど》る　吾《われ》その光栄《くわうえい》を見《み》たりてふ
聖者《せいじや》の道《ことば》は主《す》の神《かみ》の　力《ちから》を意味《いみ》するものぞかし
いかんとなればそは道《ことば》　肉体《にくたい》となれりといふに由《よ》る
されど道《ことば》はことさらに　何《なに》を表《あら》はすものなるか
知《し》るもの更《さら》に無《な》かるべし

○

道《ことば》といふは聖言《せいげん》ぞ　聖言《せいげん》すなはち神真《しんしん》ぞ
この神真《しんしん》は主《す》の神《かみ》に　存《そん》し玉《たま》へば主神《すしん》より

現《あら》はれ来《き》たる光《ひかり》なり　光《ひかり》は主神《すしん》の神真《しんしん》ぞ
高天原《たかあまはら》にて一切《いつさい》の　力《ちから》を有《たも》つは神真《しんしん》ぞ
神真《しんしん》なくば力《ちから》なし　故《ゆえ》に一切《いつさい》の天人《てんにん》を
呼《よ》びて力《ちから》と称《たた》ふなり　実《げ》に天人《てんにん》は神力《しんりき》の
所受者《しよじゆしや》なるのみならずして　神力《ちから》を収《をさ》むべき器《うつは》なり
如上《によじやう》のごとく観《くわん》ずれば　天人《てんにん》すなはち力《ちから》なり
この神力《しんりき》を有《たも》つゆえ　地獄界《ぢごくかい》まで制裁《せいさい》し
それに反抗《はんかう》するものを　全《まつた》く制禦《せいぎよ》し得《え》らるなり
たとひ数万《すまん》の叛敵《はんてき》の　現《あら》はれ来《き》たる事《こと》あるも
高天原《たかあまはら》の神光《しんくわう》と　称《たた》へまつれる神真《しんしん》ゆ
かがやき来《き》たる一道《いちだう》の　光明《くわうみやう》に遭《あ》ひしその時《とき》は
ただちに戦慄《せんりつ》するものぞ　以上《いじやう》のごとく天人《てんにん》の

天人《てんにん》たるは神真《しんしん》を　清《きよ》けく摂受《せつじゆ》し得《う》るゆえに
全天界《ぜんてんかい》の根元《こんげん》を　組織《そしき》するものは神真《しんしん》の
光《ひかり》に決《けつ》して外《ほか》ならず　そは天界《てんかい》を組織《そしき》する
ものは天人《てんにん》なればなり

○

神真中《しんしんちう》に斯《こ》のごとく　偉大無限《いだいむげん》の神力《しんりき》の
潜《ひそ》みいるとは現界《げんかい》の　真理《しんり》を以《もつ》てただ思想《しさう》
または言語《げんご》に外《ほか》なしと　思《おも》ふ学者《がくしや》のなかなかに
信《しん》じ能《あた》はぬところなり　思想《しさう》や言語《げんご》は自身《じしん》にて
力《ちから》を有《いう》するものならず　主神《すしん》の命《めい》に従《したが》ひて
活動《くわつどう》する時始《ときはじ》めてぞ　力《ちから》を生《しやう》ずるものとなす
されど神真《しんしん》はその中《うち》に　自《おのづか》らなる力《ちから》ありて

天界《てんかい》こそは造《つく》られぬ　地上《ちじやう》の世界《せかい》もその中《うち》の
万物《ばんぶつ》併《あは》せてことごとく　之《これ》にて造《つく》られたるものぞ
かくも尊《たふと》き神力《しんりき》の　神真《しんしん》の中《うち》にあることは
二個《ふたつ》の茲《ここ》に比証《ひしよう》あり　即《すなは》ち人間《にんげん》にある善《ぜん》と
真《しん》との力《ちから》その次《つぎ》に　世間《せけん》よりする太陽《たいやう》の
光《ひかり》と熱《ねつ》との力《ちから》にて　神《かみ》の稜威《みいづ》を明《あき》らかに
覚《さと》り得《え》らるるものぞかし　あゝ惟神《かむながら》　惟神《かむながら》
神《かみ》のまにまに答《こた》へおく

万公　イヤどうも有難《ありがと》うございました。万公《まんこう》マンマン満足《まんぞく》いたしました。

治国　万公《まんこう》、お前《まへ》、本当《ほんとう》に私《わし》のいうことが分《わか》ったのか。

万公　マンマン、半解《はんかい》くらいなものですなア。……モウ少《すこ》し、細《こま》かく分解的《ぶんかいてき》におっしゃってもらえますまいかナ。

治国　この事《こと》がほぼ了解《りょうかい》ついた上《うえ》で、また教《おし》えることにしょう。この解決《かいけつ》をお前《まえ》たちの兼《けん》題《だい》としておくから、次《つぎ》が聞《き》きたくばこの歌《うた》を繰返《くりかえ》し繰返《くりかえ》し霊魂《みたま》に浸《し》み込《こ》ますが良《よ》い、読書百遍意《どくしょひゃっぺんい》おのずから通《つう》ずるというからな……と諭《さと》される。

（『霊界物語』第四十四巻　第八章「光と熱」）

（言霊については、『神と宇宙の真相』を参照下さい。）

六、水火《すいか》の活動と伊都能売大神

大宇宙《だいうちゅう》に鳴《な》り鳴《な》りて、鳴《な》り止《や》まず、鳴《な》りあまれる厳《いづ》の生言霊《いくことたま》ス声《ご》によりて七十五声《しちじふごせい》の神《かみ》現《あらは》れ給《たま》ひし……スの言霊《ことたま》は鳴《な》り鳴《な》りて遂《つい》に大宇宙間《だいうちゅうかん》に火《ひ》と水《みず》との物質《ぶっしつ》を生み給《たま》う。そもそも一切《いっさい》の霊魂物質《みたまぶっしつ》は何《いず》れもスの言霊《ことたま》の生《う》むところなり。而《しか》して火《ひ》の性質《せいしつ》は横《よこ》に流《なが》れ水《みず》の性質《せいしつ》は縦《たて》に流《なが》るるものなり。

故《ゆえ》に火《ひ》は水《みず》の力《ちから》によりて縦《たて》にのぼりまた水《みず》は火《ひ》の横《よこ》の力《ちから》によりて横《よこ》に流《なが》る。昔《むかし》の言霊学《ことたまがく》者《しゃ》は火《ひ》は縦《たて》にして、水《みず》は横《よこ》なりと云《い》えども、その根元《こんげん》に至《いた》りては然《しか》らず、火《ひ》も水《みず》なければ燃《も》ゆる能《あた》はず、光《ひか》る能《あた》はず、水《みず》のまた火《ひ》の力添《ちからそ》わざれば流動《りゅうどう》する能《あた》わず、遂《つい》に凝《こ》り固《かた》まりて氷柱《ひょうちゅう》となるものなり。冬《ふゆ》の日《ひ》の氷《こおり》は火《ひ》の気《け》の去《さ》りし水《みず》の本質《ほんしつ》なり、この理《り》によりて水《みず》は縦《たて》に活用《はたらき》をなし、火《ひ》は横《よこ》に動《うご》くものなる事《こと》を知《し》るべし。

天界《てんかい》に於《お》ける光彩炎熱《こうさいえんねつ》も内包《ないほう》せる水気《すいき》の力《ちから》なり。紫微天界《しびてんかい》には大太陽《だいたいよう》現《あらわ》れ給《たま》いて左遷《させん》運動《うんどう》を起《おこ》し、東《ひがし》より西《にし》にコースと取《と》るのみにして、西《にし》より東《ひがし》に廻《まわ》る太陰《たいいん》なし。炎熱猛烈《えんねつもうれつ》にして神人《しんじん》を絶対的《ぜったいてき》に安住《あんじゅう》せしむる機関《きかん》とはならざりしかば、ここに太元顕津男《おほもとあきつを》の神《かみ》は高地《たかち》秀《ほ》の峰《みね》にのぼらせ給《たま》い、幾多《いくた》の年月《としつき》の間《あいだ》、生言霊《いくことたま》を奏上《そうじょう》し給《たま》えば、大神《おほかみ》の言霊宇宙《ことたまうちゅう》に凝《こ》りてここに大太陰《だいたいいん》は顕現《けんげん》されたるなり。而《しか》して大太陰《だいたいいん》は水気《すいき》多《おお》く火《ひ》の力《ちから》をもって輝《かがや》き給《たま》えば右旋運動《うせんうんどう》を起《おこ》して西《にし》より東《ひがし》にコースをとり天界《てんかい》の神人《しんじん》を守《まも》らせ給《たま》う。

天之道立《あめのみちたつ》の神《かみ》は大太陽《だいたいよう》を機関《きかん》として、凡百《ばんひゃく》の経綸《けいりん》を行《おこな》い給《たま》い、太元顕津男《おほもとあきつを》の神《かみ》は大太陰《だいたいいん》を機関《きかん》として宇宙天界《うちゅうてんかい》を守《まも》らせ給《たま》えば、ここに天界《てんかい》はいよいよ火水《かすい》の調節《ちょうせつ》なりて以前《いぜん》に勝《まさ》る万有《ばんゆう》の栄《さか》えを見《み》るに至《いた》れり。

太元顕津男《おほもとあきつを》の神《かみ》は大太陰界《だいたいいんかい》に鎮《しず》まり給《たま》いて至仁至愛《みろく》の神《かみ》と現《げん》じ給《たま》い、数百億年《すうひゃくおくねん》の末《すえ》の世《よ》までも永久《とこしえ》に鎮《しず》まり給《たま》うぞ畏《かしこ》けれ。至仁至愛《みろく》の大神《おほかみ》は数百億年《すうひゃくおくねん》を経《へ》て今日《こんにち》に至《いた》るも若返《わかがえ》り若返《わかがえ》りつゝ今《いま》に宇宙一切《うちゅういっさい》の天地《てんち》を守《まも》らせ給《たま》い、今《いま》や地上《ちじょう》の覆滅《ふくめつ》せむとするに際《さい》し、「瑞《みづ》の御霊《みたま》」の神霊《しんれい》を世《よ》に降《くだ》して更生《こうせい》の神業《みわざ》を依《よ》さし給《たま》うべく、肉《にく》の宮居《みやい》に降《くだ》りて神代《かみよ》に於《お》ける御活動《ごかつどう》そのまゝに、迫害《はくがい》と嘲笑《ちょうしょう》との中《なか》に終始一貫《しゅうしいっかん》尽《つく》し給《たま》うこそ畏《かしこ》けれ。

大太陽《だいたいよう》に鎮《しず》まり給《たま》う大神《おほかみ》を「厳《いづ》の御霊《みたま》」と称《たた》え奉《まつ》り、大太陰界《だいたいいんかい》に鎮《しず》まりて宇宙《うちゅう》の守護《しゅご》に任《にん》じ給《たま》う神霊《しんれい》を「瑞《みづ》の御霊《みたま》」と称《たた》え奉《まつ》る。「厳《いづ》の御霊《みたま》」、「瑞《みづ》の御霊《みたま》」二神《しん》の接合《せつごう》して至仁至愛《みろくしんせい》神政《》を樹立《じゅりつ》し給《たま》う神《かみ》の御名《みな》を「伊都能売神《いづのめのかみ》」と申《もう》す。即《すなわ》ち伊都《いづ》は厳《いづ》にして火《ひ》なり、能売《のめ》は水力《すいりょく》、水《みず》の力《ちから》なり、水《みず》はまた瑞《みづ》の活用《はたらき》を起《おこ》してここに「瑞《みづ》の御霊《みたま》」となり給《たま》う。紫《し》微《び》天界《てんかい》の開闢《かいびゃく》より数億年《すうおくねん》の今日《こんにち》に至《いた》りていよいよ伊都能売神《いづのめのかみ》と顕現《けんげん》し、大宇宙《だいうちゅう》の中心《ちゅうしん》たる現代《げんだい》の地球《ちきゅう》（仮《かり》に地球《ちきゅう》という）の真秀良場《まほらば》に現《あらわ》れ、現身《うつせみ》をもちて、宇宙更生《うちゅうこうせい》の神業《みわざ》に尽《つく》し給《たま》う世《よ》とはなれり。

厳御霊瑞《いづみたまみづ》の御霊《みたま》の接合《せうがふ》を　伊都能売御霊《いづのめみたま》と称《たた》へまつらふ
厳《いづ》の御霊太陽界《みたまたいやうかい》に在《おは》しまして　火《ひ》の活動《はたらき》を行《おこな》ひたまふ
瑞《みづ》の御霊太陰界《みたまたいいんかい》にましまして　水《みづ》の活動《はたらき》を行《おこな》はせたまふ
いづいづし厳《いづ》の御霊《みたま》の活動《はたらき》に　宇宙《うちう》を包《つつ》む火《ひ》は光《ひか》るなり
みづみづし瑞《みづ》の御霊《みたま》は幸《さち》はひて　宇宙《うちう》に水《みづ》の力《ちから》を与《あた》ふ
こゝに説《と》く太陽太陰両神《たいやうたいいんりやうしん》は　我《わ》が地《ち》より見《み》る陰陽《いんやう》に非《あら》ず
火《ひ》は水《みづ》の力《ちから》に動《はたら》き水《みづ》は火《ひ》の　力《ちから》によりて流動《りうどう》するなり
何事《なにごと》も水《みづ》のみにしては成《な》らざらむ　火《ひ》の助《たす》けこそ水《みづ》を生《い》かすも
火《ひ》のみにていかで燃《も》ゆべき光《ひか》るべき　水《みづ》の力《ちから》かりて動《うご》くも

火《ひ》と水《みづ》の言霊《ことたま》これを火水《かみ》といひ　又《また》火水《ほし》と云《い》ふ宇宙《うちう》の大道《だいだう》

水《みづ》と火《ひ》の言霊合《ことたまがつ》して水火《しほ》となり　宇宙万有《うちうばんいう》の水火《いき》となるなり

火《ひ》と水《みづ》は即《すなは》ち火水《かみ》なり水《みづ》と火《ひ》は　即《すなは》ち水火《しほ》なり陰陽《いんやう》の活動《はたらき》

水《みづ》と火《ひ》の活用《はたらき》によりてフの霊《みたま》　即《すなは》ち力《ちから》あらはるゝなり

雨《あめ》も風《かぜ》も雪霜霰《ゆきしもあられ》も水《みづ》と火《ひ》の　交《まじ》はる度合《どあひ》によりてなるなり

大空《おほぞら》に輝《かがや》く日月星辰《じつげつせいしん》も　雷《いかづち》電《いなづま》も水火《すゐくわ》の力《ちから》よ

火《ひ》の系統《けいとう》ばかり処《ところ》を得顔《えがほ》なる　世《よ》は曇《くも》るより外《ほか》に道《みち》なし

猛烈《まうれつ》なる力《ちから》をもちて万有《ばんいう》を　焼尽《せうじん》するは火《ひ》の行為《すさび》なり

火《ひ》の力《ちから》のみ活動《はたら》ける世《よ》の中《なか》は　乱《みだ》れ曇《くも》りて治《をさ》まることなし

地《ち》の上《うへ》の百《もも》の国々《くにぐに》日《ひ》に月《つき》に　禍《わざはひ》起《おこ》るは火《ひ》のみの世《よ》なり

乱《みだ》れ果《は》てし世《よ》を正《ただ》さむと瑞御霊《みづみたま》　厳《いづ》の御霊《みたま》と共《とも》に出《い》でませり

瑞御霊《みづみたま》の力《ちから》のみにて万有《ばんいう》は　如何《いか》で栄《さか》えむ火《ひ》のあらざれば

火《ひ》と水《みづ》を按配《あんばい》なして世《よ》に出《い》づる　伊都能売神《いづのめのかみ》の活動《はたらき》尊《たふと》し

伊都能売《いづのめ》の神《かみ》は地上《ちじやう》に降《くだ》りまし　宇宙更生《うちうかうせい》に着手《ちやくしゆ》したまへり

厳御霊陽気《いづみたまやうき》を守《まも》り瑞御霊《みづみたま》　陰《いん》を守《まも》りて国《くに》は治《をさ》まる

瑞御霊至仁至愛《みづみたまみろく》の神《かみ》と現《あら》はれて　天《あめ》の御柱《みはしら》たつる神代《みよ》なり

伊都能売《いづのめ》の神《かみ》の功《いさを》のなかりせば　世《よ》の行先《ゆくさき》は亡《ほろ》び行《ゆ》くべし

万有《ばんいう》を育《そだ》て助《たす》くる神業《かむわざ》は　瑞《みづ》の御霊《みたま》の力《ちから》なりけり

火《ひ》と水《みづ》の二つの神業《みわざ》ありてこそ　天地活動次々起《てんちくわつどうつぎつぎおこ》る

われは今伊都能売《いまいづのめ》の神《かみ》の功《いさを》もて　曇《くも》れる神代《みよ》を光《てら》さむと思《おも》ふ

○地の上《うへ》の森羅万象悉《しんらばんしやうことごと》く　主神《スしん》の水火《いき》に栄《さか》えこそすれ

（『霊界物語』「天祥地瑞」第七十三巻・第十二章「水火の活動」）

七、伊都の霊　美都の霊の神称

（神漏岐系）厳《いづ》の御魂《みたま》天勝国勝国之大祖《あまかつくにかつくにのおほみおや》

天帝
- 高御産霊神
- 神御産霊神（神漏美系）

高御産霊神 ― 国常立尊《くにとこたちのみこと》（艮《うしとら》の金神《こんじん》）
神御産霊神 ― 豊雲野尊《とよくもぬのみこと》（坤《ひつじさる》の金神《こんじん》）

- 伊邪那岐大神
- 伊邪那美大神

- 天照大神
- 素盞嗚尊

- 国治立命《くにはるたちのみこと》
- 豊国姫命《とよくにひめのみこと》

- 野立彦命（神界、現界のまさに来らむとする大惨害を座視するに忍びず千座の置戸を負いて天教山の火口から根の国（火球界《かきゅうかい》）へ救済に）
- 野立姫命（天教山の火口から底の国（地汐界《ちげきかい》）へ救済に）

- 埴安彦《はにやすひこ》（黄金山《おうごんざん》に座《ま》す、五大教の教主）
（三五教《あなないきょう》を設立）
- 埴安姫《はにやすひめ》（霊鷲山《りょうしゅうざん》に座《ま》す、三大教の教主）

- 伊都《いづ》の霊《みたま》（厳《いづ》の御魂《みたま》）
- 美都《みづ》の霊《みたま》（瑞《みづ》の御魂《みたま》）

伊都能売大神《いづのめのおほかみ》

神素盞嗚大神《かむすさのをのおほかみ》と顕現され弥勒の世は完成される。

◎教祖様の稱へられし祈願の詞

御三體《こさんたい》の大神《おほかみ》様《さま》。日《ひ》の大神《おほかみ》様《さま》。月《つき》の大神《おほかみ》様《さま》。
艮《うしとら》の大金神《だいこんじん》…國常立《くにとこたち》の大神《おほかみ》様《さま》。坤《ひつじさる》の大金神《だいこんじん》…豊雲野《とよくもね》の大神《おほかみ》様《さま》。
龍宮《りゅうぐう》の乙姫《おとひめ》様《さま》……日《ひ》の出《で》の神《かみ》様《さま》。禁闕金《きんかつかね》の大神《おほかみ》……大地《だいち》の金神《こんじん》様《さま》。
彌仙山《みせんざん》の木花咲耶姫命《このはなさくやひめのみこと》様《さま》。中《なか》の御宮《おみや》の彦火《ひこほ》々出《で》見命《みのみこと》様《さま》。
大本《おほもと》鹽釜《しほがま》御夫婦《ごふうふ》大神《おほかみ》様《さま》。雨《あめ》の神《かみ》様《さま》、風《かぜ》の神《かみ》様《さま》。岩《いは》の神《かみ》様《さま》。
荒《あれ》の神《かみ》様《さま》。地震《ぢしん》の神《かみ》様《さま》。八百萬《やほよろづ》の金神《こんじん》様《さま》。
取分《とりわ》け神風《かみかぜ》の伊勢《いせ》に鎮《しづ》まります
天照皇大神宮《てんせうくわうだいじんぐう》様《さま》。豊受大神宮《とようけだいじんぐう》様《さま》。於加良洲大神宮《おからすだいじんぐう》様《さま》
を始《はじ》め奉《まつ》り、日本國中《にほんこくぢう》に鎮《しづま》ります、世《よ》に出《で》て御座《ござ》る神様御一同様《かみさまごいちどうさま》。昔《むかし》から世《よ》に落《お》ちて御守《こしゅ》
護遊《ごあそ》ばし下《くだ》さりました八百萬《やほよろづ》の生《い》き神様《がみさま》。總産土《そうぶすな》の大神様《おほかみさま》の御前《おんまへ》に、日々《にちにち》の廣《ひろ》き厚《あつ》き御《ご》
守護《しゅご》を有難《ありがた》く御禮申上《おんれいまをしあげ》ます。
此度《このたび》の三千世界《せかい》の二度目《どめ》の天之岩戸開《あまのいはとひら》きに付《つ》きましては、千騎《き》一騎《き》の御働《おんはたら》きを願《ねが》ひます。
天下泰平國土安穏《てんかたいへいこくどあんおん》、世界《せかい》の人民《じんみん》一日《にち》も早《はや》く改心致《かいしんいた》しまして、神國成就《しんこくじやうじゅ》のために働《はたら》きますや
う、御守護《ごしゅご》を御願申上《おねがひまをしあげ》ます。
大本皇大神《おほもとすめおほかみ》守《まも》り給《たま》へ幸《さきは》へ給《たま》へ。惟神靈幸倍坐世《かむながらたまちはへませ》。

八、基本宣伝歌・略解（本書6頁）

◆「基本宣伝歌《きほんせんでんか》」は、主《す》の大神《おほかみ》の大精神《だいせいしん》の精髄《せいずい》となる、神教宣伝《しんきょうせんでん》の神歌《しんか》です。第《だい》一節《せつ》が5行《ぎょう》、第《だい》2節《せつ》が6行《ぎょう》、第《だい》3節《せつ》が7行《ぎょう》で構成《こうせい》される。この五六七の数字《すうじ》は、弥勒《みろく》の大神様《おほかみさま》がこの世《よ》に下生《げしょう》され万物救《ばんぶつすく》いの御活動《ごかつどう》が示《しめ》されます。即《すなわ》ち神代《かみよ》の天《てん》界《かい》での弥勒《みろく》を数字《すうじ》で表現《ひょうげん》すると「六六六」となる。この天《てん》の弥勒様《みろくさま》のホチが地上《ちじょう》に下《くだ》りて「五六七」となり、これを「みろく下生《げしょう》」と奉称《ほうしょう》します。

（『神霊界』大正8年3月1日号『伊都能売神諭』75頁参照）

この愛善慈悲《あいぜんじひ》の御教《みおしえ》は広範囲《こうはんい》で政治《せいじ》、経済《けいざい》、宗教《しゅうきょう》、芸術《げいじゅつ》、教育《きょういく》、科学《かがく》、神霊《しんれい》、霊魂《れいこん》、霊界観《れいかいかん》など多岐《たき》にわたる中《なか》で、ここでは人類主義《じんるいしゅぎ》についての「大略《たいりゃく》」を試《こころ》みます。

○惟神神《かむながらかみ》の姿《すがた》をそのままに　表《あら》はし給《たま》へ月日《つきひ》の大神《おほかみ》

△朝日《あさひ》は照《て》るとも曇《くも》るとも　言霊《ことたま》から「霊《れい》・力《りょく》・体《たい》」「三元《げん》・八力《りき》」の御力《みちから》で創造《そうぞう》された

「火《か》・水《すい》・地《ち》」三大元質《だいげんそ》の火系《かけい》・神漏岐命《かむろぎのみこと》の「太陽《たいよう》」が、照《て》るとも曇《くも》るとも。

△月《つき》は盈《み》つとも虧《か》くるとも　水系《すいけい》・神漏美命《かむろみのみこと》の「月《つき》」が盈《み》つとも虧《か》くるとも。（『瑞月・宣伝歌集』「月の恵まい」参照）

△たとへ大地《だいち》は沈《しづ》むとも　万物生息《ばんぶつせいそく》の大地《だいち》を大《だい》・小《しょう》三災《さい》が襲《おそ》い、沈《しず》むことがあろうとも。

△曲津《まがつ》の神《かみ》は荒《すさ》ぶとも　邪悪《じゃあく》な神《かみ》。大神《おほかみ》の神格《しんかく》に背《そむ》く邪神《じゃしん》、これを言霊《ことたま》で副守護神《ふくしゅごじん》と云《い》う。

天地間《てんちかん》の邪気《じゃき》が凝結《ぎょうけつ》して、人々《ひとびと》の心《こころ》のすき間《ま》、貪《どん》（貪欲《どんよく》、むさぼり。）、瞋《しん》（瞋恚《しんい》、にくみ。）、痴《ち》（愚痴《ぐち》、道理《どうり》がわからない。）の三種《しゅ》の煩悩《ぼんのう》（三毒《どく》ともいう。）、悪欲《あくよく》、虚偽《きょぎ》、驕慢心《きょうまんしん》、自尊心《じそんしん》、執着心等《しゅうちゃくしんなど》、主神《すしん》の神格《しんかく》の反抗《はんこう》した罪《つみ》により、曲津《まがつ》が憑依誑惑《ひょういきょうわく》する。
また『霊界物語《れいかいものがたり》』には邪神《じゃしん》が沢山登場《たくさんとうじょう》する。その中《なか》に「六面八臂《ろくめんはちぴ》の邪鬼《じゃき》」、「金毛九《きんもうきゅう》尾白面《びはくめん》の悪狐《あっこ》」、「八頭八尾《やつがしらやつお》の大蛇《おろち》」の「三種《しゅ》の悪神《あくがみ》」が神《かみ》の経綸《けいりん》に反抗《はんこう》する。

六面八臂《ろくめんはちぴ》の邪鬼《じゃき》とは、象徴的語《しょうちょうてきご》にして一つの身体《からだ》に六つの頭《あたま》や顔《かお》が付属《ふぞく》せるに非《あら》ず。神変不思議《しんぺんふしぎ》に容貌《ようぼう》を変《へん》じる魔術《まじゅつ》をいう。八臂《はっぴ》とは一つの身体《からだ》に八つの臂《ひじ》があるのではない。人間《にんげん》に例《たと》えると一つの手《て》で、精巧《せいこう》な機械《きかい》、書《しょ》、絵画《かいが》、音楽《おんがく》など一切《さい》の技術技能《ぎじゅつぎのう》が他《ほか》より勝《すぐ》れている持《も》ち主《ぬし》の意味《いみ》となる。

金毛九尾《きんもうきゅうび》とは、金色《きんいろ》は色《いろ》の中《なか》で最《もっと》も尊《とうと》く、金属《きんぞく》として最上《さいじょう》をしめる。狐《きつね》の毛《け》は金色《きんいろ》にして化現《けげん》するとき美《うるわ》しき女人《にょにん》の体《たい》を現《あら》わし、優美《ゆうび》にして高貴《こうき》な服装《ふくそう》を身《み》にまとい、神人《しんじん》を驚《おどろ》かしめ威厳《いげん》に打《う》たれしめる。九尾《きゅうび》とは、一匹《ぴき》の狐《きつね》に九本《ほん》の尾《お》の意味《いみ》に非《あら》ず。九とは数《かず》の終極《しゅうきょく》で尽《つ》すの意《い》、完全無欠《かんぜんむけつ》ということで、邪神《じゃしん》の働《はたら》きを意味《いみ》する。

八頭八尾《やつがしらやつお》の大蛇《おろち》とは一つの蛇体《じゃたい》に八つの頭《あたま》、八つの尾《お》があるのではない。これは神《しん》変不思議《へんふしぎ》の働《はたら》きをなす竜神《りゅうじん》という意味《いみ》で、蛇《へび》の足《あし》は鱗《うろこ》で足《あし》の代用《だいよう》をなす。足《あし》は下《した》を意味《いみ》する。上《うえ》に立《た》って下《した》を指揮《しき》する者《もの》を長《おさ》といい、また長者《ちょうじゃ》ともいう。神人《しんじん》の体《からだ》を容器《ようき》として邪悪《じゃあく》を起《おこ》す悪霊《あくれい》なり。

（『霊界物語』第4巻・第36章「天地開明」参照）

◆人間《にんげん》には煩悩《ぼんのう》が具《そな》わるのが普通《ふつう》で、別嬪《べっぴん》さんは美《うつく》しい。それを否定《ひてい》するとすれば否《ひ》定《てい》する人《ひと》の感情的欠陥《かんじょうてきけっかん》がある。「名位寿富《めいいじゅふう》」は人間《にんげん》に与《あた》えられた正欲《せいよく》であって、た

だ人《ひと》には人《ひと》の道《みち》があり「天地経綸《てんちけいりん》の主体《しゅたい》」である。また先《さき》の「三種《しゅ》の悪神《あくがみ》」の意味《いみ》は深《ふか》く、機械《きかい》や技術《ぎじゅつ》、量子《りょうし》コンピューターの時代《じだい》、科学的経済的社会《かがくてきけいざいてきしゃかい》と精神的社会《せいしんてきしゃかい》の融合性《ゆうごうせい》がどこにあるか。現界《げんかい》ばかりではなく神霊《しんれい》・霊魂《れいこん》・霊界観《れいかいかん》の世界《せかい》があるのが出口聖師《でぐちせいし》の御教《みおしえ》です。

△誠《まこと》の力《ちから》は世《よ》を救《すく》ふ

宇宙《うちゅう》の本源《ほんげん》たる活動力《かつどうりょく》は即《すなわ》ち真《まこと》の神《かみ》なり。瑞霊《ずいれい》・神素盞嗚大神《かむすさのをのおほかみ》は無限絶対無始無終《むげんぜったいむしむしゅう》、至仁至愛《しじんしあい》の神《かみ》にして即《すなわ》ち心《こころ》、75声《せい》の言霊《ことたま》の神力《しんりき》により宇宙《うちゅう》一切《さい》を想像《そうぞう》し、統一《とういつ》し贖主《あがないぬし》として、邪神《じゃしん》を言向和《ことむけやわ》し、世界《せかい》の万民《ばんみん》はじめ禽獣虫魚草木《きんじゅうちゅうぎょそうもく》、あらゆる生物《せいぶつ》に活生命《かつせいめい》を与《あた》え、安心立命《あんしんりつめい》の天国《てんごく》へと救《すく》わせ給《たま》う。この言霊《ことたま》を仏教《ぶつきょう》では「真言《しんごん》」と称《とな》え、「悉曇《しったん》」「陀羅尼《だらに》」ともいう。また弥勒大神《みろくのおほかみ》は末法《まっぽう》の世《よ》に金剛宝座《こんごうほうざ》に下生《げしょう》し、龍下樹《りゅうげじゅ》すなわち「言霊《ことたま》」により衆生《しゅじょう》を済度《さいど》される。キリスト教《きょう》のミカエル・メシア・再臨《さいりん》のキリストは、世界《せかい》の終末《しゅうまつ》に現《あらわ》れ、「言霊《ことたま》」により天地《てんち》を叱咤《しった》し万民《ばんみん》を安息《あんそく》へと導《みちび》き給《たま》う。

○

Δ三千《ぜん》世《せ》界《かい》一度《ど》に開《ひら》く梅《うめ》の花《はな》　三千《ぜん》世《せ》界《かい》は現界《げんかい》、幽界《ゆうかい》、神界《しんかい》のこと。開《ひら》く梅《うめ》の花《はな》とは智慧《ちえ》と証覚《しょうかく》とに相応《そうおう》する状態《じょうたい》をいう。現界《げんかい》も地獄界《じごくかい》も天界《てんかい》も一度《ど》に、即《すなわ》ち同時《どうじ》に光明赫々《こうみょうかくかく》たる至喜至楽《しきしらく》の楽園天国《らくえんてんごく》となし、中有界《ちゅううかい》、地獄界《じごくかい》、天界《てんかい》、兇霊界《きょれいかい》という区別《くべつ》を取除《とりのぞ》き、世《せ》界《かい》を一個人《こじん》の人体《じんたい》のように、単元《たんげん》として統治《とうち》し給《たま》うがための御神策《ごしんさく》を示《しめ》される。つまり白扇《はくせん》の要《かなめ》のように梅《うめ》の花《はな》の小《ちい》さきをもってこれを統一《とういつ》したる神権発動《しんけんはつどう》の真相《しんそう》を説明《せつめい》する。

◆「一度《ど》に開《ひら》く梅《うめ》の花《はな》」という聖言《せいげん》は、要《よう》するに「神《かみ》に向《むか》わしめる」という意義《いぎ》である。誰《だれ》も梅《うめ》の花《はな》の咲《さ》きみち、馥郁香気《ふくいくこうき》を放《はな》つを見《み》れば、喜《よろこ》んでこれに接吻《せっぷん》せんとするは、人間《にんげん》に特有《とくゆう》の情《じょう》である。故《ゆえ》に神《かみ》はあらゆる人間《にんげん》および精霊《せいれい》にその香気《こうき》を仰《あお》がしめ、愛善信真《あいぜんしんしん》に向《むか》わしめんがためである。……霊界《れいかい》は総《すべ》て想念《そうねん》の世界《せかい》なるがゆえに、身体《からだ》の動作《どうさ》いかんに関《かん》せず、神《かみ》に向《むか》って内底《ないてい》の開《ひら》けた者《もの》は、いつも太《たい》陽《よう》（＝天国）に向《むか》っている。平和《へいわ》と智慧《ちえ》と証覚《しょうかく》と幸福《こうふく》を容《い》れるものは、高天原《たかあまはら》の器《うつわ》である。

（『霊界物語』第2巻「序」及び第52巻・第1章「真と偽」等参照）

◆三千《ぜん》世界《せかい》一度《ど》に開《ひら》く梅《うめ》の花《はな》　木花姫《このはなひめ》は、「顕《けん》・幽《ゆう》・神《しん》」における三千《ぜん》世界《せかい》を守護《しゅご》したまいし、その神徳《しんとく》一時《じ》に顕彰《けんしょう》したもう時節《じせつ》が到来《とうらい》したるなり。木花《このはな》とは「梅《うめ》の花《はな》」の意《い》なり。梅《うめ》の花《はな》は「花《はな》の兄《あに》」といい、兄《あに》を「このかみ」という。現代人《げんだいじん》は木《こ》の花《はな》といえば、「桜《さくら》の花《はな》」を思《おも》いいるなり。

節分《せつぶん》の夜《よ》を期《き》して隠《かく》れ給《たま》いし国祖《こくそ》・国治立大神《くにはるたちのおほかみ》以下《いか》の神人《かみがみ》は、時節到来《じせつとうらい》し、「節分《せつぶん》の夜《よ》」に地獄《じごく》の釜《かま》の蓋《ふた》を開《あ》けて、再《ふた》び地上《ちじょう》に現《あらわ》れ神国《しんこく》の御世《みよ》を建《た》てさせたもう。ゆえに梅《うめ》の花《はな》（＝瑞霊・素尊）は節分《せつぶん》をもって「花《はな》の唇《くちびる》を開《ひら》く」なり。

（『霊界物語』第6巻・第24章「富士鳴戸」）

◆白梅《しらうめ》の花《はな》（第2回高熊山修業　28歳の頃　歌集『霧の海』）

○行《ゆ》きゆけば道《みち》の辺《べ》に咲《さ》く白梅《しらうめ》の　花《はな》のかをりの身《み》にしみわたる
○白梅《しらうめ》の花《はな》のすがしさたたずめば　おのづと花《はな》の口《くち》に入《い》る
○白梅《しらうめ》の花《はな》は梢《こづへ》をはなれつつ　わが身辺《しんぺん》をとりかこみたり
○全身《ぜんしん》をつつみし花《はな》はいつの間《ま》にか　わが体内《たいない》にしみ入《い》りにけり
○いづくともなくかんばしき御声《みこゑ》にて　白梅《しらうめ》の君《きみ》よとひびく言霊《ことたま》

〇白梅《しらうめ》の君《きみ》は何処《いづれ》にいますかと　ときこうみつつ不思議《ふしぎ》にうたるる
〇白梅《しらうめ》の君《きみ》は汝《なれ》よと云《い》ひながら　そのたまゆらに現《あ》れます女神《めがみ》
〇よく見《み》れば桜《さくら》の花《はな》をかざしたる　木《こ》の花咲耶姫《はなさくやひめ》にましけり

Δ開《ひら》いて散《ち》りて実《み》を結《むす》ぶ　白梅《しらうめ》の花《はな》が開《ひら》いて散《ち》ると跡《あと》に実《み》を結《むす》ばせて、スの種《たね》を育《そだ》て、世《せ》界《かい》を一つに治《おさ》め、天下《てんか》は安穏《あんのん》、国土成就《こくどじょうじゅ》、万歳楽《まんざいらく》を来《き》たらす。また白梅《しらうめ》の君《きみ》・瑞霊《づいれい》が世《よ》を去《さ》られると、聖道滅《しょうどうめつ》せば蒼生諂偽《そうせいてんぎ》にしてうたた激烈《げきれつ》なるべし。しかしてスの種《たね》、即《すなわ》ち瑞月《づいげつ》の肉身《にくしん》、霊魂《れいこん》、表現《ひょうげん》である『霊界物語《れいかいものがたり》』を相教誨《あいきょうかい》せよ、との御教《みおしえ》です。

Δ月日《つきひ》と土《つち》の恩《おん》を知《し》れ　神《かみ》は大宇宙《だいうちゅう》を創造《そうぞう》し、太陽《たいよう》、太陰《たいいん》、列星《れっせい》、大地《だいち》を生《う》みなし、一切《さい》を永遠無窮《えいえんむきゅう》に栄《さか》え住《す》まわせ給《たま》う。しかし世界《せかい》の文明《ぶんめい》は自由競争《じゆうきょうそう》の元《もと》に進歩発展《しんぽはってん》し、物《ぶっ》質的文明《しつてきぶんめい》を謳歌《おうか》している。精神的神教的文明《せいしんてきしんきょうてきぶんめい》を伴《ともな》わない世界《せかい》は、滅亡《めつぼう》をきたす大原因《だいげんいん》なるべし、と警告《けいこく》され天地経綸《てんちけいりん》の主宰者《しゅさいしゃ》、万物《ばんぶつ》の霊長《れいちょう》たる人間《にんげん》としての行動《こうどう》には重《おも》いものがある。

△この世《よ》を救《すく》ふ生神《いきがみ》は　神様《かみさま》の経綸《けいりん》に奉仕《ほうし》になる天津神《あまつかみ》、国津神達《くにつかみたち》。

△高天原《たかあまはら》に神集《かむつど》ふ　「地《ち》の高天原《たかあまはら》」に神集《かみつど》いて、善《ぜん》のために善《ぜん》を愛《あい》し、真《まこと》のために真《まこと》を愛《あい》する、これを深《ふか》く心《こころ》に植《う》えつけ、罪悪《ざいあく》に充《み》ちた人間《にんげん》を天国《てんごく》に救《すく》わせ給《たま》う。神《かみ》の霊妙《れいみょう》な想《おも》いを摂受《せつじゅ》し得《う》べき聖場《せいじょう》を開《ひら》かせ給《たも》う。これを神界《しんかい》にては「地《ち》の高天原《たかあまはら》」と称《とな》える。

○

△神《かみ》が表《おもて》に現《あら》はれて　主《す》の神《かみ》・神素盞鳴大神《かむすさのをのおほかみ》、またの御名《みな》弥勒大神《みろくのおほかみ》・ミカエル・メシア・再臨《さいりん》のキリストが下津岩根《したついはね》の蓮華台《れんげだい》に降臨《こうりん》になられて。

△善《ぜん》と悪《あく》とを立別《たてわ》ける　天《てん》は清《きよ》く地《ち》は濁《にご》る。その中間《ちゅうかん》に住《す》む人間《にんげん》は、物質《ぶっしつ》と精神《せいしん》、善悪《ぜんあく》が混交《こんこう》する。故《ゆえ》に善悪正邪《ぜんあくせいじゃ》を区別《くべつ》するのは神《かみ》ばかりだ。それ故《ゆえ》、主《す》の神《かみ》のご経綸《けいりん》に叶《かな》うのが愛善《あいぜん》、それに反《はん》するのが悪《あく》となる。至仁至愛《しじんしあい》の神《かみ》は人《ひと》を裁《さば》くことは絶対《ぜったい》にない。如何《いか》なる悪人《あくにん》も神《かみ》の子神《こかみ》の宮《みや》であり人々《ひとびと》を天国《てんごく》に導《みちび》かれるのが御神格《ごしんかく》です。

△この世《よ》を造《つく》りし神直日《かむなほひ》　「神直日《かむなおひ》」は、大宇宙主宰《だいうちゅうしゅさい》の神《かみ》の本霊《ほんれい》たる無限絶対無始無終《むげんぜったいむしむしゅう》の

四魂《こん》（一霊四魂《れいこん》）に具有《ぐゆう》せる直霊魂《ちょくれいこん》を云《い》う。

△心《こころ》も広《ひろ》き大直日《おほなほひ》　「大直日《おおなおひ》」は人《ひと》の魂《たましい》の本体《ほんたい》。主神《すしん》より賦与《ふよ》せられたわが魂《たましい》の中《なか》にある広《ひろ》く清《きよ》らかな直霊魂《ちょくれいこん》をいう。人《ひと》には本来悪人《ほんらいあくにん》はいない、唯心《ただこころ》のゆるみから種々《しゅじゅ》の悪魔《あくま》に左右《さゆう》されるもので、心《こころ》を改《あらた》めれば神《かみ》はお赦《ゆる》しになられる。その悪行為《あくこうい》を未然《みぜん》に防《ふせ》ぐのを「大直日《おおなおひ》」という。

△ただ何事《なにごと》も人《ひと》の世《よ》は　△直日《なほひ》に見直《みなほ》せ聞直《ききなほ》せ　△身《み》の過《あやま》ちは宣《の》り直《なほ》せ

「直日《なおひ》」は四魂《こん》を統一《とういつ》する御霊《みたま》で、省《かえり》みる力《ちから》が最《もっと》も強《つよ》い。不完全《ふかんぜん》な人間《にんげん》が善悪《ぜんあく》、功罪《こうざい》の判断《はんだん》のつくものじゃない。それだから神《かみ》が表《おもて》に現《あらわ》れて善《ぜん》と悪《あく》とを立《たて》て別《わ》ける。人間《にんげん》は何事《なにごと》でも善意《ぜんい》に解釈《かいしゃく》し、直霊《なおひ》の神《かみ》にお願《ねが》いし、神直日《かむなおひ》　大直日《おおなおひ》に罪《つみ》を見直《みなお》し聞《き》き直《なお》し宣《の》り直《なお》してもらうより仕方《しかた》がない。

吾々《われわれ》は日々《ひび》一生懸命《しょうけんめい》国家《こっか》のため、お道《みち》のため、社会《しゃかい》のためと思《おも》ってやることに、大《たい》変《へん》な罪悪《ざいあく》を包含《ほうがん》し不知不識《しらずしらず》に罪《つみ》を積《つ》み重《かさ》ねている。だが善《ぜん》だと信《しん》じたことは何処《どこ》までも敢行《かんこう》せねば、天地経綸《てんちけいりん》の司宰者《しさいしゃ》たる天職《てんしょく》が務《つと》まらない。罪悪《つみ》になるとしてジッとしておれば、怠《なま》け者《もの》の大罪《たいざい》を犯《おか》すことになる。最善《さいぜん》と信《しん》じた事《こと》はあくまで決行《けっこう》し、朝夕祝詞《あさゆうのりと》を奏上《そうじょう》し、神様《かみさま》に見直《みなお》し聞《き》き直《なお》して願《ねが》うより仕方《しかた》ない。

今《いま》の法律《ほうりつ》は行為《こうい》の上《うえ》の罪《つみ》ばかりを罰《ばっ》し、精神上《せいしんじょう》の罪《つみ》を罰《ばっ》することはない。神界《しんかい》から見《み》れば実《じつ》に矛盾《むじゅん》の甚《はなは》だしい。人間《にんげん》の法律《ほうりつ》や国家《こっか》の制裁力《せいさいりょく》は有限的《ゆうげんてき》で絶対《ぜったい》ではない。ただ神《かみ》様《さま》の大御心《おおみこころ》に任《まか》すより仕方《しかた》がない。

（『霊界物語』第20巻・第8章「心の鬼」、第12巻・第24章「言霊の徳」、第36巻・第12章「無住居士」参照。）

◆朝日《あさひ》は照《て》ると曇《くも》るとも　月《つき》は盈《み》つとも虧《か》くるとも　魔神《まがみ》はいかに猛《たけ》るとも　誠《まこと》の力《ちから》は世《よ》を救《すく》ふ　誠一《まことひと》つを立《た》て通《とほ》し　唯身《ただみ》を神《かみ》に打《う》ち任《まか》し　過去《くわこ》を憂《うれ》へず将来《しやうらい》を案《あん》じ過《す》ごさず今《いま》のみを　やすく守《まも》りて神《かみ》の道《みち》　この瞬間《しゅんかん》に善《ぜん》を言《い》ひ　善《ぜん》を行《おこな》ひ善思《ぜんおも》ふ　これぞ天地《てんち》の神《かみ》の子《こ》と　生《うま》れ出《い》でたる人《ひと》の身《み》の　朝《あさ》な夕《ゆふ》なに慎《つつし》みて　尽《つ》くしまつらむ道《みち》ならめ　あゝ惟神《かむながら》　惟神《かむながら》

（『霊界物語』第36巻・第10章「岩隠れ」）

◆朝日《あさひ》は照《て》るとも曇《くも》るとも　月《つき》は盈《み》とも虧《か》くるとも　たとえ大地《だいち》は割《わ》るるとも　誠《まこと》一《ひと》つの三五《あなない》の　神《かみ》の教《おしへ》に従《したが》へば　この世《よ》の中《なか》に一《いつ》として　怖《お》じ恐《おそ》るべきものはなし　神《かみ》が表《おもて》に現《あら》はれて　神《かみ》と鬼《おに》とを立別《たてわ》ける　この世《よ》を造《つく》りし神直日《かむなほひ》　心《こころ》も清《きよ》き大直日《おほなほひ》　ただ何事《なにごと》も人《ひと》の世《よ》は　ただ惟神《かむながら》　惟神《かむながら》　広《ひろ》き心《こころ》に宣直《のりなほ》し　罪《つみ》を見直《みなほ》し聞直《ききなほ》し　許《ゆる》して通《とほ》る神《かみ》の道《みち》　行方《ゆくて》に曲《まが》の現《あら》はれて　吾《わ》が身《み》に如何《いか》なる仇《あだ》なすも　神《かみ》の恵《めぐ》みに包《つつ》まれし　誠《まこと》の身魂《みたま》何《なに》かあらむ　襲《おそ》ひ来《き》たれよ曲津神《まがつかみ》　戦《たたか》ひ挑《いど》めよ大蛇《をろち》ども　吾《われ》には厳《いづ》の備《そな》へあり　生言霊《いくことたま》の武器《ぶき》をもて　幾億万《いくおくまん》の魔軍《まいくさ》も　瞬《またた》く中《うち》にいと安《やす》く　言向和《ことむけやは》し進《すす》むべし　三千世界《ぜんせかい》の梅《うめ》の花《はな》　一度《ど》に開《ひら》く神《かみ》の教《のり》　開《ひら》いて散《ち》りて実《み》を結《むす》ぶ　月日《つきひ》と土《つち》の恩《おん》を知《し》れ　この世《よ》を救《すく》ふ生神《いきがみ》は　高天原《たかあまはら》に現《あ》れませり　アヽ勇《いさ》ましや勇《いさ》ましや　神《かみ》の任《よさ》しの宣伝使《せんでんし》　月《つき》の御国《みくに》に降《くだ》り来《き》て　いろいろ雑多《ざった》の災《わざわひ》いや　百《もも》の苦《くる》しみ甘受《かんじゅ》しつ　無人《むじん》の境《さかひ》を行《ゆ》くごとく　春野《はるの》を風《かぜ》の渡《わた》るごと　神《かみ》の大道《おほぢ》を開《ひら》き行《ゆ》く

（『瑞月・宣伝歌集』、『霊界物語』第68巻・第16章「戦伝歌」梅公別）

◆**愛善《あいぜん》の歌《うた》**　天津御国《あまつみくに》にあるものは　神《かみ》より出《い》でし愛《あい》の善《ぜん》　現実界《げんじつかい》にある愛《あい》は　一《いっ》切万事自然愛《さいばんじしぜんあい》　自己愛《じこあい》または世間愛《せけんあい》　同《おな》じ愛《あい》とはいいながら　善悪正邪《ぜんあくせいじゃ》の区別《くべつ》あり

絶対無限《ぜったいむげん》の真愛《しんあい》は　宇宙万有一切《うちゅうばんゆういっさい》を　創造《そうぞう》したる主《す》の神《かみ》を　おきては外《ほか》に何《なに》もなし　わが身《み》を愛《あい》しわが郷里《きょうり》　わが住《す》む国土《こくど》を愛《あい》するは　皆《みな》それぞれの住民《じゅうみん》の　神《かみ》よりみれば愛悪《あいあく》ぞ　現実界《げんじつかい》の一切《いっさい》は　愛《あい》とはいえど偏頗《へんぱ》あり　天津御国《あまつみくに》の真愛《しんあい》は　永遠無《えいえんむ》窮《きゅう》にへだてなし　われら愛善会員《あいぜんかいいん》は　総《すべ》ての障壁《しょうへき》とりのぞき　世《よ》の大本《おほもと》の主《す》の神《かみ》の　大御心《おおみこころ》に神《かむ》ならい　愛悪世界《あいあくせかい》を改善《かいぜん》し　この地《ち》の上《うえ》に天国《てんごく》の　永遠無窮《えいえんむきゅう》に滅《ほろ》びざる　まことの愛善樹立《あいぜんじゅりつ》せむ…真善美愛《しんぜんびあい》の天国《てんごく》を　この地《ち》の上《うえ》に樹立《じゅりつ》せむ　神《かみ》は吾《われ》らと共《とも》にあり　人《ひと》は神《かみ》の子《こ》神《かみ》の宮《みや》　神《かみ》に習《なら》いてどこまでも　愛善主義《あいぜんしゅぎ》を開《ひら》くべし。

（『瑞月・宣伝歌集』、『人類愛善新聞』大正14年6月9日）

○この歌《うた》は大正《たいしょう》14年《ねん》6月《がつ》8日《か》、「人類愛善会《じんるいあいぜんかい》」が設立《せつりつ》された時《とき》に執筆《しっぴつ》されたもので現代《げんだい》にそのまま通《つう》じる文章《ぶんしょう》です。

◆**愛善《あいぜん》の御使《みつか》い**　神《かみ》はこの世《よ》の救主《すくひぬし》　巌《いづ》と瑞《みづ》との二柱《ふたはしら》　常世《とこよ》の闇《やみ》をはらさむと　天津《あまつ》空《そら》より降《くだ》ります　助《たす》けの神《かみ》と現《あら》はれて　善悪正邪《ぜんあくせいじゃ》を立分《たてわ》ける　この世《よ》を造《つく》りし神直《かむなお》日《ひ》　心《こころ》も広《ひろ》き大直日《おおなおひ》　直日《なおひ》の御霊《みたま》現《あら》はれて　悪《あく》を戒《いまし》め善《ぜん》を賞《ほ》め　貧《まづ》しき人《ひと》を富《とま》しつつ　生活難《せいかつなん》に苦《くる》しめる　可憐《かれん》の民《たみ》を救《すく》ふなり　誤解《ごかい》と矛盾《むじゅん》に充《み》たされし　悪魔《あくま》の

世界《せかい》を射照《いて》らして　松《まつ》の神代《かみよ》に立直《たてなお》す　救《すく》ひの神《かみ》は天《てん》にあり　恵《めぐ》みの神《かみ》は地《つち》にます　天《あめ》と地《つち》との真中《まんなか》に　生《お》ひ育《そだ》ちたる民草《たみぐさ》は　いづれも神《かみ》の御子《みこ》ぞかし　神《かみ》は汝等《なれら》の親《おや》なるぞ　わが子《こ》の悩《なや》み苦《くる》しみを　如何《いか》でか見《み》すて給《たま》ふべき　神《かみ》には神《かみ》のそなへあり　暫《しばら》く待《ま》てよ神《かみ》の子等《こら》　五六七《みろく》の柱現《はしらあら》はれて　光《ひか》りと栄《さか》えと喜《よろこ》びに　充《み》てる社会《しやくわい》を建設《けんせつ》し　神人和合《しんじんわがふ》の瑞祥《ずゐしやう》を　来《き》たし給《たま》ふは目《ま》のあたり　心《こころ》を研《みが》き身《み》をきよめ　その日《ひ》の境遇《きやうぐう》に甘《あま》んじて　天地《てんち》の時《とき》を待《ま》てよかし　旭《あさひ》は照《て》るとも曇《くも》るとも　月《つき》は盈《み》つとも虧《か》くるとも　星《ほし》は御空《みそら》にきゆるとも　山裂《やまさ》け海《うみ》はあするとも　たとへ地震強《なゐふるつよ》くして　大厦高楼《たいかかうろう》たちまちに　地上《ちじやう》に壊《こは》れ崩《くづ》るとも　恵《めぐ》みの神《かみ》は誠《まこと》ある　可憐《かれん》の御子《みこ》を救《すく》ふべし　喜《よろこ》べ勇《いさ》め四方《よも》の国《くに》　山野《さんや》に生《お》ひたつ人草《ひとぐさ》よ　山野《さんや》に生《お》ひたつ神《かみ》の子《こ》よ　神《かみ》は汝《なんぢ》と共《とも》にあり　勇《いさ》めよ勇《いさ》めみな勇《いさ》め　勇《いさ》んで時《とき》の至《いた》るをば　神《かみ》に祈《いの》りて待《ま》てよかし

（『瑞月・宣伝歌集』、『霊界物語』第69巻・第10章「宣両」）

◆**愛善苑主意書《あいぜんえんしゅいしょ》**　人類《じんるい》は今《いま》や新《あたら》しい天地《てんち》を迎《むか》えんとしています。科学《かがく》の進歩《しんぽ》は物質文明《ぶっしつぶんめい》のいちじるしい発達《はったつ》をもたらしましたが、また、戦争《せんそう》のわざわいをいよいよ大《だい》ならしめ、人心《じんしん》をしてますます不安《ふあん》ならしめました。ここに人類《じんるい》は深《ふか》く反省《はんせい》すると共《とも》にその本性《ほんしょう》に目《め》ざめ、世界恒久平和《せかいこうきゅうへいわ》の実現《じつげん》に向《むか》って進《すす》みはじめました。

そもそも宇宙《うちゅう》の本源《ほんげん》は神《かみ》であります。神《かみ》の愛《あい》は万有《ばんゆう》にあまねく一さいを生《い》かし育《そだ》てています。人類《じんるい》はひとしく神《かみ》の子《こ》であり四海《かい》は同胞《どうほう》であります。この本義《ほんぎ》に立《た》ちかえり、あらゆるへだてを超《こ》えて神《かみ》の心《こころ》を心《こころ》とする愛善《あいぜん》の世界《せかい》を実現《じつげん》することは、万人霊性《まんにんれいせい》のおのずからなる願《ねが》いであり人類最高《じんるいさいこう》の理想《りそう》であります。

この霊性《れいせい》をひらき人類《じんるい》をその本然《ほんぜん》にみちびき永遠《えいえん》の生命《せいめい》をあたえるものは真《しん》の宗教《しゅうきょう》であります。宗教《しゅうきょう》が新《あた》しい文化《ぶんか》の根源《こんげん》となり政治《せいじ》、経済《けいざい》、芸術《げいじゅつ》など文化全《ぶんかぜん》般《ぱん》の中《なか》にとけ入《い》り、人類社会《じんるいしゃかい》の生活《せいかつ》が愛善化《あいぜんか》するとき、はじめて高度《こうど》の文化《ぶんか》、永遠《えいえん》の平和《へいわ》は打《う》ちたてられるのです。

われらはここに人類愛善《じんるいあいぜん》の大義《たいぎ》を発揚《はつよう》し、万教同根《ばんきょうどうこん》の真理《しんり》にもとづき、ひろく相《あい》たずさえて万民和楽《ばんみんわらく》の地上天国《ちじょうてんごく》を実現《じつげん》しようとするものであります。

昭和21年12月8日

（『愛善苑』第9号　昭和22年1月1日号　『出口王仁三郎　素盞嗚尊の平和思想』）参照）

あとがき

出口聖師の『善言美詞』の祝詞は、宇宙創成の本源からミソギハライによる万物の生成化育、新陳代謝そして過去現代未来にわたる重要な天地の理法、経綸が簡単明瞭に示されます。

本来「天津祝詞」「神言」は、神代の天の岩戸開きに中臣《なかとみ》の先祖天之児屋根命《あめのこやねのみこと》が奏上されたのが嚆矢《こうし》で、祝詞は霊魂や精霊世界を浄化する神徳を発揮する神言葉で、邪神に対して特にミソギハライの神徳を発揮する「天津祝詞の太祝詞」です。そして「神言」は一般では「大祓祝詞」といわれ、罪や汚れの真相を明示された太祓いです。しかし平安中期に中臣により「延喜式」が編集されると、天皇家を中心とする律令制により祝詞の内容が変質してきます。

出口聖師は、この祝詞を神示に従って「大本言霊学」により一部を改定すると、祝詞の主語が「主神の御力」による宇宙規模のミソギハライとなります。

そして「感謝祈願」の言霊解では、「天地創造の論理」、「救世主の降臨」、人類が目標とする「神の子の世」、「理想的世界」を建設する神の深き御心に気が付きます。そして神示による宇宙の根元を知悉することは、これからの社会を正しく開く政治経済教育宗教科学などの源泉となります。

科学は、宇宙を開発し、地上にはリニアモーターカーが走る時代を迎えておりますが、それでも神様のお仕組の一部を開発したに過ぎません。本来科学と宗教は相合致するもので、真の宗教は「天授の真理」を明らかにします。

本書に示される神霊の活動、そして科学の原理を思考するとき、神様のため、社会のために産業を起し、万有万物を開発研究利用することは、人間に課せられた重要な目的です。

例えば、本書の「四大綱領」の主旨、「祭（政）・教・慣・造」の「慣・・天人道の常」は、天道は神が草木を生成化育し、これを開発利用するのが人道です。常立は「玉留魂」の御徳により鉱物の本質（剛体素）となり、豊雲野は「足魂」の御徳により植物の本質（柔体素）となり、葦芽彦遅は「生魂」の御徳により動物の本質（流体素）となります。そしてこれら「三元」が「霊体の産び」により、霊妙な物質を産出します。

およそ20年前に発明されたセルロースナノファイバー（CNF・通称ナノセルロース）が新

素材として増産されています。これは植物に含まれる極微の繊維（パルプ・炭水化物の繊維素。）をナノレベル（髪毛の太さの約10万分の1。1ナノメートルは100億分の1）まで解きほぐして加工した素材で、強度は鉄の5倍、軽さは鉄の5分の1の超軽量で、加工がし易く、透明でうすく、簡単に曲げることができることから次世代をになう新素材とされております。これを自動車、船舶、航空機、医療、3Dプリント用材、建築など多種多様に利用できる優れ物です。豊雲野尊による植物の本質（柔体素）だけでは植物として成立せず、その中に常立尊の鉱物の本質（剛体素）が含まれて成立します。それ故、植物に含まれるこの鉱物を取出すことにより、驚くべき慣性を発揮するのが、セルロースナノファイバーと考えられます。この他、タールなどから抽出する炭素繊維・炭素ナノファイバーは鉄の十倍の強度をもつといわれ、これらを利用したナノ自動車の登場も遠くありません。

現・幽・神、過去・現代・未来そして宇宙大から極微の世界が、出口王仁三郎聖師提唱の更生世界です。

○

最後になりますが、本書は『霊界物語』第六十巻掲載の祝詞解説です。昭和十年の第二次大本弾圧事件の裁判で、「教典の中の祝詞には吾皇御孫尊《あがすめみまのみこと》、大日本国《おほやしまくに》、三種《みくさ》の神宝《かむだから》、天津日嗣《あまつひつぎ》の高御座《たかみくら》、細矛千足国《くはしほこちたるくに》、現人神《あらひとがみ》……等の用語がないのは不敬である」と当局から糾弾される。しかし戦前の物語の祝詞の末尾には（附言）「天津祝詞、神言の二章は古代の文なれば現今は使用せず」と「附言」を付していたので「古代の祝詞で現在は使っていない」と答弁し、「不敬罪」の指摘を逃れることが出来た。

戦後の昭和二十一年「愛善苑新発足」より、このカッコを外して物語掲載通りこの祝詞を朝夕拝・祭典に使用することになった。出口聖師の驚くべき賢明な気転により守られた祝詞です。戦後の新時代には祝詞の主語が、天皇を賛美する「細矛千足の国の現人神天皇《あらひとがみてんのう》」から「主神」を敬う祝詞に変更され、宗教も新しい時代には、時代に相応《ふさわ》しい世界観に変ることが肝要です。

平成二十八年六月二十二日　　　　みいづ舎編集　山口勝人

（本書『善言美詞・祝詞解説』第四版より、「八、基本宣伝歌・略解」222頁を挿入しております。）

【関係資料】

『霊界物語』第一巻・「序」、第二十章「日地月の発生」、第二十一章「大地の修理固成」
『霊界物語』第三巻・第一章「神々の任命」、第二章「八王神の守護」、第四十三章「配所の月」、第五十章「安息日」
『霊界物語』第四巻・「総説」、第四十九章「神示宇宙　その四」
『霊界物語』第五巻・第二十四章「天の浮橋」、第四十八章「弥勒塔」
『霊界物語』第六巻・「総説」、第一章「宇宙太元」、第十五章「大洪水（一）」、第十六章「大洪水（二）」、第十八章「天の瓊矛」、第十九章「祓戸四柱」、第二十章「善悪不測」、第二十三章「万教同根」、第二十四章「富士鳴門」、第二十五章「金勝要大神」、第二十六章「体五霊五」、第二十七章「神生み」、第二十八章「身変定」
『霊界物語』第十二巻・第二十九章「子生の誓」
『霊界物語』第十三巻・「総説」、「神旗の由来」

『霊界物語』第十七巻・「霊の礎（三）」

◎『霊界物語』第三十巻・巻末「天津祝詞解」

『霊界物語』第三十八巻・第一章「道すがら」、第十九章「鞍馬山」

◎『霊界物語』第三十九巻「付録・大祓祝詞解」

『霊界物語』第四十二巻・第二十一章「応酬歌」

『霊界物語』第四十四巻・第八章「光と熱」

『霊界物語』第四十六巻・第十七章「惟神の道」

『霊界物語』第四十七巻・「総説」、第九章「愛と信」、第十一章「手苦駄女」、第十七章「天人歓迎」

『霊界物語』第四十八巻・第一章「聖言」

『霊界物語』第五十六巻・第一章「神慮」

◎『霊界物語』第六十巻・第十四章「神言」＝三五教の祝詞＝

『霊界物語』第六十一巻・第十五章「神前」

『霊界物語』第六十二巻・第二十八章「神滝」

『霊界物語』第六十三巻・第四章「山上訓」
『霊界物語』第六十四巻・上・第二章「宣伝使」、第十五章「大相撲」
『霊界物語』『讃美歌』第二一五
『霊界物語』第六十七巻・第四章「笑いの坐」、第五章「浪の鼓」、
第六章「浮島の怪猫」＝神力と人力＝
『霊界物語』特別編・第一章「水火訓」、第八章「聖雄と英雄」
『霊界物語』第七十三巻・「総説」・第一章「天之峯火夫の神」、第十二章「水火の活動」
『新月のかげ』　発行「八幡書店」
『先代旧事本紀』　発行「批評社」
『神霊界』大正七年六月一日号「大祓の権威」天爵道人
『神霊界』大正九年八月二十一日号「厳霊瑞霊に就いて」
『神霊界』大正九年十二月号「無題録」
『神霊界』大正九年十一月十一日号「皇典と現代（一）」、「鎮魂と幽斎」
『神典』・『古事記』、『日本書紀』、『延喜式』＝「禊祓」＝

『祝詞釈義』大本教学院編纂　昭和二十八年八月二十一日発行　発行「天聲社」
『綾の機』　発行「霊界物語輪読会」「天津祝詞」「神言」
『瑞月文庫・道の光』　発行「瑞光社」

（みいづ舎関係）

『出口王仁三郎全集』第一巻、第二巻、第五巻、
『神示の宇宙』、『皇典釈義・素盞嗚尊と近江の神々』、『古事記言霊解』、『世界宗教統一』、
『皇道大本とスサノオ経綸』、『皇道大本の信仰』、『水鏡』、『月鏡』、『玉鏡』、『回顧録』、
『天祥地瑞　第七十三巻』、『瑞月・宣伝歌』、『伊都能売道歌』、『愛善の道』、『本教創世紀』
『弥勒下生・出口王仁三郎』

研修資料
出口王仁三郎聖師　善言美詞《ぜんげんびし》　祝詞解説《のりとかいせつ》

発　行　平成28年7月12日　第1版
令和 6年4月12日　第4版 第3刷

著　者　出口王仁三郎

編　集　山口勝人

発　行　みいづ舎
〒621-0855 京都府亀岡市中矢田町岸の上27-6
TEL 0771(21)2271　FAX 0771(21)2272
http://www.miidusha.jp/

ISBN978-4-908065-08-8 C0014

出口王仁三郎　みいづ舎編集

素盞鳴尊と朝鮮半島

◉スサノオ尊の歩いた道、
朝鮮半島に遺された霊跡地を訪ねて！

古代日本に大きな影響を与えた国、日本に一番近い国に伝承する檀君や建国神話、牛頭天王、内乱外敵侵入の歴史ある国。日本の精神的文化と渡来人によりもたらされた物質的文化との調和により開拓された日本列島。素盞鳴尊に導かれる自由で愛善、真生命の世界を発見する。

B六判／309頁／定価（本体2000円＋税）

出口王仁三郎著

古事記 言霊解

古今の学者説をくつがえし、王仁三郎思想の真髄を提起する。著者の深き思いを込め、アマテラス（国家）とスサノオの関係を次世代に送るメッセージが読み取れる。

B六判／270頁／定価（本体1800円＋税）

霊《たま》の礎《いしずえ》

出口王仁三郎著

B六判／150頁／定価（本体1200円＋税）